新世纪高等学校教材

U0679607

工商管理核心课系列教材

跨国公司财务管理

Multinational Financial Management

黄福广　李西文　编　著

北京师范大学出版集团
BEIJING NORMAL UNIVERSITY PUBLISHING GROUP
北京师范大学出版社

图书在版编目（CIP）数据

跨国公司财务管理 / 黄福广，李西文编著. —北京：北京师范大学出版社，2013.8
（新世纪高等学校教材.工商管理核心课系列教材）
ISBN 978-7-303-16757-9

I.①跨… II.①黄…②李… III.①跨国公司—财务管理—高等学校—教材 IV.①F276.7

中国版本图书馆CIP数据核字（2013）第173115号

营 销 中 心 电 话　　010-58802181　58805532
北师大出版社高等教育分社网　http://gaojiao.bnup.com
电 子 信 箱　　gaojiao@bnupg.com

KUA GUO GONG SI CAI WU GUAN LI

出版发行：北京师范大学出版社　www.bnup.com
北京新街口外大街19号
邮政编码：100875

印　　刷：北京中印联印务有限公司
经　　销：全国新华书店
开　　本：170 mm × 230 mm
印　　张：16
字　　数：300千字
版　　次：2013年8月第1版
印　　次：2013年8月第1次印刷
定　　价：30.00元

策划编辑：戴　轶　　　　　　责任编辑：姚　兵
美术编辑：王齐云　　　　　　装帧设计：王齐云
责任校对：李　菡　　　　　　责任印制：孙文凯

新世纪高等学校教材　工商管理核心课系列教材
编写指导委员会

新世纪高等学校教材　工商管理核心课系列教材
编写委员会

总　序

随着市场经济的发展，企业经营日趋复杂，市场竞争不断加剧，迫使企业不断提升其管理科学化和现代化的水平，为此也急需大量训练有素的经营管理人才，于是工商管理学科应运而生。美国宾夕法尼亚大学于1881年创办金融商业学院，设立商业管理学科。19世纪末20世纪初，先进的管理理论的产生，推动了工商管理学科的发展。工商管理是管理学门类中实践性最强、覆盖面最宽的一级学科，它面向经济中最主要最广泛的工商领域，密切结合企业管理实践，研究营利性组织经营活动规律以及企业管理的理论、方法和技术。作为经济科学、管理科学、人文科学、自然科学、工程技术相互结合和渗透的产物，工商管理学的发展，推动了经济、管理学科的发展。

20世纪50年代我国实行高度集中的计划经济模式，企业管理体现着计划经济的特征。随着经济体制改革的深入，特别是由计划经济向社会主义市场经济的转变，企业成了社会经济的主体。市场经济发展的需求极大地推动了我国的工商管理研究，使之在深度和广度上都有了很大进展，与国外学术界的交流也逐渐增多。在经济日益全球化、中国经济蓬勃发展的今天，及时把握国外工商管理研究的最新动态及其发展趋势，总结研究中国成功的工商管理实践，在更广泛领域传播工商管理知识将对我国工商管理水平的提升有重要意义和作用。

我们知道，管理涉及哲学（智慧）、知识（科学）、艺术（技巧）和经验（实务）。其中知识又分为三类：与环境无关的普适知识（Context-free knowledge）、与环境有关的知识（Context-bounded knowledge）、特定环境下的知识（Context-specific knowledge）。科学概括了管理活动的一般规律，通过总结和提炼，将其中带有规律性的东西上升为知识，而这些知识通过学习可以掌握。但由于管理的大部分知识与环境和对象或管理情景（Management context）有关，学习和应用时一定要关注与管理情景的适应性，不能简单拷贝和套用；艺术则体现了管理中的个性特点，也即面对同样的问题和环境，不同领导者和管理者可以作出不同反应，且这些反应往往没有对错之分，只有适应与否，适应、协调则成功，反之则受挫或失败。艺术很难显性化，所以无法简单学习，常常需要感悟和体味；而实务、手艺需要操练才能习得，强调的是管理的实践性，管理者必须亲临实际才能体验到管理知识的运用技巧和感悟管理的真谛、享受管理知识和艺术融合的快乐；而管理智慧依赖于哲学和思想理念上的升华，即管理的哲学在思想、在凝练和聚合。因为，工商管理的教、学与实践需要上述几个方面的有机融合，工商管理的知识大部分又与环境有关，即使是普适知识也要关注其应用环境，所以，结合本土环境的研究、学习、实践、感悟和提升，对于工商管理教与学就更为重要！

我国的工商管理研究从整体上落后于国际水平，这与我国的经济发展现状与研究起步晚有一定关系，因此要求此领域的学者们在学习和研究世界先进理论的同时，一定要关注中国本土环境，注重将理论运用于管理实践，更要注意对中国成功的管理实践进行归纳、总结和理论提升；与此同时，还应肩负起传播工商管理知识、指导管理实践的职能。

基于此，北京师范大学出版社组织北京大学、清华大学、南京大学、复旦大学、**上海交通大学、中国人民大学、浙江大学、南开大学、北京师范大学、上海财经大学、厦门大学、武汉大学、华中科技大学、西安交通大学、天津大学**等二十余所全国重点大学的管理学院和商学院的教授、博士生导师主编主审了本套教材——"新世纪高等学校教材·工商管理本土化系列教材"。

本套教材借鉴了国外一流大学教学模式和教学过程中的优秀做法，分析中国的基本国情，考察中国宏观经济和微观经济组织面临的文化背景和风俗习惯，研究中国学生特有的逻辑思维方式，以本土化为出发点，力争在知识体系、案例选择、编写体例、语言组织等方面做到以下几点：

（1）知识体系权威化。本套教材内容既要涵括一个专业已经形成并为该专业多数专家认同的知识，又要阐述围绕这些知识的最新学术研究进展，同时还要凸显作者本人的学术观点。

（2）案例选择本土化。尽量以本土化为原则选择教学案例，或从中国的工商管理视角去分析一些国外的经典案例。

（3）编写体例规范化。每一章开始有本章结构图、本章学习目标和引导案例，以便让读者在每一章伊始就知道该章的知识框架。每章中间还根据教学需要，穿插学科背景知识、学术争论、最新进展等，以增加可读性。每章结尾有本章精要、复习思考题、案例分析和推荐阅读书目，以便更好地理论联系实际。

（4）语言组织生动化。教材力争文笔生动、表达活泼，提高可读性。

成思危先生百忙之中审阅肯定了本套书的编写大纲，并嘱咐在内容和体例方面力争创新，力求本土化。编写指导委员会各位成员对本套书的体系、内容定位、编写要求等提出了很好的建议。在此，我代表编写委员会对他们表示诚挚的谢意！

我们殷切期望专家和读者在阅读和使用本套教材过程中提出建设性的意见与建议，以便再版和重印时日臻完善。

西安交通大学原副校长、教授、博导 席酉民博士

前　言

　　跨国公司财务管理是建立在一般财务管理基础上，并进一步拓展到国际背景下的一门学科。同一般财务管理一样，跨国公司财务管理也包括公司的投资决策、融资决策、日常财务管理决策等内容。不同的是，跨国公司财务管理不仅与上述传统财务管理领域在方法、工具上有区别，而且还包括独特的外汇风险管理、跨国财务体系和利用跨国套利机会降低融资成本等内容。

　　跨国经营是很多公司在发展壮大中的必然选择，跨国公司在当今世界经济体系中占有极为重要的地位。随着我国市场经济的不断发展，越来越多的公司开始进入国际市场，进行跨国经营，公司形态正在逐步由一国公司向跨国公司转变。在这一形势下，公司管理层面临着在国际背景下如何进行投资、融资以及其他财务决策的问题。

　　与一国公司相比，跨国公司面临的经营环境发生了巨大的变化。国际货币体系的变化、欧洲货币一体化、区域经济一体化、金融危机，乃至国际政治动态等成为跨国公司必须关注的课题。在这样一个与一国环境迥异的，并且飞速变化的国际环境中，原来一国背景下的财务管理已经不能完全适应跨国公司正确决策的需要，因此公司管理层必须迎接挑战，了解和掌握跨国公司财务管理的理论与方法。

　　本书共分为 10 章，涉及跨国公司财务管理的各个方面。其中，第 1 章为关于跨国公司财务管理的综合性叙述；第 2 章、第 3 章和第 4 章的主要内容为外汇市场及外汇风险管理；第 5 章论及应用跨国公司内部财务体系问题；第 6 章和第 7 章分别为跨国公司的国际证券投资和直接投资；第 8 章

1

为运营资本管理；第 9 章和第 10 章讨论了跨国公司长期融资、资本成本和资本结构。

本书的目标不仅在于提供一本与时代同步的教科书，也在于为跨国公司财务管理理论研究者和实践者提供一本案头参考书。本着这一精神，本书在编写过程中尽可能追踪最新理论动态，使用最新的数据资料。在每一章之后的"参考网站"中提供了与本章内容相关的网站，可供读者搜索必要的数据，并且拓展某些感兴趣的前沿和动态知识。在章后的"推荐阅读"中列出了国内大部分版本的有关参考书。另外，在详尽阐述理论的同时，本书以大量的数字举例来说明这些理论本身以及理论的应用，尽可能增加可操作性。

然而，跨国公司财务管理是一个庞大的知识体系，实在难以用一本书来囊括，例如国际税收、国际商法、各国金融市场等都和跨国公司财务管理密切相关。本书的宗旨不是提供一本包罗万象的工具书，它包含的仅仅是与处理问题直接相关的一些基本理论和方法，是进一步研究和拓展的基础。不仅如此，像所有的经济理论一样，本书中所给出的理论并非是完美无瑕的。科学的精神在于创新，社会在创新中不断进步。

本书在 2004 年第 1 版基础上，更新了有关数据和资料，增加了一些新的理论，添加了案例和内容精要。作者衷心感谢谭庆美副教授在修订过程中所提出的宝贵意见。虽然力图精益求精，仍有很多地方值得雕琢。我们诚挚邀请各位读者对本书中的错误、不当之处提出批评，以便再版时更正，作者深表谢意。

黄福广　李西文

2013 年 6 月

目 录

第4章　外汇风险管理 /70

第 7 章　国际直接投资评价与风险分析 /143

第 1 章　绪　论

【本章学习目标】

　　1. 了解跨国公司含义、特征及发展历程；

　　2. 熟悉跨国公司财务管理环境；

　　3. 掌握跨国公司财务管理体系的形成及内容。

【引导案例】

跨国公司的诞生

　　跨国公司最早可以追溯到 16 世纪末 17 世纪初的英国特许贸易公司，其中影响力最大的当属英国的东印度公司①。1600 年 12 月 31 日，在英国国王的允许下，东印度公司成立。这是一个特殊的私营公司，以香料、棉花、丝绸、茶叶和鸦片为主要经营对象，集政治、军事、商业为一体，其原始成员包括皇亲国戚、地方大员以及几百名英勇的骑士，其目的是独家垄断英国与印度之间的贸易活动，到后期还被授予代表英国国王的军事和行政权力来管理印度殖民地。在该公司叱咤风云的 270 年间，世界各国经济实力发生了翻天覆地的变化。在殖民主义世界泛滥、工业革命兴起的时代里，东印度公司为大英帝国的殖民主义立下了汗马功劳。

　　东印度公司是一个皇家授权的垄断企业，也是最早的股份制公司，采用了当时最先进的金融操作和管理。东印度公司以按船队融资的股份结构开启股份公司的雏形，后又在 1657 年过渡到整个公司的股份有限制。17 世纪末，其股票开始在伦敦非正式股票交易场所公开交易，后来发展成为 1773 年伦敦股票交易所成立后最早一批上市的公司之一。这些特点，除军事强权以外，也正是现代成功的跨国企业所需具备的重要因素。尽管东印度公司在东方侵略的阴影难以散去，但不可否认它对商业从家族式运营时代跃迁到现代全球化大规模集团式运作的巨大贡献。

---

　　① 东印度公司有很多个，例如英国东印度公司、荷兰东印度公司、丹麦东印度公司、葡萄牙东印度公司、法国东印度公司、瑞典东印度公司。其中英国东印度公司成立最早，而荷兰东印度公司于 1602 年成立并上市交易，是第一个上市的股份有限公司。实际上，海外贸易公司雏形早于 17 世纪就已出现，只是人们公认以英国东印度公司的成立为标志。

现代跨国公司早已摆脱了"东印度公司"的禁锢，跨国公司经营已经成为当代全球经济在微观层面上的标志，在金融危机频发时期这种意义更加突出。跨国公司既有相同于一般公司的特性，又有不同于一般公司的经营特征。跨国经营是公司国内经营的一种延伸，是在更复杂多变的全球背景下进行的一种国际经营活动。全面认识跨国公司财务管理特征，需熟知跨国公司自身与经营环境的特征，了解跨国公司与国内公司所面临的不同经营风险。

资料来源：Nick Robins, *The Corporation that Changed the World：How the East India Company Shaped the Modern Multinational*, Pluto Press, 2006.

1.1　跨国公司及其发展

1.1.1　跨国公司的概念

跨国公司（Multinational Corporation），顾名思义，是指跨越国境从事生产经营活动的公司。跨越的程度既可以是两个国家，也可以是多个国家，但一般跨国公司跨越国境的范围都在 4～5 个以上。从这种意义上讲，跨国公司也被称为国际公司（International Corporation）、全球公司（Global Corporation），甚至有人将其称为宇宙公司（Cosmocorp）。

跨越国境的产品销售和交换活动自古有之，当这种销售和交换活动达到一定规模后被称为国际贸易。早在 200 多年前，以亚当·斯密和大卫·李嘉图为代表的古典经济学家就已经利用所谓的"竞争优势"，成功地解释了国际分工以及国家和地区之间的国际贸易问题。然而，公司的经营活动并不仅仅局限于产品市场的开拓，也包括生产要素的获取及其配置和管理使用。如果公司仅从事国际贸易活动，那么只是部分地从事了跨国经营，只有当公司经营活动的各个方面均跨越国境，才能称为跨国经营。因此，跨国公司在全球范围内进行资源配置，采取全球化的生产、市场、融资和投资战略和策略，以期获得公司整体价值最大化，而不是各个独立子公司价值最大化。尤其是进入 21 世纪以来，这种全球整体融合的趋势愈加明显。极端情况下，有的公司甚至已经很难用属于哪个国家来界定了。

与一般公司相比较，跨国公司有下述显著的特点。

1. 全球化的资源配置

资源的全球化配置是跨国公司区别于一般公司的最根本特征。根据生产四要素说，公司生产资源可以划分为四种生产要素，即土地、资本、劳动力和企业家才能。在这四种生产要素的获取上，跨国公司采取的是全球化的战略。跨国公司总部可以设置在公司主要出资人所在国家，但是制造基地却不一定也设置在同一个地方，也可以设置在其他国家和地区；在资本的获取上，跨国公司可以在国内融资，也可以在全球范围内进行融资；在劳动力和企业家才能方面也是如此。跨国公司的典型特征之一是在多个国家获取各种经营所需资源，并且将所获取的资源作为一个整体，在全球范围内进行配置。

2. 全球化的生产经营活动

这里所提到的生产经营活动是指生产经营过程。跨国公司不仅在资源配置方面是全球化的，在生产经营过程的安排上也是全球化的。在生产经营过程中，跨国公司某个子公司的产成品可能是另一个子公司的原材料。在整个跨国公司内部，产品供应链中子公司相互之间提供产品的定价是按照整个公司价值最大化原则来安排的。在生产经营过程中所发生的流动资产和流动负债的管理也是全球化的。全球化供应链安排为跨国公司提供了极大的灵活性，已经成为其价值创造的重要源泉。

3. 全球化的产品市场

产品市场全球化是企业进入国际市场的第一步，也是跨国经营的原始阶段。首先，国内市场的激烈竞争，导致企业必须设法开拓新的市场，以提高边际利润；其次，规模经济效应促使企业扩大生产规模，当国内市场容量不足以支撑规模产量时，企业就会向国际市场扩张；最后，国际贸易量的增长，国际贸易范围的加大，促进了产品市场全球化的进程。随着跨国公司的出现和发展，产品市场的竞争从区域化逐步转向全球化。因此，产品市场全球化也逐渐成为跨国公司的市场竞争策略。

4. 整体价值最大化

跨国经营注定了跨国公司由多个部分构成，例如一个跨国公司在不同的国家(地区)拥有多个子公司或者事业部。在某些情况下，跨国公司内部的各个子公司之间的利益会产生冲突。例如，跨国公司的一个子公司为另外一个子公司提供原料，原料定价的高低会影响两个子公司的利润水平。

跨国公司的一个重要特征是整体价值最大化，也就是各个子公司以及母公司总和的价值最大化。跨国公司的各种战略、策略安排，包括资源配置、生产经营过程及其产品策略等，都是围绕这一目标进行的。跨国公司经营的实质是将公司在各地的子公司及各地市场看成一个整体，以全球化的眼光来考察商业机会和做出经营决策。按系统论的观点，系统整体最优不一定每一个个体同时最优。因此，跨国公司整体价值最大化不一定意味着各个子公司价值最大化。

1.1.2 跨国公司的形成及其动因

最早的跨国公司可以追溯到 16 世纪末 17 世纪初的东印度公司，而现代意义上的跨国公司则出现在 19 世纪中叶。其中，具有代表性的有德国的 Bayer 公司、瑞士的 Nobel 公司以及美国的 Singer 公司。

在现代跨国公司发展初期，当时也存在发达资本主义国家之间的相互投资，但投资的流向主要是从发达资本主义国家到经济比较落后的殖民地。当时宗主国和殖民地之间的经济活动从以前的商品贸易行业逐渐转向生产性行业，西欧的资本大量涌向亚洲、非洲和美洲等经济上比较落后的国家和地区。第一次世界大战之后，由于各国为保护幼稚民族工业，纷纷设置贸易壁垒，使得以出口为主的大企业不得不到海外去设厂进行生产和销售，大大促进了企业对外投资的发展。第二次世界大战之后，美国经济地位得到大幅度提升，其大企业开始大力向海外投资，把跨国公司推入了一个新的发展阶段。之后，随着欧洲各国经济的复兴，欧洲企业也开始向美国直接投资，造成发达资本主义国家之间的双向投资现象。近年来，新兴工业国家迅速崛起，成为跨国投资中一支不可忽视的力量。

随着交通和通讯设施的快速发展，资本市场和产品市场联系越来越密切，人员往来越来越频繁，知识传播越来越迅速，这不仅使得跨国经营越来越便利，也使得跨国经营越来越成为一种必然趋势。国际上著名的大公司基本上都是跨国公司，如摩托罗拉、爱立信等。全球化的市场使得企业竞争越来越激烈，也越来越深入。企业之间的竞争不再停留在产品市场上，而是不断渗透到资源市场和生产经营过程中。为了在激烈的市场竞争中求得生存和发展，企业必然要面临如何以全球化的眼光制定发展战略和策略的问题，以获得竞争优势。

企业是一种营利性的组织，其存在的根本动机是获取利润。企业获取利润的基本手段是扩大收入、降低成本。对于跨国公司而言，获取超额利润的具体形式经常表现为以下几种。

1. 获取自然资源

最早期的跨国公司，主要是 19 世纪英、荷、法殖民主义者经营的东印度公司及其他贸易公司，跨国经营的主要目的是到国外掠夺资源。20 世纪之后的英国石油公司、美孚石油公司，其跨国经营的目的也是获取和控制石油资源。据联合国的一项调查，20 世纪 70 年代之前，跨国公司在发展中国家的投资有一半投放在采掘业，以获取必需的原材料或国内缺乏的、昂贵的资源。

2. 开拓和维持国内外市场

开拓国外市场是企业跨国经营的原始动机,是跨国公司实现规模经济(Scale Economy)和范围经济(Scope Economy)的手段。开拓国外市场的另一个动因来自于产品生命周期理论(Product Life Cycle Theory),当某种产品在一个市场上处于饱和期时,跨国公司可以通过开拓新的市场延长该产品的生命周期,提高该产品的盈利性。跨国公司在东道国建厂,能够更好地服务当地市场,更充分地开拓当地市场,同时也是跨越贸易壁垒的重要方式。此外,开拓国外市场也是维持国内市场的重要手段,是市场竞争的一种策略。例如,当国内市场受到其他跨国公司的威胁时,公司可以采用开拓该跨国公司所在国市场的竞争方法,在使其所在国市场也受到威胁的同时,还可以扩大本公司在国外的市场份额。

3. 降低生产经营的成本

以降低生产经营成本为动机的跨国公司,一般是在全球范围内寻求人力及土地成本较低的地区建立生产基地,获取超额利润。例如,发达国家的工资成本相对昂贵,跨国公司通常将劳动密集型产品的生产、加工、装配等转移到低工资成本的发展中国家或地区。跨国经营也会使公司资源外取(Outsourcing)更加便利。另外,由于各国税收政策以及对各种产品生产管制不同,也会导致跨国公司为降低税收及其他成本而寻求新的生产地。

4. 获取技术及市场信息

获取技术及市场信息是跨国经营中衍生出来的动机。跨国公司海外经营的直接目的可能不是提高收入或者降低成本,而是学习先进的生产和管理技术,获取必要的市场信息及市场竞争技能,以全面提高公司的竞争地位。例如,英国一些公司到美国投资,目的是学习美国经营的竞争技巧;德国公司到美国投资,目的是学习美国公司的销售技能;韩国电子集团在美国电子生产厂商附近设立分支机构,招聘那里的技术人员,目的是学习先进的生产技术。同样,美国的通用数据公司在日本设立子公司,及时将日本计算机设计和制造的信息反馈回美国,目的在于保持本公司产品的竞争地位。

5. 降低风险

跨国经营将资金分散在不同的地区和市场中,由于不同市场之间的低相关性,使得分散投资具有降低风险的功能。企业经营好坏与其所在的经营环境密切相关,一个国家的整体经济形势好,会为企业的良好经营奠定基础;经济形势不好,会给企业经营带来困难。通常,各个国家经济周期是不同步的,跨国公司在某一个国家的子公司经营不好,发生亏损,但同时很可能在其他国家的子公司经营良好。这样,从跨国公司整体来看,可以降低收入的波动性。

随着科学技术和经济的发展、全球一体化进程的加快，跨国公司形成的动机也发生了变化。如果说 19 世纪和 20 世纪的跨国公司存在单一的经营目标，那么当前的跨国公司经营目标越来越多样化。例如，早期的跨国公司可能只是为了掠夺自然资源，或者通过垄断市场而获利。然而，这些单一性的经营目标越来越不适应发展的需要。跨国公司所表现出的整体性越来越强，跨国经营的理念不再停留在某一个侧面，而是渗透到各个层面。

1.2 跨国公司财务管理环境

1.2.1 市场的不完美性

市场的不完美性（Imperfect），是指市场处于非完全竞争状态。所谓完全竞争市场，是指满足下列条件的市场：商品和生产要素完全自由流动；同一产品及同一生产要素的价格在不同的地域不存在差别；任何市场参与者均是价格的接受者；市场参与者拥有同样的信息。完美市场是一种理想状态的市场，不论是在国内还是在全球范围内，企业所面临的都是不完美市场，而国际市场比国内市场不完美程度更强，这也正是跨国公司创造价值之源泉。例如，由于运输成本等原因，在我国南方和北方的柑橘价格会不一致。然而，由于各国经济结构、法律、政策措施，以及地理位置、交通、通讯、资源禀赋等原因，使得跨国公司所面临的全球市场比任何一个国家的内部市场具有更大的不完美性。

市场不完美性包括产品市场、要素市场、金融市场、信息市场等市场的不完美性。这些方面的市场不完美性既来自于自然的限制，也来自于政治和经济方面的限制。

1. 产品市场不完美性

产品市场不完美性来自于政府对市场的各种干预、政府所设置的关税和非关税壁垒、货源以及价格的垄断等因素，使得产品流动受到限制。尽管全球或者区域市场一体化的步伐在加快、关税壁垒在逐步取消，但各国经济发展之间仍然存在着矛盾性，这种矛盾性使得各国之间不会实行完全的产品自由流动。

2. 要素市场不完全性

要素市场不完全性是指劳动力、设备、技术力量、知识产权、资金等方面由于各种因素在各个国家之间存在差别。例如，有的国家生活和教育水平低，劳动力成本低，而有些国家则相反。尽管劳动力成本存在差别，但由于各个国家之间的移民限制以及其他因素的影响，劳动力市场仍然存在着一定的分割性。

3. 金融市场不完美性

金融市场也具有不完美性，各国金融法律、法规存在差别，利率、税收和金融管制也有差别。例如，中国的公司要在美国纽约证券交易市场上发行股票融资，必须要符合美国市场的有关规定，公布符合美国会计制度的报表，经过美国有关机构的审核。

4. 信息市场不完美性

信息市场更是不完美的，由于各个市场不同的政策和管理以及经济的垄断性，经济信息不会平等、及时地反馈给交易各方，获取和传播信息也需要费用，市场参与者是在不同程度缺乏信息的情况下进入市场的。信息不完美不仅源于制度差异，也源于文化差异。不同文化背景下人们对同一件事情的解读可能不一样。信息市场不完美是前三个市场不完美的重要原因。

不完美市场理论(Imperfect Market Theory)认为，与国内市场相比，全球市场存在着更大的不完美性，市场的不完美性为跨国公司的出现和持续存在提供了理由，是跨国公司获取经济利润的市场条件。同时，市场的不完美性提高了决策的难度，也为跨国公司财务管理提供了方向和挑战。由于市场存在种种不完美性，跨国公司有可能利用各个市场之间的各种差异套取利润、降低风险、降低经营成本，或投资于多个市场以降低成本、降低风险。跨国公司还可以利用内部交易中的转移价格获取特殊利益，可以利用内部资金市场降低运营成本和资本使用成本，还可以利用上述条件规避外汇管制风险等。信息市场更是不完全的，由于各个市场不同的政策和管理以及经济的垄断性，经济信息不会平等、及时地反馈给交易各方，获取和传播信息也需要费用，市场参与者是在不同程度缺乏信息的情况下进入市场的。

1.2.2 国际税收

跨国公司在不同的国家进行投资，投资收益要按照不同国家的税收规定纳税。除了关注各国不同的税收制度之外，跨国公司还要关注收回国外投资收益时所面临的税收问题。当跨国公司母公司收回投资收益时，还面临着向母公司政府纳税的义务，因此可能导致双重征税。世界各国之间解决双重征税问题的办法是签订双边税收协定(Tax Treaty)。各国政府为鼓励本国企业对外投资，对于在国外已经缴纳的税收给予税收抵免(Tax Credit)的优惠。除此之外，很多跨国公司还利用国际避税地(Tax Haven)进行税收筹划。这些都是跨国公司纳税管理中所面临的重要问题。

1. 税收协定

税收协定是两个或者两个以上主权国家之间，为了协调相互之间在处理跨国纳税人征税事务和其他方面的税收事务，依据国际关系准则所签订的协议或者条约。税收协定属于国际法中的"条约法"范畴，对当事国具有同国内法效力相当的法律约束力。这里所谓的国际关系准则，目前主要指由联合国专家小组提出的《联合国关于发达国家与发展中国家间避免双重征税的协定范本》(简称联合国范本)和由经济合作与发展组织(Organization for Economic Co-operation and Development，OECD)提出的《经济合作与发展组织关于对所得和财产避免双重征税的协定范本》(简称经合组织范本)。两个范本的内容、结构大体相同，其基本原则用以指导各国税收协定的签订，具体包括如下方面。

(1)征税权的划分与协定的使用范围

两个范本均承认优先考虑收入来源管辖权原则，即从源课税原则，由纳税人的居住国采取免税或者抵免的方法来避免双重征税。但联合国范本比较强调收入来源地征税原则，分别反映发达国家和发展中国家的利益。经合组织范本较多地要求限制来源地原则。两个范本对于协定的适用范围基本一致，主要包括纳税人的适用范围规定和税种的适用范围规定。税收协定的适用范围为双方居民，包括法人居民，适用税种主要指所得税等直接税种。各国判断法人居民的标准不同，有的国家采用总机构原则，有的国家采用控制中心原则，有的国家采用注册地原则。我国采用总机构原则。

(2)常设机构的设定

常设机构是指企业进行全部或部分营业活动的固定场所，包括三个要点：①有一个营业场所，即企业设施，如房屋、场地或机器设备等；②这个场所必须是固定的，即建立了一个确定的地点，并有一定的永久性；③企业通过该场所进行营业活动，通常由公司人员在固定场所所在国依靠企业(人员)进行经济活动。明确常设机构含义的目的是确定缔约国一方对另一方企业利润的征税权。

(3)预提税的税率限定

预提税(Withholding Tax)是世界上许多税收辖区对向境外支付股息、利息、特许权使用费等投资所得征收的一种税。跨国公司从东道国汇回利润时，通常由东道国政府征收预提税。利润汇到东道国是否补缴税款，取决于跨国公司母公司所在国家的税法。在税收协定中约定预提税率是为了排除任何一方的税收独占权。因此，在税收协定国之间的预提税率一般较低，如 10%～20%，个别国家超过 20%。

(4)税收无差别待遇

缔约国一方应保障另一方国民享受到与本国国民相同的税收待遇国际无差别，即不能因为纳税人的国籍不同，而在相同或类似情况下，给予的税收待遇不同。税收无差别待遇主要包括如下内容：①常设机构无差别，指设在本国的对方国的常设机构，其税收负担不应重于本国类似企业；②支付扣除无差别，即在计算企业利润时，企业支付的利息、特许权使用费或其他支付款项，如果承认可以作为费用扣除，不能因支付对象是本国居民或对方国居民而在处理上差别对待；③资本无差别，指缔约国一方企业的资本，无论全部或部分、直接或间接为缔约国另一方居民所拥有或控制，该企业的税收负担或有关条件，不应与缔约国一方的同类企业不同或更重。

(5)避免国际偷税、逃税

避免国际偷税、逃税是国际税收协定的主要内容之一。所采用的方法主要包括情报交换和转让定价管理。所交换的情报是有关跨国纳税人的收入和经济往来资料以及一些其他必要的资料。转让定价管理，指为了防止和限制国际合法避税，要求缔约国各方密切配合，并在协定中确定各方都同意的转让定价方法，以避免纳税人以转移价格的方式转移利润、逃避纳税。

我国同外国缔结税收协定的工作，开始于 1978 年实行对外开放政策以后。我国最早签订的单项税收协定是 1979 年 1 月 23 日在巴黎签订的《中华人民共和国政府和法兰西共和国政府关于互免航空运输企业税捐的协定》；最早签订的综合税收协定是 1983 年 9 月 6 日在北京签订的《中华人民共和国政府和日本国政府关于对所得避免双重征税和防止偷漏税的协定》。我国国家税务总局公布的对外签订避免双重征税协定一览表显示，截至 2013 年 4 月底，我国已同日本、美国、法国、英国、比利时、德国、马来西亚、挪威、丹麦、新加坡、芬兰、加拿大等国家正式签署 99 个避免双重征税协定，其中 96 个协定已生效，而且还和中国香港、中国澳门两个特别行政区签署了税收安排。

2. 税收抵免

税收抵免，即对纳税人来源于国内外的全部所得或财产课征所得税时，允许以其在国外缴纳的所得税或财产税税款抵免应纳税款的一种税收优惠方式，是解决国际间所得或财产重复课税的一种措施。具体办法是，先按来自国内外全部所得或财产计算应纳所得税或财产税税款，然后再扣除其国外缴纳的部分，其余额即为实际应纳所得税或财产税税款。税收抵免是世界各国的一种通行做法，经济合作与发展组织和世界贸易组织都对税收抵免做出了专门规定。税收抵免一般多采取限额抵免办法，即抵免数额不得超过按照居住国税法计算的应纳税额。我国现行税法对所得避免双重征税，按国际惯例做出了相应规定。其主要内容包括以下几点。

①纳税人来源于中国境外的所得，已在中国境外缴纳的企业所得税和个人所得税税款，准予其在应纳税额中扣除，但其扣除额不得超过该纳税人境外所

得按中国税法规定计算的应纳税额。

②纳税人来源于境外所得在境外实际缴纳的企业所得税、个人所得税税款，低于按中国税法规定计算的扣除限额的，可以从应纳税额中据实扣除；超过扣除限额的，不得在本年度应纳税额中扣除，但可以在以后年度税额扣除的余额中补扣，补扣期限最长不得超过 5 年。

③纳税人境外已缴税款的抵扣，一般采用分国不分项抵扣境外已缴税款的方法。其计算公式为：

抵扣额＝境内境外所得按中国税法计算的应纳税额×

（来源于某国或地区的所得/境内境外所得总额）

对于不能完全提供境外完税凭证的某些内资企业，经国家税务总局批准，也可以来取"定率抵扣"的方法，不区分免税或非免税项目，统一按境外应纳税所得额 16.5％的比率计算抵扣税额。

3. 避税地

避税地，是指一国或地区的政府为了吸引外国资本流入，繁荣本国或本地区的经济，弥补自身的资本不足和改善国际收支状况，或引进外国先进技术，提高本国或本地区技术水平，吸引国际民间投资，在本国或本国的一定区域和范围内，允许并鼓励外国政府和民间资本在此投资及从事各种经济贸易活动。投资者和从事经营活动的企业享受不纳税或少纳税的优惠待遇。这种区域和范围被称为避税地。国际上很多跨国公司都在避税地注册，从而在一定程度上规避税收。同时由于避税地管制少，也便于跨国公司内部资本流动，有利于内部资本资源配置。

世界上大体有三种类型的避税港：①没有所得税、财产税、遗产税或赠予税，如巴哈马、百慕大等。②课征税负较轻的所得税、财产税等直接税种，同时实行许多涉外的税收优惠，如安哥拉、巴林、新加坡等。另外如马来西亚等，只免征来源于境外收入的所得税。③从总体来看，实行正常税制，只是有较为灵活的税收优惠办法，如希腊、爱尔兰、加拿大、荷兰等。总体来看，世界上几乎没有税收优惠完全一样的国际避税地，每个避税地具有各自独特之处。

成为国际避税地，当然要有税收上的优惠。不仅如此，还需要具备其他良好的条件：①政治稳定性。任何跨国纳税人都把财产和所得的安全放在第一位，如果政治上不稳定，财产和所得不能得到安全保证，减免税收就毫无意义。②法律的开放性。避税地在法律上必须是开放的，即对进入避税地营业或居住的法人和自然人统统不加法律限制。优秀的国际避税地一般具有金融业发达、银行商业活动严格保密、外汇管制宽松等条件，并有配套、宽松的海关条例、银行管理条例等。③理想的地理位置。除了政治和法律的保障、税收的优惠，优秀的避税地一般还具有便利的交通和通讯条件、适宜的自然环境、良好的服务设施。

1.2.3 政治风险与外汇风险

跨国公司和国内公司一样，面临着各种财务风险。除此之外，跨国公司还面临着特有的政治风险和外汇风险。随着跨国公司在全球范围内配置资源和安排经营的程度越来越深，公司已经越来越清楚地认识到组织结构、文化环境，乃至于公司治理结构等方面在跨国经营后的重要影响，因此越来越重视这些方面的改造和调整。不论跨国公司自身全球一体化的程度如何，都必须面临着各个国家政体不一、币种分割的外部环境。这两方面的环境变化有时会给跨国公司带来巨大的损失。政治风险和外汇风险是公司进行跨国经营所必须考虑的问题。

1. 政治风险

政治风险是指由于政治方面的原因使公司蒙受损失的可能性。政治风险可能源于政府更迭、政策变动，也可能源于爆发战争等。例如，在某国投资办企业，由于该国发生政变，有可能对外资企业实施国有化，使外国投资者遭受损失。又如，如果子公司所在国发生战争，可能会导致对子公司财产的破坏，因此导致公司的损失。再如，东道国可能出于保护国有经济的考虑，而改变对外国资本所给予的优惠政策。

2. 外汇风险

外汇风险是指由于各国货币之间的汇率变动可能会给公司带来损失。跨国公司的直接经营收入涉及多种货币，例如中国的跨国公司在美国经营所获得的收入为美元，在瑞士经营所获得的收入为瑞士法郎。在每一个经营期末，当跨国公司提取投资收益时都要将各种货币的投资收益兑换成人民币。即使不考虑提取投资收益问题，按照会计准则，在每一个会计报告期末，这些外币收入也都要换算成以人民币为单位的收入。由于母公司所在国货币与子公司所在国货币之间的汇率波动，会导致子公司收益换算成母公司收益时发生波动。除此之外，汇率变化也会给公司的经营带来一系列其他的变化。这些由于汇率变化所带来的不确定性就是跨国公司的外汇风险。

例如，我国公司在美国投资 100 万美元，投资期结束时收回 110 万美元。按美元计算，投资收益率为 10%。但如果投资期初和期末的汇率不一致，就会导致投资收益率的波动。设投资期初 1 美元折合 6.5 元人民币，期末 1 美元折合 6.0 元人民币，则相当于期初投资 650 万元人民币，期末回收 660 万元人民币，投资收益率仅为 1.5%。

1.2.4　跨国经营中的竞争

公司不论在单一国家或者地区经营，还是跨越国境经营，都要面临着各个方面的竞争。然而，跨国经营所面临的竞争环境与国内经营所面临的竞争环境有很大不同。跨国经营由于能够利用各种市场的不完全性而获得收益，或者通过跨国经营而降低风险，因此存在着一定的竞争优势。但跨国公司由于对经营所面临的各种环境不熟悉，如不同的人文环境、政治环境、经济环境、制度环境等，或者东道国存在不利于跨国公司的竞争环境，跨国经营就会处于一定的竞争劣势。

除了竞争环境外，跨国经营的竞争层次也不同于国内经营中的竞争。有时跨国经营所面临的竞争不再单纯地是公司之间的商业行为，而表现为国家之间的竞争。在当前国际形势下，国家之间的冲突形式更多地不再是战争，而表现为经济冲突、经济竞争。微观是宏观的组成部分，是宏观的具体体现。国家之间的经济竞争在微观中表现为公司之间的竞争。国家的经济实力在公司的竞争间得到体现。各国的很多国际性机构，如各国驻外使馆经济处和商务处都在为本国公司获得竞争优势提供服务。各国领导人出访等外交活动也经常伴随着一定的商务活动，或者为本国公司开拓市场提供一定的便利条件。在 2007 年金融危机导致经济衰退之后，一些国家贸易保护主义抬头，就是企业之间竞争上升到国家之间竞争的表现。

跨国经营使得国际产品市场和要素市场竞争加剧。另外，同一般公司竞争一样，跨国公司的竞争已经从市场竞争转移到经营全过程的竞争。而且，由于跨国公司在经营过程中具有更大的自由度，因此经营过程的竞争比国内经营表现得更为明显。传统的竞争通常表现为产品市场和要素市场的竞争，如降低产品价格、提高产品的差异性以获得一定的垄断优势、提高要素的价格以获得更高档次的生产要素。然而，从根本上看，公司获取利润的重点不仅仅在于销售多少商品、获得更多的生产要素以扩大生产规模，而更多地在于产品的边际利润，即通过销售每单位产品所获得的利润。

产品的生产就是一个价值创造的过程。在这个价值创造过程中包括各种资源的配置和使用。跨国经营从传统的产品竞争和资源竞争向深层次竞争过渡，就是向价值创造过程的过渡，向资源配置和使用的过渡，向组织过程的过渡，向企业管理过程的过渡。如果以全球的眼光获取、配置资源，组织生产过程，分销产品，比单纯地获取廉价资源、低价销售产品显得更加重要。在这种背景下，跨国公司的财务管理对于提高公司价值显得越来越重要。

1.2.5 代理问题

在现代公司的经营管理中，股东将经营管理权委托给经理，但两者的利益往往不一致，经理为使自身利益最大化而进行决策，其目标很可能不是股东财富最大化，因此可能给股东带来损失。由委托经营管理权或者其他权利所带来的问题称为代理问题，由于存在代理问题而给委托人带来的损失称为代理成本。代理问题广泛存在于现代公司中，包括股东与债权人之间的代理问题，股东与经理之间的代理问题等。与一般国内经营的公司相比，跨国公司中的代理成本通常会更高，其原因如下。

1. 跨国公司通常规模较大，跨越国境配置资源，代理层级多

跨国公司通常规模较大，层级较多，跨越国境的资源配置和经营导致信息不对称问题较为严重。各层经理之间均存在着代理问题。通常公司规模越大，层级越多，结构越复杂，潜在的代理问题越严重。如果跨国公司的国外子公司不是全资子公司，由于母公司股东与子公司股东之间的沟通和信息传递等方面的原因，会带来更为严重的代理问题。

2. 母子公司之间的地理距离较大，不利于监控与协调

控制代理成本的手段通常为监控与激励。很多研究表明，资金提供者为了便于对公司的监控，将投资对象控制在一定的地理范围内。跨国公司母子公司在不同的国家，距离远，跨越国境，往来交流与国内相比难度要大，会降低母公司对于子公司的监控力度，导致代理成本加大。

3. 不同文化背景之间的委托代理关系会使代理问题复杂化

不同的文化存在着不同的价值观，所以不同价值观下的文化背景可能会增加代理问题的复杂性。为了使子公司更好地适应所在地的经营环境，跨国公司常常采用管理人员本土化政策，也就是从子公司所在地聘用经营管理人员。不同价值观之间的冲突，很可能会加大公司的代理成本。例如 1997 年，宝马汽车收购劳斯莱斯，但由于双方管理方式等冲突导致大量核心人才、高层管理人才纷纷出走，最终宝马以巨亏 54 亿美元的代价卖掉劳斯莱斯；2006 年 9 月 28 日，明基董事会决定退出于一年前并购的西门子子公司，据统计亏损额高达 8 亿多欧元；2009 年，上汽集团并购的韩国双龙汽车申请破产。这些跨国并购的失败，不同文化之间的冲突是一个重要原因。

1.3 跨国公司财务管理的体系

1.3.1 跨国公司财务管理体系的形成

跨国公司财务管理体系，是以经典财务学理论为指导，将财务学知识体系和实践经验应用于跨国经营的背景下所形成的一套完整的学科体系。跨国公司财务管理与一般财务管理具有相同的基础，但两者研究对象不同，适用的背景不同，解决问题的方式也不尽相同。

自从出现了跨国公司，就出现了跨国公司财务管理活动，但跨国公司财务管理形成一个独立的学科体系却是在 20 世纪 70 年代。20 世纪 70 年代，财务学科逐渐走向成熟。随着第三次科技革命的兴起和发展，进行财务管理活动时应用了电子计算机等先进的方法和手段，财务分析方法向精确化发展，对风险和收益率的关系和资本结构等重大问题的研究取得了一系列的重要研究成果，研究方法从定性化向定量化方向转变。财务学中著名的"投资组合理论"、"资本市场理论"、"资本资产定价模型"和"期权定价模型"都出现于这一时期。财务学的深入研究奠定了跨国公司财务管理发展的基础，特别是对衍生工具的研究大大推动了跨国公司财务管理中外汇风险管理的发展。财务管理理论的发展以及跨国公司实践活动的不断深入，推动了将跨国公司财务管理作为专门问题所进行的研究，并使其逐渐形成了一个专门的学科。

在我国，对跨国公司财务管理的研究从 20 世纪 80 年代开始逐步得到重视。随着我国改革开放政策的实施，许多企业开始涉足国际市场，参与跨国经营，与跨国经营相伴随的财务管理活动逐渐增多，迫切需要运用和掌握跨国经营的财务管理知识。随着我国开放程度的不断深入，相信跨国公司财务管理知识将不断得到普及。跨国经营实践活动需要理论的指导，而反过来，实践也会丰富理论。

1.3.2 跨国公司财务管理的内容

跨国公司财务管理与一般公司财务管理一样，都要涉及公司的投资、融资、股利分配决策以及日常财务管理等项内容。然而，由于跨国公司面临的是一个全球一体化的、具有不完美性的国际市场，面临着特殊的政治风险和外汇风险，这些特殊性决定了跨国公司财务管理特殊的研究内容。

一体化以及不完美的全球资本市场，给跨国公司带来了更多的机遇。首先，一体化的全球市场为跨国公司提供了更多的投资机会。一体化降低了各个国家市场之间的壁垒，使得公司到国外市场投资、经营更加便利。其次，跨国公司在资本供给状况不同的各国资本市场中融资，可以最大限度地增加融资来源的多样性，降低融资风险。同时，跨国公司通过选择边际资本成本较低的地点进行融资，可以降低融资成本。当然，在更多机遇的背后也存在着更多的挑战。在一个不断变化以及全新的市场中进行融资、投资，必然会出现很多新的问题，这些正是跨国公司财务管理的内容之一。

在跨国公司经营中，各国政府人为设置的关税和非关税壁垒、税制税率的差别所形成的市场不完美性在给企业的经营带来不利影响的同时，也为跨国公司的日常财务管理提出了新的课题。为此，跨国公司一般通过跨国经营财务体系运作，进行税收和外汇管制风险等方面的管理，这是跨国公司财务管理所特有的内容。例如，当子公司所在东道国和母公司所在国家之间或者子公司与子公司所在国之间的税率有差别时，跨国公司可以通过商品转移定价、股息、专有权使用费等形式转移利润。

在风险方面，跨国公司除了面临与国内公司同样的风险之外，还面临着政治风险和外汇风险等特有风险类型的困扰。由于汇率的波动使得跨国公司面临的外汇风险类型包括折算风险、交易风险和经营风险。尽管从事进出口贸易的国内公司经营中也面临着交易风险，但其他风险是跨国经营所独有的。同样，跨国公司的海外经营自始至终都面对着东道国政治经济体制和政策发生各种不同程度变化的可能性。如何规避外汇风险和政治风险是跨国公司财务经理必须关注的另外一个重要的问题。

1.3.3　本书的内容体系概述

本书认为，跨国公司经营与国内公司经营一样，都是追求公司价值最大化。因此，本书的内容体系就是围绕着公司价值最大化而展开的。对跨国公司母公司价值的评估模型与一般国内公司相类似，如下述公式所示：

$$V = \sum_{t=1}^{n} \left\{ \frac{\sum_{j=1}^{m} \left[E(CF_{j,t}) \times \bar{e}_{j,t} \right]}{(1+k)^t} \right\}$$

式中：V 表示跨国公司母公司价值；$CF_{j,t}$ 表示母公司在 t 期期末收到的以货币 j 记值的自由现金流；$E(CF_{j,t})$ 表示母公司在 t 期期末收到的以货币 j 标值的自由现金流的期望值；$\bar{e}_{j,t}$ 表示在 t 期期末母公司记账货币与货币 j 之间的期望汇率，表示方法为每单位货币 j 合多少单位记账货币；k 为母公司的加权平均资本成本(政治风险考虑在加权平均成本中)。

从公式看，跨国公司价值评估模型与国内公司价值评估模型的区别在于汇率。汇率的决定、变化及其对于跨国公司价值的影响，以及外汇风险管理，是本书的重要内容。另外，公司的现金流来自于投资项目，一个好的跨国投资项目是跨国经营成功的开始。公司价值最大化，就是使用一定的收益率对现金流进行折现。

公司跨国经营的目的是扩大投资项目可行集，提高现金流水平，同时充分利用国际金融市场，降低资本成本，从而提高公司价值。

本书在对跨国公司及跨国公司财务管理进行介绍，并讨论了跨国经营必备的外汇及外汇市场的基础知识之后，首先引入的是国际投资组合和跨国公司资本预算。确定投资项目之后，跨国公司所面临的就是如何筹集跨国经营所需要的资金。在项目进行正常运营之后所面临的就是日常财务管理。

【本章精要】

跨国公司是指跨越国境从事生产经营活动的公司，具有全球化的资源配置、全球化的生产经营活动、全球化的产品市场、整体价值最大化的特征。对于跨国公司而言，获取超额利润的具体形式通常表现为：①获取自然资源；②开拓和维持国内外市场；③降低生产经营的成本；④获取技术及其市场信息；⑤降低风险。

与国内公司相比，跨国公司面临着更复杂的财务管理环境。本章第二节着重分析了跨国公司面临的市场不完美性、国际税收、政治风险和外汇风险、跨国经营中的竞争、代理问题等相关环境因素；第三节论述了跨国公司财务管理体系的形成和主要内容以及本书内容体系设计。

【推荐阅读】

[1] 李光斗. 扩张：跨国公司凭什么. 北京：北京大学出版社，2004.

[2] [法] 盖尔特曼. 跨国公司. 肖云上译. 北京：商务印书馆，1998.

[3] [美] 克里斯托弗·巴特利特. 跨国管理：教程、案例和阅读材料. 第5版. 大连：东北财经大学出版社，2008.

[4] [英] 巴克利，卡森. 跨国公司的未来. 冯亚华，池娟译. 北京：中国金融出版社，2005.

【参考网站】

为加强对跨国公司的感性认识，读者可以查阅一些大型跨国公司的网站了解跨国公司的特征。

1. Walt Disney：http://www.disney.com；

2. Nestlé：http://www. nestle. com；

3. Intel：http://www. intel. com；

4. Daimler-Chrysler：http://www. daimlerchrysler. com；

5. Mitsubishi Motors：http://www. mitsubishi. com；

6. Nokia：http://www. nokia. com；

7. Royal Dutch Shell：http://www. shell. com。

【学习指引】

同学们可以通过搜索引擎查找有关跨国公司经营的相关资料。例如，可以通过 http://www. yahoo. com 查找，也可以通过 http://www. google. com 查找。查阅"世界500强"的资料，可通过《财富》(Fortune)杂志网站(http://www. fortune. com)搜索。有关公司治理情况，可以参阅网站 http://www. corpgov. net。有关国际税收资料，可参阅神州财税网 http://www. tax168. com。

【练习题】

一、名词解释

跨国公司、避税地、政治风险、税收抵免、预提税、税收协定、外汇风险、跨国公司财务管理体系

二、简答题

1. 跨国公司与一般的公司相比有什么特点？

2. 公司为什么要进行跨国经营？举出你所了解的一家跨国公司，并分析其经营的特点和经营的目标。

3. 跨国经营应注意什么问题？

4. 什么是跨国公司内部财务体系？跨国公司内部财务体系对于跨国经营有什么作用？

5. 跨国公司价值评估模型与一般国内经营公司相比，有什么主要区别？

三、思考与讨论题

1. 国际互联网的发展和普及极大地促进了各种信息的流通，你认为它对于跨国公司代理问题有什么影响？

2. 随着竞争的加剧，跨国公司财务管理体系是否完备成为制约很多企业发展的重要因素。通过学习，你认为跨国公司财务管理体系与一般公司相比有哪些异同？

【案例分析】

哈杉公司的跨国经营之路

　　哈杉公司的前身是恒丰皮鞋厂，始建于1991年，当时仅有10多个员工，是一个手工作坊式鞋厂。1993年，哈杉取得突破式的发展，当年产值突破300万元，同时完成了由手工制作向现代化流程作业的升级。1994年，哈杉产品进入俄罗斯市场，开始了跨国经营的前奏。之后，公司开始走上跨国经营的道路。1997—1999年，哈杉相继在中东的阿联酋等国家设立子司，并借此向非洲扩张。2004年3月，哈杉收购意大利威尔逊公司和中国台湾立将鞋业公司。同年8月，哈杉投入600万美元，在尼日利亚投资建立了日产3 000余双皮鞋的生产基地。2004年11月，哈杉与意大利威尔逊研发中心和意大利RSA设计院合作，并首期投入500万元启动哈杉（意大利）威尔逊鞋类技术研发中心。2005年2月，哈杉相继在美国、巴拿马建立贸易公司，形成全球营销网络。截至目前，哈杉公司已经在全球拥有三家制造厂、八个子公司。

　　在最初阶段，哈杉鞋业在国际市场上的竞争利器是价格，采取的是"撇脂战略"，也就是以较小的营销支出取得较为明显的销售成果。每进入一个新的市场，由于价格上的竞争优势，企业总是在开始阶段能获得较好的收益。但由于缺乏核心竞争优势，企业很难在一个市场上持续获利。正是在这种背景下，企业加大了研发投入，以收购意大利制鞋企业为起点，在国内建立合作研发中心，并通过收购方式拓展并加强国外的销售网络。

　　公司选择在尼日利亚建厂的方式深入开拓非洲市场。早在2001年，哈杉鞋业就在尼日利亚销售哈杉牌皮鞋，对当地市场较为熟悉。2004年1月8日，尼日利亚政府为保护本国民族工业，宣布禁止进口包括哈杉男鞋在内的31种中国商品。在这种背景下，哈杉决定通过在当地建厂，避开政府的贸易壁垒。

资料来源：本案例主要数据资料来自于哈杉公司网站 http://www.hazan.com.cn/。

讨论问题：

（1）哈杉开展全球化经营的动机是什么？

（2）哈杉所面临的竞争市场具有什么特点？

（3）在未来的全球化经营中，哈杉将会面临哪些风险？

第2章　外汇市场及汇率的决定

【本章学习目标】

1. 了解外汇市场概念和种类；
2. 掌握汇率决定机制，理解市场干预和管制汇率的目的和方式；
3. 掌握外汇平价理论，熟悉外汇汇率预测方法。

【引导案例】

汇率波动下的跨国公司

按照我国现行制度规定，由市场交易决定的人民币即期汇率只能在人民币中间价上下1‰波动，达到1‰的波幅界限即为"涨停"。2012年11月，随着人民币连续涨停，船舶、家电、纺织等利益绑定在出口链条上的跨国企业利润空间不断被人民币升值挤压。据报道，当时行业巨头中国远洋汇兑损失1.33亿元人民币，TCL集团损失3 876万元人民币。

受到美国推出第三轮量化宽松政策影响，非美元货币出现受迫性升值。而人民币汇率飞涨，以美元为主要结算单位的产品出口企业猝不及防。以一笔100万美元的订单为例，签订合同时间为7月25日，人民币对美元即期汇率为6.390，而10月29日汇率最低触及6.237 0，升值0.153元人民币，三个月内这笔交易的利润就缩水15.3万元人民币左右。具体来看，对于账上躺着大批美元的上市企业而言，这种影响主要分为两种类型：一是人民币升值对公司的成本和收入产生实质性影响；二是资产负债表里汇兑损益影响公司非经常性收益。

跨国公司在多个国家进行经营，必然涉及各国货币之间的兑换问题，如经营成果从一种货币转换成用另外一种货币表示，又如交易中所产生的支付时的货币兑换，还有投资以及投资回收过程中的货币兑换等。货币之间的兑换是跨国公司经营中所涉及的最基本的问题，不同的兑换方式以及兑换时机选择也会影响跨国公司的价值。随着外汇市场中交易工具的多元化，跨国公司面临的外汇风险也越来越复杂多变。因此，了解外汇市场及汇率的决定是进行跨国经营的基础，也是了解跨国公司财务管理的重要前提。

资料来源：宋佳燕，《人民币连续涨停：中国远洋利润被挤压，汇兑损失1.3亿》，载《理财周报》，2012-11-05，有删改。

2.1 外汇市场

2.1.1 外汇市场概述

1. 基本概念

（1）外汇市场形态

外汇是以外国货币所表示的购买力的总称。国际货币基金组织（IMF）将外汇界定为：任何在国家之间用来支付的工具统称为外汇，如外币、银行存款、对外国政府或者外国银行的债权、黄金储备（Monetary Gold）、特别提款权（SDR）。① 我国国家外汇管理局将外汇定义为：外汇是指下列以外币表示的可以用作国际清偿的支付手段和资产：外币现钞，包括纸币、铸币；外币支付凭证或者支付工具，包括票据、银行存款凭证、银行卡等；外币有价证券，包括债券、股票等；特别提款权；其他外汇资产。② 通俗地说，外汇不仅仅包括我们经常能够看到的纸币、硬币，也包括其他以外国货币单位记账的资产。

外汇市场泛指进行外汇资产交易的场所。在跨国公司从事国际贸易和对外投资等经济活动时，往往要涉及一种以上货币，因此往往要进行货币之间的交换。例如，中国公司将家具等木制品出口到美国，获得美元收入。为了及时在国内购买原材料、招聘员工，以便继续生产，该家中国公司需要将出售木制品所获美元兑换成人民币。又如，美国摩托罗拉公司在中国设立了生产基地，并且将其产品在中国市场上销售，获取人民币收入。摩托罗拉美国公司为了实现其投资收益，就需要将人民币换成美元。为了便于上述的货币交换，外汇市场应运而生。

外汇市场可以是有形的，也可以是无形的。有形的外汇市场拥有固定的建筑物、交易大厅或交易柜台。例如，个人或者企业到银行兑换外汇，就是在有形市场中进行交易。但实际上，很多外汇交易发生在银行间市场，即以大型商业银行、外汇经纪商、中央银行等为交易主体，通过电话、电传、交易机等现代化通讯手段在无形的交易市场实现交易。一般当我们提到外汇市场，指的都是这个市场，我们也称之为狭义外汇市场。

因为外汇交易涉及至少两个以上国家（地区）货币，因此外汇市场并不局限于某一个国家或者地区。出于经济活动的需求，大部分外汇交易发生在某些地

---

① 根据国际货币基金组织网站资料编译，http://www.imf.org。
② 参见国家外汇管理局网站，http://www.safe.gov.cn。

区，这些地区成为外汇交易中心。国际上著名的外汇交易中心有伦敦、纽约、东京、新加坡、法兰克福、苏黎世、巴黎、阿姆斯特丹、多伦多、米兰等。

（2）银行间市场

与其他资产交易市场不同，外汇市场是一个分层市场。位于最顶层的是银行间市场，也称为批发市场。这个市场的参与者主要是大型商业银行和证券交易商，批发市场交易量大概占到外汇总交易量的 1/4。由于单笔交易量比较大，所以银行间市场的买卖价差比较小。我们所说的汇率，通常指银行间交易的报价。

外汇市场是一个典型的做市商市场，大型外汇交易商承担做市商角色，例如瑞士联合银行（UBS）、巴克莱资本（Barclays Capital）、德意志联邦银行（Deutsche Bundesbank）、花旗银行（Citigroup）均是银行间市场的主要参与者和做市商。在银行间市场，银行之间可以直接交易，或者通过经纪人进行交易。由于现代通讯工具的发展，电子经纪人逐渐取代了传统经纪人。国际上较为著名的电子交易经纪人平台为 EBS(Electronic Broking Services)和汤姆路透电子交易平台(Thomson Reuters Dealing 3000Xtra)。全球大约有 1 000 家银行参与了两个电子交易平台交易。通过电子交易系统，小银行也可以不通过大银行而直接进行交易。

（3）主要交易方式

外汇市场的主要交易方式分为即期（Spot）交易和远期（Forward）交易。即期交易是指交易双方在达成交易合约后，在近几个工作日内立即进行交割，即付出要卖出的货币，收进要买入的货币。一般情况下，即期交易的外汇交割日是在即期合约达成之后的第二个工作日，如星期一达成合约，应在星期三进行交割。中间如遇休息日则交割日顺延。远期交易是指交易双方在达成交易合约后，不立即进行交割，而是规定在将来的某个日期进行交割。在国际外汇市场中，约有 60％的外汇交易是以即期形式进行的，10％是以远期形式进行的，另外 30％是即期和远期的一揽子合约。

2. 市场参与者

外汇市场的主要参与者是大型商业银行、银行间市场的经纪人、以跨国公司为代表的商业企业，以及为执行货币政策而参与市场的各国中央银行。很多情况下，大型商业银行充当了交易商的角色，他们随时进行外汇的买卖活动。大量的银行间交易是通过外汇经纪人进行的。外汇经纪人为外汇交易的双方或多方牵线搭桥，方便并活跃了外汇交易。外汇经纪人的收入为交易佣金，佣金数额只占交易额的很小一部分，如在美国市场上约占 0.031 25％。随着计算机交易平台的使用，传统经纪人的地位受到了挑战。

在远期市场上，根据参与市场的目的不同，市场参与者可以分成套利者、交易者和套期保值者。市场套利者参与市场的目的是获取无风险收益，他们旨在寻求各国市场和各种货币交易中的不均衡性，从中找出获利的机会。例如三角套利，也就是使用三种货币交换，从交换中获取收益。交易者参与市场的目的，是对已经存在的出口或进口合同进行汇率风险管理。套期保值者参与市场的目的，是对其用外币表示的资产和负债进行套期保值，如使用外汇衍生工具固化未来的收益或者成本。

对冲基金也是外汇市场交易中很重要的参与者。对冲基金参与外汇交易的目的是寻找并利用套利机会，从往返（同一种货币买卖对敲）外汇交易中获利。据统计，国际外汇市场上大部分，甚至绝大部分交易是投机性的。

2.1.2 即期市场

1. 即期市场报价

即期市场指外汇交易达成后，立即进行交割的市场。做市商市场的典型特征是交易者根据做市商的报价进行交易。例如，我们个人到银行去买卖外汇，银行就是做市商。我们根据银行的报价进行交易。外汇报价有直接报价和间接报价两种形式。

（1）直接报价

直接报价是以每单位或每100个单位外国货币作为标准，折算为一定数额的本国货币。有些国家货币单位的价值量较低，如日本的日元等，对于这些货币的报价有的是以高于100个单位作为标准，如10 000等。在直接报价方式下，外国货币数额不变，本国货币的数额则随着外国货币或本国货币币值的变化而改变。在绝大多数国家的外汇市场上均采用直接报价。例如，中国银行在2010年10月15日早晨9点30分公布的美元报价为每100美元等于663.67～666.33元人民币，加拿大元报价为每100加元等于659.08～664.37元人民币，所使用的就是直接报价方式。

（2）间接报价

间接报价是用一个单位或100个单位的本国货币作为标准，折算为一定数量的外国货币。在间接报价方式下，本国货币的数额保持不变，外国货币的数额则随着本国货币或外国货币币值的变化而改变。在英国和美国外汇市场上，习惯上采用间接报价方式。例如，在美国外汇市场上，格林尼治标准时间2013年3月20日13:45分，澳元的报价为每美元等于1.294 2～1.294 5澳元①，采用的

---

① 报价数据来源于 http://www.fxstreet.com。

就是间接报价。报价中一般小数点后面保留四位，在前两位相同的情况下，通常报价采取简便的形式，例如上述澳元的报价可以写成 1.294 2/45 澳元，或更简单地写成 42～45。美元是世界上的主要货币，也是交易最活跃的货币，各国货币几乎都与美元直接交易，其他国家外汇市场针对美元均使用直接标价法，为了和其他市场报价形式上一致，容易比较，在美国市场则使用了间接标价法。英镑也曾经在外汇交易中占据重要位置，使用间接标价法是历史延续。

（3）买入汇率、卖出汇率和中间汇率

当大型商业银行作为交易商进行外汇买卖时，与从事其他经营活动的企业一样，其目的也是为了追求利润，方法是低买高卖，赚取买卖价差。商业银行等机构买进外汇时所使用的汇率叫作"买入汇率"（Bid），也称"买价"；卖出外汇时所使用的汇率叫作"卖出汇率"（Ask），也称"卖价"，买入汇率和卖出汇率相差的幅度一般在 1‰～5‰，两者之间的差额，扣除相应的成本，即为商业银行买卖外汇的利润。买卖价差的大小与外汇交易频繁程度密切相关。交易越频繁，交易商所承担的流动性和波动性风险越小，相关的成本较低，因此交易频繁的币种一般价差较小，而交易不频繁的币种一般价差较大。

银行公布的买入汇率还分为现汇买入汇率和现钞买入汇率，银行的卖出汇率不分现汇和现钞。现钞就是外币纸币和硬币。现汇就是一种外币票据，例如汇票、本票、电汇凭证等。2009 年，我从韩国回国时，住房押金不能当时退还给我，而是在我回国后收到了寄到单位的一张写明币种和金额的电汇凭证。然后我拿着这张凭证去了中国银行，希望将其兑换成人民币。银行为我兑换人民币，使用的是现汇买入汇率。当然，我可以使用这张凭证直接在中国银行开户，并获得一张外汇存单。不论什么时候我想将存单中的外汇兑换成人民币时，银行使用的也是外汇买入汇率。如果我不愿意兑换，也可以直接从银行领取美元现钞（电汇凭证上写的是美元）。但我拿着现钞或者是现钞存单去银行兑换人民币时，银行使用的就是现钞买入价了。例如，中国银行在 2013 年 3 月 20 日下午 17：40：50 公布的美元报价为每 100 美元现汇买入价为 619.86 元人民币，而现钞买入价为 614.89 元人民币。

实际上，银行现汇买入价和现钞买入价之差是为补偿银行处理现钞所多承担的费用。银行买入现钞后，外币现钞通常不能在交易的当地流通使用，需要把现钞运往国外。银行在现钞累积到一定数额后，会包装运送到国外银行，因此承担运送费。在运送之前的这段时间里，银行会损失持有外币的机会成本，同时还需要支付现钞管理费、保险费等。

外汇中间汇率就是买入汇率和卖出汇率的平均值，即为中间汇率，通常是银行清算资金时采用的价格。企业在计算汇兑损益时也使用中间价。

从 2005 年 7 月 21 日起，中国人民银行每天闭市后，以银行间外汇交易价格为基础，计算出当天以交易量为权重的加权平均价，即为当日的中间价，并作为第二天的交易基准价。从 2006 年 1 月 4 日起，中国人民银行授权中国外汇交易中心，向所有银行间外汇市场做市商询价，将所有做市商报价作为人民币对美元汇率中间价的计算样本，去掉最高和最低报价后，将剩余做市商报价加权平均，得到当日人民币对美元汇率中间价。权重由中国外汇交易中心根据报价方在银行间外汇市场的交易量及报价情况等指标综合确定。人民币对其他货币(如欧元、日元和港币)汇率中间价由中国外汇交易中心分别根据当日人民币对美元汇率中间价与上午 9 时国际外汇市场该种货币(欧元、日元和港币)对美元汇率套算确定。中国人民银行在 2013 年 3 月 20 日开盘公布的美元中间价为每 100 美元兑换人民币 627.58 元，英镑为 947.93 元，欧元为 813.12 元，日元为 6.558 2 元，港币为 80.86 元，澳元为 652.84 元。①

这些公布的中间价作为市场交易的基准汇率。例如自 2012 年 4 月 16 日起，银行间即期外汇市场人民币兑美元交易价浮动幅度由 5‰扩大至 1%，即每日银行间即期外汇市场人民币兑美元的交易价可在中国外汇交易中心对外公布的当日人民币兑美元中间价上下 1%的幅度内浮动。外汇指定银行为客户提供当日美元最高现汇卖出价与最低现汇买入价之差不得超过当日汇率中间价的幅度由 1%扩大至 2%。

经济报刊上所说的外汇汇率上涨，在直接报价方式下，说明外汇贵了，兑换本币比以前多了。

2. 套算汇率

在外汇市场上常常会遇到这样的情况，即客户希望交换甲、乙两种货币，但两种货币之间没有市场报价，不过在市场上可以观测到甲、乙两种货币与第三种货币间的报价。这样，甲、乙两种货币之间的汇率可以用它们与第三种货币的报价进行套算，套算出的汇率称为套算汇率(Cross Rate)。

例如，欧元报价为 1.40 美元，澳元报价为 0.96 美元，那么欧元和澳元之间的汇率可计算如下：

$$套算汇率 = \frac{1.4\ 美元/欧元}{0.96\ 美元/澳元} = 1.46(澳元/欧元)$$

或

$$套算汇率 = \frac{0.96\ 美元/澳元}{1.4\ 美元/欧元} = 0.69(欧元/澳元)$$

---

① 以上汇率均为每 100 单位其他货币兑换人民币的数额。

在有买卖价差的情况下进行套算，需要正确确定应该使用买价还是卖价。例如，2010 年 10 月 17 日澳元的报价为 0.958 6～0.959 4 美元，欧元的报价为每欧元等于 1.397 8～1.398 3 美元。在美国市场上，澳元兑换欧元的报价可套算如下。

（1）买入澳元价（澳元买价）

这里计算的是银行的澳元买入价，相当于客户手里持有澳元，准备兑换成欧元。这个过程需要两步：首先将客户澳元兑换成美元，即将澳元卖给银行，银行使用买入价，每澳元可兑换成 0.958 6 美元；然后，将手里的美元到银行去换成欧元，使用银行的欧元卖出价，也就是 1.398 3 美元兑换 1 欧元。客户手里的 0.958 6 美元共可以兑换成 0.958 6/1.398 3＝0.685 5 欧元。

（2）卖出澳元（澳元卖价）

银行卖出澳元的价格，指的是客户手里持有欧元，想从银行手里买澳元。这个过程也需要两步：首先客户将手里的欧元兑换成美元，这个过程银行使用欧元买入价，也就是 1 个单位欧元兑换 1.397 8 美元；然后，客户使用拿到的美元从银行手里买入澳元，也就是银行卖出澳元，使用银行的澳元卖出价，每澳元等于 0.959 4 美元，因此 1.397 8 美元可兑换成 1.397 8/0.959 4＝1.457 0 欧元，即澳元报价为 0.686 4 欧元/澳元。

根据上述两步计算，在法兰克福市场上澳元的报价可套算为 0.685 5～0.686 4 欧元。

3. 市场套利

所谓市场套利（Arbitrage），是指套利者在外汇市场上利用不同市场之间报价的差别进行外汇交易，从而获取无风险收益的行为。由于信息的不完美性，在不同的交易中心，同一种外汇的报价或套算汇率可能会不同，这种市场的不完美性为套利提供了条件。套利者就是在这样的不完美市场中低买高卖，以获取利润。套利行为的直接结果是套利者盈利，其间接结果是促进了全球各个市场之间的一致性，加快了信息的流动，在一定程度上消除了信息的不对称性。

例如，美国纽约市场上英镑的买入价为 1.532 0 美元，法兰克福市场上欧元卖出价为 1.325 1 美元，而伦敦市场上英镑的卖出价为 1.155 0 欧元。需要注意的是，报价单上的价格表示的是银行的买价和卖价，投资者买入和卖出行为正好和银行相反。银行的买入价是投资者的卖出价，银行的卖出价是投资者的买入价。利用上述三个汇率，首先，投资者在市场上用美元买入欧元。投资者在法兰克福市场上以美元买入欧元，使用的应该是银行的卖出价 1.325 1 美元。如果开始时投资者以 10 000 美元购买欧元，共能购得 7 546.60 欧元。其次，在伦敦市场上购买英镑，使用卖出价 1.155 0 欧元，可获得 6 533.85 英镑。最后，在纽约市场上出售英镑，使用英镑买入价 1.532 0 美元，可获得 10 009.86 美元。因此，从上述套利行为中投资者获利 9.86 美元。

上述套利行为涉及三种货币的买卖，因此又称为三角套利。买卖行为如果在三个市场上同时进行，则这种套利行为是无风险的。但是，如果在三个市场上的套利行为不发生在同一时刻，则由于汇率的不断变化，在三个市场上买卖外汇进行套利也是有风险的。有时尽管表面上存在获利机会，但实际上可能存在着某些交易规则限制了交易行为。因此，如果对于各个市场上的交易规则不足够熟悉，也会导致套利行为失败。

2.1.3 远期市场

1. 远期合约

(1)远期合约的概念

所谓远期合约，是指交易双方按照约定的汇率，在约定的某个未来日期，交割约定数额的某种外汇的合约。远期合约的交割日期称为执行日。远期合约中约定的汇率称为远期汇率。例如，某美国进出口公司从加拿大进口了一批木材，3 个月后付款，付款金额为 100 万加元。该美国进出口公司现在可以同银行之间签订一个合约，使用目前的汇率，或者双方协商的汇率，如 1 美元等于 1.017 1 加元，用美元购买 100 万加元，于 3 个月后执行。3 个月后，该公司支付约定的美元数额，即 101.71 万美元，从银行获得 100 万加元，并以此支付加拿大出口商。

目前，在国际外汇市场上，远期合约中广泛交易的货币有美元、英镑、加元、日元、欧元等。远期合约的期限通常有 30 天、90 天、180 天和 360 天等，有时也可以根据需要确定期限。对于交易广泛的货币，远期合约期限可以长于 1 年。

远期汇率反映了市场对于将来即期汇率变化的预期。如果市场预期将来某种货币升值，则以直接报价法表示的远期汇率会高于即期汇率；反之，预期将来某种货币贬值，则远期汇率低于即期汇率。

(2)远期合约损益

这里远期合约损益是指在远期合约执行日，合约双方在执行合约时所蒙受的损失或获取的收益。例如，某投资者与银行之间签订了一份美元与英镑之间的远期合约。合约规定，3 个月之后，该投资者使用美元按每英镑等于 1.53 美元的汇率买入 100 万英镑。到了执行日，如果英镑贬值，即期汇率为 1.45 美元，则投资者执行远期合约就要蒙受损失。如果按即期汇率折算，投资者购买 100 万英镑仅需支付 145 万美元。但由于投资者要执行远期合约，必须按照 1.53 美元的汇率折算，因此要支付 153 万美元。投资者从远期合约中损失 8 万美元；相反，银行从远期合约中获利 8 万美元。类似地，如果在执行日即期汇率上升，即英镑升值，则投资者获利，银行蒙受损失。投资者的损益和银行的损益大小相等，方向相反，因此远期合约对于合约双方是一个零和博弈。

2. 远期市场报价

远期市场报价有两种形式：一种是直接标示外汇价格（见表 2-1），这种报价方式适用于一般交易者；另外一种是溢折价报价方式，适用于银行间市场。

表 2-1　中国市场每 100 美元报价（直接报价法）

期　限	买入价（元）	卖出价（元）	买卖价差率（%）
即　期	619.06	621.54	0.401
1 个月	618.82	623.15	0.700
3 个月	620.89	625.26	0.704
3 个月	620.89	625.26	0.706
9 个月	625.05	630.43	0.861
12 个月	627.41	633.09	0.905

资料来源：http://hq.forex.com.cn/rmb.php，2013-04-09。

表 2-1 中即期和远期汇率的变化趋势表明，美元在未来存在升值趋势，通常称为升水。例如，3 月远期买入价为 620.89 元，而即期买入价为 619.06 元，价差为 1.83 元。按照每单位美元折合人民币计算，价差为 0.018 3 元，也称为美元升水 183 点①。相反，如果远期美元贬值，则称美元贴水。

即期与远期的买卖价差率随着远期时期的变化而有规律地变化。通常，远期汇率报价的买卖价差大于即期汇率报价。其原因可归结为两个方面：①将来的汇率不确定性大，进行远期交易的风险大；②正是由于远期交易的不确定性大，市场参与者相对于即期市场少，市场流动性变差。交易商为了弥补上述两个方面所带来的损失，往往会加大买卖价差。

在银行间市场，报价一般采用更简单的形式。远期报价仅标出与即期有差别的后几位数。例如表 2-2 中的澳元即期买入价为 6.410 8 元人民币，1 个月远期的买入价为 6.443 0 元人民币，远期汇率高于即期汇率，溢价 6.443 0 —

---

① 万分之一称为 1 点，即 1 点等于 0.000 1。

6.410 8＝0.032 2。通常我们以最后变化的几位数表述溢价的数额，计为点，如澳元1个月远期汇率溢价322点。按照上面的计算方式，澳元1个月远期汇率溢价485点。同理，可以计算出3个月和9个月的标价点位，如表2-2所示。

表2-2　每单位澳元报价

即　期	1个月	3个月	9个月
6.410 8～623	322～485	239～397	177～20

资料来源：http://hq.forex.com.cn/rmb.php，2013-04-09。

值得关注的是，澳元溢、折价的趋势并不单调：1个月和3个月远期与即期相比，表现出溢价，也就是远期澳元报价高于即期；而9个月澳元表现出折价，也就是远期澳元报价低于即期。当远期汇率高于即期汇率时，采取溢价报价方式，报价中的第一个数字低于第二个数字；而当远期汇率低于即期汇率时，采取折价报价方式，报价中第一个数字高于第二个数字。

根据表2-2中的报价数据，3个月远期的报价为239～397点，属于溢价报价，远期报价等于即期报价加上对应的点位数，即买入/卖出价分别为：6.434 7～6.502 0元。9个月远期的报价为177～20点，属于折价报价，远期报价等于即期报价减去对应的点位数，即买入/卖出价分别为：6.393 1～6.460 3元。

溢（折）价的数额也可以用溢（折）价率来表示，年溢（折）价率的公式分别为：

$$年溢价率＝\frac{远期汇率－即期汇率}{即期汇率}\times\frac{360}{远期合约天数}\times100\%$$

$$年折价率＝\frac{即期汇率－远期汇率}{即期汇率}\times\frac{360}{远期合约天数}\times100\%$$

其中每年天数按360天计算。上述9个月远期美元年溢价率和9个月远期澳元年折价率可计算如下。[①]

$$9个月美元年溢价率＝\frac{6.250\ 5－6.190\ 6}{6.190\ 6}\times\frac{360}{270}\times100\%＝1.29\%$$

$$9个月澳元年折价率＝\frac{6.410\ 8－6.393\ 1}{6.410\ 8}\times\frac{360}{270}\times100\%＝0.37\%$$

3. 套算汇率

远期汇率套算原理与即期汇率套算相同。

---

①　本例中按照买入价计算溢（折）价率。观察外汇变化趋势时，应该使用中间价计算。

例如，在美国市场上以间接报价方式标价的欧元和日元报价分别为：

单位美元折合欧元：　　　即期　　　　0.760 0～0.761 0

　　　　　　　　　　　30 天远期　　0.760 8～0.761 8

单位美元折合日元：　　　即期　　　　96.66～98.66

　　　　　　　　　　　30 天远期　　94.00～96.00

与直接报价方式不同，间接报价方式的前一个价格是卖出价，后一个价格是买入价。套算的过程如下。

①买入 30 天远期欧元，即欧元买价。首先，卖出日元，买入美元，使用日元卖出价，即单位美元折合 94.00 日元。那么，单位日元能兑换成 0.010 6 美元。其次，卖出美元，买入欧元，使用欧元买入价，即单位美元折合 0.761 8 欧元。则 0.010 6 美元折合 0.761 8×0.010 6＝0.008 1 欧元。因此，欧元的 30 天远期买入价为单位日元折合 0.008 1 欧元。

②卖出 30 天远期欧元，即欧元卖价。首先，卖出欧元，买入美元，使用欧元卖出价，即单位美元折合 0.760 8 欧元。其次，卖出美元，买入日元，使用日元买入价，即单位美元折合 96.00 日元。则单位日元折合 0.760 8÷96.00＝0.007 9 欧元，即为欧元的卖出价。

因此，使用间接报价方式表示的欧元报价为单位日元折合 0.007 9～0.008 1 欧元。

2.2　汇率的决定机制

2.2.1　市场均衡汇率

1. 均衡汇率的决定

与一般商品一样，市场汇率，即外汇的价格也是需求与供给相均衡的结果。当需求等于供给时，市场汇率为均衡汇率。在需求曲线和供给曲线不变的情况下，市场汇率总是围绕着均衡汇率上下波动，如图 2-1 所示。

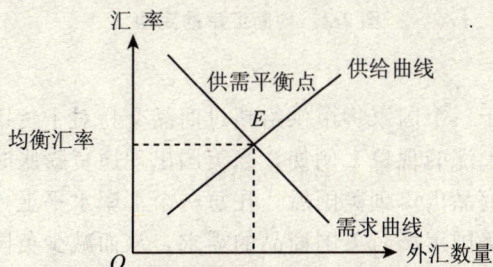

图 2-1　均衡汇率的决定

一个国家对于外汇的需求取决于该国的进出口情况和经济发展状况。例如在英国市场上对美元的需求，取决于英国市场对美国商品的需求。当英国客户需要从美国进口商品时，要使用美元到美国市场上去购买，因此形成对美元的需求。相反，对美元的需求也是对英镑的供给。当美国客户购买英国产品时，则要使用英镑到英国去购买，形成对英镑的需求，即对美元的供给。

在英国市场上，对美元的需求曲线是向右下方倾斜的，供给曲线是向右上方倾斜的，如图 2-1 所示。其他条件不变，当美元使用英镑表示的价格下降时，表明美元相对英镑贬值，美国商品在英国市场上的价格下降，导致对美国商品的需求增加，从而增加对美元的需求，因此，美元的需求曲线向右下方倾斜。类似地，美元的供给反映的是美国市场对英国商品的需求，当美元使用英镑表示的价格下降时，表明英镑相对美元升值，英国商品在美国市场上的价格上升，导致对英国商品的需求减少，从而减少了对美元的供给。

2. 均衡汇率的变动

如果外汇的需求和供给曲线不变，那么市场汇率总是在均衡汇率的上下波动。但当曲线发生了变化后，均衡汇率将随之变化。如图 2-2 所示，当外汇的需求曲线向右平移，即在同等汇率水平下对外汇的需求增加，均衡汇率将随之上升；相反，如果需求曲线向左平移，均衡汇率随之下降。类似地，当供给曲线向左平移时，均衡汇率上升；供给曲线向右平移时，均衡汇率下降。引起供需曲线移动的因素基本上包括通货膨胀率、市场利息率和经济发展平稳性等。

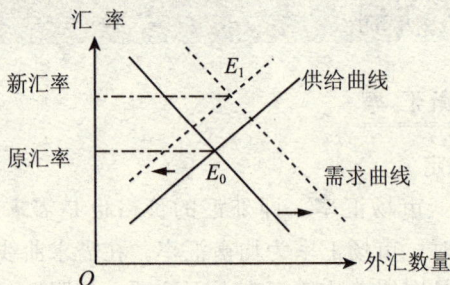

图 2-2　均衡汇率的变动

（1）通货膨胀率

通货膨胀是由于一个国家货币供给超过商品交易对于货币的需求因而引起该国产品价格普遍上涨的现象。例如，当英国出现通货膨胀时，英国商品价格普遍上涨，当英国商品出口到美国后，在每一个汇率水平上，价格较以前有所提高，因此会降低美国市场对英国商品的需求，从而减少英国市场上美元的供给，供给曲线左移。同时，由于英国商品价格上升，美国商品价格相对较低，因此英国市场会寻求美国商品作为替代品，导致对美国商品的需求增加，从而增加英国市场上对美元的需求，需求曲线右移，如图 2-2 所示。

曲线的移动导致汇率的变动。由于英国出现通货膨胀，因而导致英国市场上美元以英镑表示的价格上升，即美元相对于英镑升值，英镑相对美元贬值。从分析中可以看出，当一个国家出现通货膨胀时，会导致该国货币相对贬值。当两个国家均出现通货膨胀时，通货膨胀率更高的国家的货币相对贬值。

通常，一个国家货币升值和贬值的程度可以用升值率和贬值率来表示：

$$货币的升值率（贬值率）= \frac{变化后的货币价格－变化前的货币价格}{变化前的货币价格} \times 100\%$$

$$= \frac{e_1 - e_0}{e_0} \times 100\%$$

例如，在美国市场上，当英镑的价格从 1.532 0 美元上升到 1.532 6 美元后，英镑的升值率为：

$$英镑升值率 = \frac{e_1 - e_0}{e_0} \times 100\% = \frac{1.532\ 6 - 1.532\ 0}{1.532\ 0} \times 100\% = 0.04\%$$

英镑相对于美元升值，意味着美元相对于英镑贬值，贬值率为[①]：

$$美元贬值率 = \frac{e_0 - e_1}{e_1} \times 100\% = \frac{1.532\ 0 - 1.532\ 6}{1.532\ 6} \times 100\% = -0.04\%$$

(2)市场利息率

从资金使用者的角度看，市场利息率反映了资金使用成本的高低；而从投资者的角度看，市场利息率反映了投资收益率的高低。市场利息率越高，投资收益率越高。在风险相近的情况下，投资者总是趋向于高收益。因此，当一个国家的市场利息率高于另外一个国家时，高利息率会吸引资金流向该国市场，从而导致该国市场上外币供给的增加，即本币需求的增加。例如，如果美国市场利息率高于中国，那么投资者会倾向投资于美国市场从而获得高回报。其结果是人民币流入美国，人民币的供给增加，最终导致美国市场上人民币以美元表示的价格下降。因此，利息率高的国家货币趋向于升值，而利息率低的国家货币趋向于贬值。

(3)经济发展平稳性

经济发展的平稳性反映了投资风险的高低。在回报相同的情况下，投资者总是会寻求低风险。当一个国家或地区经济发展平稳性好时，在该国进行投资

---

① 相当于使用间接报价法对公式的一个变换。

风险小，因此能够吸引资金流入；相反，当一个国家或地区经济发展平稳性不好时，投资的风险大，国内资金会倾向于寻求低风险投资场所，因此会引起资金流出。例如，在20世纪90年代，美国经济的平稳性好于亚洲的部分国家，因此，在这些亚洲国家市场上对美元的需求增加，导致美元的升值即本地货币贬值。

2.2.2 市场干预与管制汇率

1. 市场干预的目的

一个国家的货币与外国货币之间的兑换率是经济发展中最重要的影响因素之一。当一个国家的货币相对于外币贬值时，该国产品在国外的市场价格下降，因此外国市场对该国产品的需求增加，起到刺激该国经济增长的作用；反之，当一个国家的货币相对于外币升值时，该国产品在国外的市场价格上升，因此影响该国产品的出口，起到抑制经济增长的作用。因此，很多国家政府为刺激经济增长，均力图控制汇率的走势。

2. 市场干预的方式

(1)中央银行买卖外汇

国家干预汇率的重要手段是中央银行在外汇市场上买卖外汇。当一个国家的货币相对于外币升值时，必将抑制该国的出口，影响该国的经济增长。为防止本币相对升值，可以控制市场上外币的供给，增加需求，如图2-3所示。

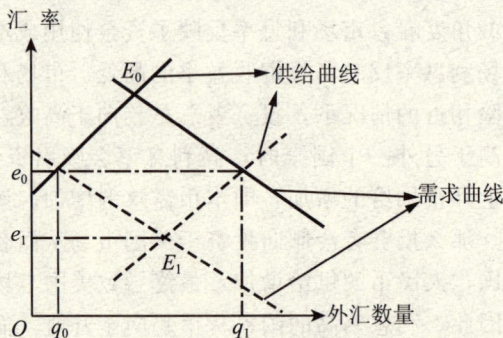

图 2-3 对汇率的干预

图中两条向右上倾斜的曲线为供给曲线，两条向右下倾斜的曲线为需求曲线。横轴表示外汇供给和需求量，纵轴表示对应的外汇汇率。其中，e_0 和 e_1 分别代表两个不同的均衡汇率；q_0 和 q_1 分别代表两个不同的均衡外汇量。

例如，原来B国货币在A国市场上的汇率为 e_0，由于各种影响因素的变化引起外汇的需求和供给发生变化，B 国货币价格降为 e_1。A 国货币升值，B 国货币贬值。为了使 B 国货币价格恢复到原来的水平，A 国中央银行可以在市场上买入 B 国货币，增加市场上对 B 国货币的需求。如图 2-3 所示，只要买入 B 国货币数量达到 q_1-q_0，汇率即可恢复到 e_0 的水平。

当然，一个国家的货币相对于外币过度贬值，将会使该国面临通货膨胀的威胁，从而影响该国经济的发展。因此，各国政府不仅关注于本国货币的升值，也关注于本国货币的贬值。与控制货币升值的方式相反，控制货币贬值可以通过中央银行在市场上卖出外汇来实现。

(2)官定汇率

国家控制汇率还可以采用官定汇率(Official Rate)的形式。所谓官定汇率，是指国家采取严格的外汇管制措施，强制性规定该国货币与各种外币之间的兑换汇率水平。但是，由于官定汇率不能及时反映市场上外汇的需求和供给情况，往往造成对实际市场汇率的扭曲。如图 2-4 所示，官定汇率为 e_1，市场汇率为 e_0。官定汇率低于市场汇率，这种情况一般是由于外汇短缺，市场上的外汇需求大于外汇供给造成的。官定汇率的直接结果是产生外汇黑市，形成外汇交易的双重汇率。

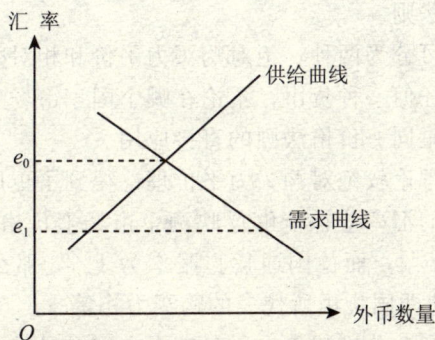

图 2-4 官定汇率与市场汇率

2.3 外汇平价

2.3.1 购买力平价

1. 购买力平价与汇率

购买力平价(Purchasing Power Parity)理论是瑞士经济学家古斯塔夫·卡塞尔(Gustav Cassel)于 1918 年提出的。当时，第一次世界大战使得固定汇率制崩溃，卡塞尔提出以购买力平价理论为基础，建立一个新的国际货币间的汇率体系。

购买力平价理论认为，一个国家的货币之所以有价值，是因为它代表了一定的购买力。任何人只要持有该国货币，就能够在该国市场上购买商品和服务。如果市场与市场之间不存在流通限制，而且没有诸如运输成本之类的交易成本，则相对于同一种商品，不论使用哪种货币，所代表的购买力均应该相同。这一法则称为同一价格法则（Law of One Price）。根据同一价格法则，如果商品以两种货币标价，例如分别以美元和欧元标价，美元标价为 $P(\$)$，欧元标价为 $P(€)$，每欧元折合美元数为 e，则：

$$P(\$) = P(€) \times e$$

如果上式不成立，将会出现商品套利现象。例如，德国市场上计算机价格为 1 000 欧元，而美国市场上同样的计算机价格为 800 美元，市场上欧元的即期报价为 0.65 美元，显然 1 000×0.65≠800，不符合同一价格法则。不考虑交易成本，套利者支付 1 000 欧元在德国市场上购买一台计算机，到美国市场上出售获得 800 美元，将 800 美元兑换成欧元，折合 1 230.77 欧元。套利者一买一卖，获利 230.77 欧元。套利的结果是使两个市场上同一种商品以不同货币趋向于同一价格法则。

购买力平价理论可分为两种：绝对购买力平价和相对购买力平价。绝对购买力平价理论认为，任何一种货币，不论在哪个国家市场上，都应该具有相同的购买力。这种理论是同一价格法则的直接应用。

相对购买力平价理论较绝对购买力平价理论得到了更广泛的应用。该理论认为，两种货币之间的汇率应该能够反映两个市场上价格水平的变化。例如，如美国通货膨胀率为 5%，而德国通货膨胀率为 1%，那么德国马克的美元价格应该上升 4%，以使两国货币所代表的购买力相等。

一般地，如果 i_h 和 i_f 分别代表一段时期内本国和另外一个国家的通货膨胀率水平，e_0 和 e_t 分别代表期初和期末以本币表示的外币价格，即 e_0 为期初的即期汇率，e_t 为期末的即期汇率，为使期初和期末两种货币的购买力均相同，则应该使：

$$\frac{e_t}{e_0} = \frac{(1+i_h)^t}{(1+i_f)^t}$$

即：

$$e_t = e_0 \times \frac{(1+i_h)^t}{(1+i_f)^t}$$

式中：t 代表年数。

例如，预计今后 3 年美国市场通货膨胀率为 5％，欧洲市场通货膨胀率为 1％，目前的欧元即期报价为 0.65 美元。为保证购买力平价，3 年后欧元的报价应为：

$$e_3 = 0.65 \times \frac{(1+0.05)^3}{(1+0.01)^3} = 0.73 (美元)$$

如果期限为 1 年，则购买力平价等式可以写成如下形式：

$$e_1 = e_0 \times \frac{1+i_h}{1+i_f}$$

进一步可以近似成下面的形式：

$$\frac{e_1 - e_0}{e_0} = i_h - i_f$$

实践表明，一般来说，各国之间汇率的长期趋势符合购买力平价理论，而在短期内汇率的变化具有更大的随机性。

2. 名义汇率与实际汇率

从上述分析我们可以看出，由于同一时期通货膨胀率不同，两国货币之间的汇率随之不断变化。只要汇率的变动与通货膨胀率之间的变化符合购买力平价，两种货币之间的相对购买力就不会发生变化。但有时汇率的变化会引起两种货币之间相对购买力的变化。为了区分这两种变化，我们将市场上汇率的报价称为名义汇率（Nominal Exchange Rate），将反映相对购买力变化的汇率称为实际汇率（Real Exchange Rate）。这里定义的名义汇率和实际汇率是相对一个时期内两种货币之间汇率变化而言的，也就是相对于期初，期末的汇率是否反映了真实的货币价值变动情况。所以，实际汇率都是相对于某一个基期而言的，在同一个时刻相对于不同的基期有不同的实际汇率。

仍以德国市场和美国市场上的计算机价格为例。如果期初市场即期欧元报价为 0.65 美元，并且在德国市场上 1 000 欧元的计算机在美国市场售价为 650 美元。期末欧元市场报价为 0.70 美元。考虑下面几种情况。

①两国市场均没有通货膨胀，期初德国市场上 1 000 欧元的计算机期末仍为 1 000 欧元，在美国市场售价为 700 美元，与期初 650 美元的价格相比提高了 50 美元。所提高的 50 美元完全是欧元升值所致，欧元升值率为 7.69％（＝50/650×100％）。此时，实际汇率等于名义汇率。

②两国市场通货膨胀率相同，都为 1％，则期初 1 000 欧元的计算机期末售价应该为 1 010 欧元。按照 0.70 美元的名义汇率，在美国市场上的价格应该为 707 美元，但 707 美元并非完全由欧元升值所引起。不考虑欧元升值，则由于通货膨胀，美国市场上计算机的价格应该提高到 656.5 美元。因此，欧元

升值对价格提高的贡献为 50.5 美元（＝707－656.5），欧元升值率仍为 7.69％（＝50.5/656.5×100％）。此时，实际汇率等于名义汇率。

③德国市场通货膨胀率为 1％，而美国市场通货膨胀率为 2％。则期末德国市场上计算机的价格为 1 010 欧元，按照名义汇率计算的美国市场上计算机价格为 707 美元。同样，707 美元并非完全由欧元升值所引起。不考虑欧元升值，由于通货膨胀，美国市场上计算机的价格应该提高到 663 美元。因此，欧元升值对价格提高的贡献为 44 美元（＝707－663），欧元升值率为 6.64％（＝44/663×100％），实际升值率下降了。此时，实际汇率低于名义汇率。

④德国市场通货膨胀率为 2％，而美国市场通货膨胀率为 1％。则期末德国市场上计算机的价格为 1 020 欧元，按照名义汇率计算的美国市场上计算机的价格仍为 714 美元。同样，714 美元并非完全由欧元升值所致。不考虑欧元升值，由于通货膨胀，美国市场上计算机的价格应该为 656.5 美元。因此，欧元升值对价格提高的贡献为 57.5 美元（＝714－656.5），欧元升值率为 8.76％（＝57.5/656.5×100％），实际升值率提高了。此时，实际汇率高于名义汇率。

考虑一般情况，假设期初两种货币之间的汇率为 e_0，期末名义汇率为 e_t，如果汇率的变化符合购买力平价理论，则：

$$e_t = e_0 \times \frac{(1+i_h)^t}{(1+i_f)^t}$$

在这种情况下，由于两种货币之间的相对购买力不发生变化，因此实际汇率不变，等于期初汇率。或者实际汇率可以表示为：

$$e_0 = e_t \times \frac{(1+i_f)^t}{(1+i_h)^t}$$

从式中也可以看出，此时的实际汇率 e_0 就是用两国的通货膨胀率对名义汇率 e_t 进行调整。当汇率变化不符合购买力平价理论时，上述公式就不成立了。此时，实际汇率可计算如下：

$$e_t' = e_t \times \frac{(1+i_f)^t}{(1+i_h)^t}$$

该公式描述了超出购买力平价之外的变化，也就是两种货币相对购买力的变化，这种变化就是实际汇率的变化。

2.3.2　费雪效应

费雪效应（Fisher Effect）是经济学家欧文·费雪（Irving Fisher）提出的。费雪效应阐明的是国家之间利息率与通货膨胀之间的关系。利息率是资金使用者的成本，同时也是资金所有者即投资者的收入。由于存在通货膨胀，投资者利息收入中有一部分是通货膨胀造成的，因此投资者实际获得的利息收入应等于用通货膨胀率调整后的名义利息收入：

$$1+r=(1+r_r)(1+i)$$

即：

$$r_r \approx r-i$$

式中：r_r 代表实际利息率；r 代表名义利息率；i 代表通货膨胀率；h 和 f 分别代表本国和外国。

由于市场的完美性，投资者在各个国家投资应该获得相同的收入，即各个国家的实际利息率应该相等：

$$1+r_{rh}=1+r_{nf}$$

即：

$$\frac{1+r_h}{1+r_f}=\frac{1+i_h}{1+i_f}$$

简化为：

$$r_h-r_f=i_h-i_f$$

上述关系表明高通货膨胀率货币应该比低通货膨胀率货币具有更高的利息率。这种效应就是费雪效应。然而，在推导费雪效应时有一个隐含的假设，即各个国家投资风险相一致。实际上这一假设明显不符合现实。根据风险与收益的匹配原则，投资者承担的风险越高，获得的收益应该越高，反之亦然。由于不同国家在经济、政治等各方面风险不同，所以实际上与风险相匹配的收益是不同的。

2.3.3　国际费雪效应

将购买力平价与费雪效应结合到一起，我们可以得到利息率和汇率之间的关系，即国际费雪效应（International Fisher Effect）。根据购买力平价，有：

$$\frac{e_t}{e_0}=\left(\frac{1+i_h}{1+i_f}\right)^t$$

根据费雪效应，有：

$$\frac{1+r_h}{1+r_f}=\frac{1+i_h}{1+i_f}$$

可得：

$$\frac{e_t}{e_0}=\left(\frac{1+r_h}{1+r_f}\right)^t$$

即为国际费雪效应。当时间 t 为 1 期时，公式简化为：

$$\frac{e_1}{e_0} = \frac{1+r_h}{1+r_f}$$

其中，国际费雪效应中的 e_1 和 e_t 分别为第 1 期和第 t 期按照两个国家利息率而预期估计出的汇率，称为预期汇率。

例如，在某年 7 月份，欧元的 1 年期利息率为 4%，而美元的同期利息率为 13%。如果目前的汇率为每欧元折合 0.63 美元，根据国际费雪效应，预期将来 1 年后的汇率将达：

$$0.63 \times 1.13/1.04 = 0.684\ 5（美元/欧元）$$

如果由于对美国通货膨胀预期使得市场对将来 1 年后即期汇率的预期是每欧元折合 0.70 美元，而欧元的利息率预期在将来 1 年保持不变，为 4%。对欧洲未来 1 年内通货膨胀预期也保持不变。则根据国际费雪效应，美国国内利息率预期为：

$$1.04 \times 0.70/0.63 - 1 = 15.56\%$$

当 r_f 足够小时，国际费雪效应可以近似表示为：

$$r_h - r_f = \frac{e_1 - e_0}{e_0}$$

因此，根据国际费雪效应，利息率低的货币倾向于升值，而利息率高的货币倾向于贬值。然而，这一结论是在名义利息率变化而实际利息率不变的假设条件下做出的。如果实际利息率发生变化，则汇率的变化就不一定符合国际费雪效应。例如，如果美元利息率相对于英镑利息率上升，而且是实际利息率上升，而非通货膨胀引起，那么由于在美国投资更有利可图，对美元的需求加大，会使得美元升值而非贬值。

2.3.4 利息率平价

利息率平价(Interest Rate Parity)讨论的是即期汇率、远期汇率与利息率之间的一种均衡关系。根据利息率平价理论，两国之间远期汇率相对于即期汇率是溢价还是折价，取决于两国的利息率之差。如果外汇市场是没有交易成本的有效市场，则两国的利息率之差近似等于远期汇率对于即期汇率的溢折价。低利息率的货币倾向于远期溢价，高利息率的货币倾向于远期折价。

利息率平价是保值外汇投资(Hedged or Covered Foreign Investment，又称为抛补外汇投资)的结果。例如，投资者准备将 100 万美元投资 90 天，美元投资收益率为每年 8%（或者 90 天为 2%），欧元投资收益率为每年 6%（或者 90 天为 1.5%）。即期汇率为单位美元折合 1.531 1 欧元，90 天远期汇率为单位美元折合 1.523 6 欧元。美国投资者进行保值欧元投资需要进行如下三个步骤：

第一步，将 100 万美元按照即期汇率兑换成欧元，折合 1 531 100 欧元；

第二步，将 1 531 100 欧元按照 6％的年收益率投资 90 天，90 天后，投资者将获得 1 554 066.50 欧元；

第三步，按照 1 美元等于 1.523 6 欧元的汇率出售 90 天价值 1 554 066.50 欧元的远期，90 天后获得 1 554 066.50/1.523 6＝1 019 996.39 美元。

上述方式完全规避了外汇投资的风险，使用 100 万美元投资于欧元，在 90 天后获得稳定的 1 019 996.39 美元。因此，这种投资方式被称为保值外汇投资，从这种投资方式中所获得的收益率为保值外汇投资利息率或抛补利息率。由于资金的国际流动性，使用外汇保值投资获得的收益应该和直接投资于本币获得的收益相等，否则将会出现套利现象，即抛补套利。两种投资收益率相等的现象称为利息率平价。例如，上例中保值外汇投资年收益率为 8％，与直接投资于美元的年收益率相等。

如果直接投资于美元的收益率低于 8％，为 6％，假如借贷利率相同，且即期和远期交易买卖利差为零，则抛补套利可以通过以下步骤实现净盈利：

第一步，在美国市场按 6％的年利息率借入为期 90 天的 100 万美元，期末套利者需要偿还本息和 1 015 000 美元；

第二步，将 100 万美元按照即期汇率兑换成欧元，折合 1 533 100 欧元；

第三步，将 1 533 100 欧元在德国市场上投资，90 天后获得本息和 1 554 066.50 欧元；

第四步，按照 1 美元等于 1.523 6 欧元的汇率出售 90 天价值 1 554 066.50 欧元的远期，90 天后获得 1 554 066.50/1.523 6＝1 019 996.39 美元；

第五步，90 天后，套利者首先获得欧元投资收益，其次执行远期，获得 1 019 996.39 美元，偿还美元借款本息和 1 015 000 美元，净剩 4 996.39 美元。

从上述套利活动中，套利者没有花费任何成本获得 4 996.39 美元的收益。如果市场没有任何限制，套利活动将一直进行下去，继而影响货币市场的利息率和外汇市场的汇率，直到套利活动无利可图为止。在货币市场上，美元的贷款需求增加会提高美元的利息率，欧元的投资需求增加会降低欧元的利息率。在外汇市场上，卖出即期美元，买入即期欧元，会促使即期欧元的美元价格上升，即期欧元升值；买入远期美元，卖出远期欧元，会促使远期欧元的美元价格下降，远期欧元贬值。如果没有政府管制的外界因素影响，这一过程将一直进行到使利息率达到平价为止。

一般地，如果以一元钱本币进行投资，投资期末在本国获得本利和为 $(1+r_h)$。如果进行外汇投资，以本币表示的即期外币价格为 e_0，则一元本币折合外币 $1/e_0$，投资期末在国外获得本利和为 $(1+r_f) \times 1/e_0$，按照远期汇率 f_1 折算，在国外投资所获总收益折合成本币为 $(1+r_f) \times 1/e_0 \times f_1$。按照利息率平价理论，保值外汇投资收益应等于本国投资收益，则 $(1+r_f) \times 1/e_0 \times f_1 = (1+r_h)$。整理后得：

$$\frac{1+r_h}{1+r_f} = \frac{f_1}{e_0}$$

近似为：

$$r_h - r_f = \frac{f_1 - e_0}{e_0}$$

等式左侧为两国利差，等式右侧为两国货币远期汇率相对于即期汇率的溢折价。

2.4 外汇汇率预测

各国之间货币兑换比率及其变化趋势是影响跨国公司财务决策的重要因素。无论是在跨国投资决策、融资决策，还是日常经营中，跨国公司财务经理经常面临着汇率预测问题。外汇汇率预测主要有两类方法：一是基于市场的预测方法；二是基于模型的预测方法。

2.4.1 基于市场的预测方法

根据上节讨论的平价关系，我们可以发现，在完美的市场中，汇率的变化会反映在资本市场或远期市场中。因此，我们可以使用资本市场利息率或远期市场的远期汇率的变化来预测将来的汇率。

将国际费雪效应和利息率平价理论结合起来，可以得到：

$$\frac{e_1}{e_0} = \frac{1+r_h}{1+r_f} = \frac{f_1}{e_0}$$

由上式可以得到 $e_1 = f_1$，即当国际费雪效应和利息率平价都能实现时，将来即期汇率应等于远期汇率。

实证研究表明，将来的即期汇率总是围绕着远期汇率而上下波动，远期汇率可以看成是将来即期汇率的无偏估计（Unbiased Predictor）。如果所预期的将来即期汇率不等于远期汇率，市场中就会出现套利行为，直到两者相等为止。例如，在美国市场上预期将来的即期英镑价格高于远期价格，即 $e_1 > f_1$，套利者就会在远期外汇市场上购买英镑，在将来的即期市场上出售通过远期合约所购得的英镑，贱买贵卖，从中牟利。这种交易会一直持续到套利行为无利可图为止。套利者增加远期英镑的购买，会提高远期英镑的价格；在将来出售即期英镑，会增加将来即期英镑的供给，降低将来即期英镑的价格。而套利的结果最终会使得目前的远期汇率接近于将来的即期汇率。

尽管远期市场提供了既实用又简单的预测结果，但远期合约很少有超过 1 年的，因此使用远期市场进行长期汇率预测就会受到限制。在这种情况下，利用平价理论，可以使用资本市场利息率预测将来的汇率。例如，假设 5 年期美元和欧元利息率分别为 12％和 8％，以美元表示的欧元即期价格为 1.10 美元。根据平价理论，5 年后即期汇率的预期值为：

$$e_5 = \frac{1.12^5}{1.08^5} \times 1.10 = 1.319\ 5(美元)$$

2.4.2 基于模型的预测方法

预测汇率的常用模型有两种，即基础分析模型和技术分析模型。

1. 基础分析模型

在基于市场的预测方法中，我们使用了利息率和汇率的平价关系。实际上，外汇市场上的汇率变化受很多因素的影响，例如各个国家的经济发展状况，各国政治、社会等方面的情况等，均影响着市场上的汇率变化。基础分析方法就是试图找出基础经济变量和汇率变化之间的关系，建立预测模型，从而进行汇率的预测。

在基础分析中经常考虑如下因素。

(1)国际收支水平

国际收支水平是影响汇率变动的一个最直接的因素。一个国家的国际收支状况主要取决于经常项目和资本项目的平衡和变动，不论是经常项目还是资本项目，或是两者的同时变动都有可能引起国际收支不平衡。而国际收支不平衡必然会导致一个国家外汇需求和供给平衡状况，因而导致汇率的变动。一般来说，如果一个国家的国际收支发生顺差，外汇市场上对该国货币的需求将会增加，因而导致该国货币升值；反之，如果一个国家国际收支持续发生逆差，则会导致该国货币贬值。

(2)外汇储备水平

世界各国由于政治经济情况不同，所采用的汇率制度也不尽相同，大致可以分为自由浮动、管理浮动和固定汇率制三种。但实际上，当汇率波动幅度过大、过于频繁，对经济活动可能产生或者已经产生严重影响时，政府通常会出面干预。如果政府采取在市场上买卖外汇的方式调节汇率，则一个国家外汇储备水平反映了该国进行市场干预的能力。一个国家对汇率变动所持有的态度及其市场干预能力是判断该国货币贬值或者升值界限的依据。

（3）通货膨胀水平

尽管从短期来看，汇率的变动可能是随机的，但从长期看汇率的变化基本上符合购买力平价理论。如果一个国家通货膨胀率相对高于其他国家，其货币相对于其他国家的货币就处于不利的地位，从长期来看最终要贬值；反之，如果一个国家通货膨胀率低于其他国家，从长期来看该国货币最终会升值。

（4）利息率水平

根据前述的平价理论，具有较高利息率的货币的远期价格处于贴水状态，其将来的即期价格也很可能下跌。但在实际市场中，汇率的变化是很复杂的。汇率受利息率的影响可能并不像利息率平价关系所表现的那么简单。一个国家利息率水平反映了借贷资本的成本，也反映了投资的收益情况。高利息率水平会吸引外国资本前来投资，从而改善资本项目收支状况并最终会支持本币在短时间内坚挺。而当投资大量回收时，汇率水平可能会受到相反方向的影响，因此可能会引起本币贬值。

（5）财政政策和财政收支状况

为了刺激经济增长、维持就业水平等宏观经济指标，常常会采取扩张性财政政策。根据凯恩斯宏观经济模型，政府支出增大，一方面可能导致进口增加，另一方面可能导致通货膨胀。这两种结果都会导致本国货币贬值。但如果在政府高赤字政策的同时实行高利息率政策，资本项目收入可能会增加，从而可能缓解本币贬值的压力。

（6）外汇管制强度

世界上许多国家都不同程度地实行着某种外汇管制。常见的外汇管制包括贸易收支管制、非贸易收支管制和资本收支管制。外汇管制使外汇的自由买卖受到限制，因而会扭曲外汇的真实价格。外汇管制越严格，其汇率对各种经济因素的敏感度越低。同时，在实行外汇管制的国家和地区，一般都存在着外汇黑市交易活动。外汇黑市中的汇率往往与管制汇率有较大的差别，黑市汇率基本上反映了外汇汇率的实际走势。

2. 技术分析模型

从长期看，汇率的变化受各种基础经济因素的制约。但从短期看，汇率的变化又往往有其自身的规律性。技术分析家认为：①汇率受各种经济信息的影响，新信息的出现会导致汇率的变化；②在下一个新信息到来之前，汇率会延续原来的变化趋势；③历史会重演，汇率过去的变化模式将来可能还会出现。因此，使用一定的分析工具，可以从汇率过去的变化模式中推测将来汇率的变化情况。

技术分析家经常使用的分析工具包括线图和趋势分析。线图包括日线图、周线图和月线图等。以日线图为例，将每一天的最高价、最低价描在图上，在最高价和最低价之间连一条线，在最高价和最低价的连线上用一条小横线表示当天收盘价，如图 2-5 所示。把每一天的价格用曲线连接起来形成价格线，如图 2-5 中的曲线。价格线表示了一段时期内外汇价格的变化模式。

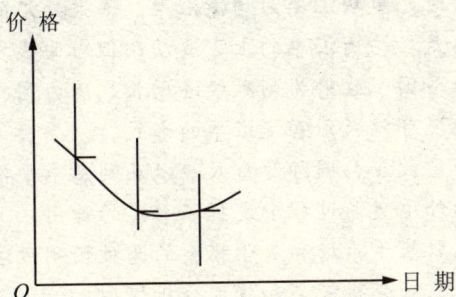

图 2-5　汇率的趋势变化

由于每一天的价格随机性较大，所以使用每天价格所形成的价格线可能会在一定程度上掩盖了外汇价格的变化趋势。揭示变化趋势的常用的工具是移动平均线。移动平均线是由每一天的移动平均数连接而成的。在计算移动平均数时包括的天数可以是 5 天、10 天或更长。天数越多，长期趋势越明显。但如果天数过多，可能会使趋势变化过于简单。所取的天数多少，一般根据分析目的而定。包括的天数确定后，就可以计算移动平均数了。例如，所选天数是 5 天，那么当天的移动平均价格是将包括今天和以前 4 天的 5 个价格相加，然后用 5 去除，所得到的价格就是当天的 5 天移动平均价。

【本章精要】

外汇市场是交易外汇的场所。外汇是以外国货币所表示的购买力的总称。在跨国公司从事国际贸易和对外投资等经济活动时，往往要涉及一种以上货币，因此往往要进行货币之间的交换。外汇市场可以是有形的，也可以是无形的。外汇市场的主要交易方式分为即期交易和远期交易，主要参与者是大型商业银行、银行间市场的经纪人、以跨国公司为代表的商业企业，以及为执行货币政策而参与市场的各国中央银行。在远期市场上，根据参与市场的目的不同，市场参与者可以分成套利者、交易者和套期保值者。

即期市场的报价方式有直接报价法和间接报价法。商业银行等机构买进外汇时所使用的汇率叫作"买入汇率"，也称"买价"；卖出外汇时所使用的汇率叫作"卖出汇率"，也称"卖价"。外汇中间汇率就是买入汇率和卖出汇率的平均值，则为中间汇率，通常是银行清算资金时采用的价格。所谓市场套利，是指套利者在外汇市场上利用不同市场之间报价的差别进行外汇交易，从而获取无风险收益的行为。远期合约，是指交易双方按照约定的汇率，在约定的日期，交割约定数额的某种外汇的合约。远期合约损益是指在远期合约执行日，合约双方在执行合约时所蒙受的损失或获取的收益。

当需求等于供给时，市场汇率为均衡汇率。如果外汇的需求和供给曲线不变，那么市场汇率总是在均衡汇率的上下波动；但当曲线发生了变化后，均衡汇率将随之变化。很多国家政府为刺激经济增长，均力图控制汇率的走势，如中央银行买卖外汇，还可以采用官定汇率的形式。

购买力平价、费雪效应、国际费雪效应以及利息率平价是汇率决定的理论基础，在不同时期的外币交易过程中发挥了一定的作用。

外汇汇率可以采取基于市场和基于模型的两种预测方法。基于模型的预测方法还可以再细分为基础分析模型和技术分析模型。

【推荐阅读】

[1]陈彼得，杨文忠. 外汇投资入门到精通. 南京：南京大学出版社，2008.

[2][美]莲恩. 外汇市场即日交易. 林慧文译. 广州：广东经济出版社，2007.

[3][美]穆萨. 汇率预测：技术与应用. 刘君等译. 北京：经济管理出版社，2004.

[4]申觅. 外汇期货投资. 广州：暨南大学出版社，2004.

[5][美]詹姆斯·陈. 外汇交易必读：你的第一本外汇交易入门书. 杨艳译. 北京：中国人民大学出版社，2010.

[6][美]凯茜·莲恩. 外汇市场即日交易：从市场波动中获利的技术和基本策略(修订版). 林慧文译. 广州：广东省出版集团，广东经济出版社，2011.

[7]温建东，麦延厚. 人民币国际化与中国外汇市场发展. 北京：经济科学出版社，2011.

【参考网站】

一些外汇知识和信息可以通过下列网站获取。

1. CCTV 证券资讯网：http://forex.cctvcj.com；

2. 外汇网：http://forex.cnfol.com；

3. 国家外汇管理局网站：http://www.safe.gov.cn；

4. 汇通网：http://www.fx678.com；

5. 环球外汇：http://www.cnforex.com。

【学习指引】

国内外汇牌价可以在中国银行官方网站上查找，网址为 http://www.boc.cn/sourcedb/whpj/。http://www.x-rates.com 和 http://www.bloomberg.com/markets 上列出了国际上各种主要货币之间的汇率。关于外汇走势分析可参阅 http://www.econcomist.com。关于一些新兴市场货币情况可查阅 http://www.emgmkts.com。另外，各国中央银行也都有外汇报价。各国中央银行网址可以通过 http://www.bis.org/cbanks.htm 搜索引擎查询。关于国际市场情况还可以通过如下网站浏览：http://finance.yahoo.com，http://money.cnn.com，http://www.reuters.com。关于各国 PPP 汇率可查询 http://www.oecd.org。

【练习题】

一、名词解释

即期汇率、远期汇率、直接报价、间接报价、买入汇率、卖出汇率、套算汇率、市场汇率、官定汇率、名义汇率、实际汇率、远期合约、费雪效应

二、简答题

1. 什么是外汇的即期交易和远期交易、即期汇率与远期汇率？即期汇率与远期汇率之间有什么联系？

2. 根据本章给出的互联网网址或者通过其他途径，收集当前的人民币对美元、欧元、加元和日元的汇率，包括买入价、卖出价和中间价。以美元为中介，计算任何一种货币与人民币之间的套算汇率，考察套算汇率与市场的直接报价之间是否有价差存在？如果有价差存在，是否意味着一定有套利机会？

3. 简述市场干预外汇的方式。

4. 考察近期人民币与任何一种主要可兑换货币之间汇率的变化趋势，解释这种变化的趋势。

三、计算题

1. 美元与日元的汇率是 \$1＝¥200.01，日元与欧元的汇率是 £1＝¥189.12。那么欧元与美元的套算兑换比率是多少？

2. 在纽约，直接标价法下英镑与美元的汇率是 1.111 0～5。那么在纽约 500 000 英镑价值多少美元？在伦敦，直接标价法下的美元汇率是多少？

3. 假如你可以在市场上按照下述汇率进行外汇兑换：

Mt. Fuji 银行　　　　　　　　　　120 日元/美元

Mt. Rushmore　银行　　　　　1.6 瑞士法郎/美元

Matterhorn　银行　　　　　80.00 日元/瑞士法郎

如果你现在拥有 10 000 000 瑞士法郎，问能否通过外汇交易进行三角套利？通过什么样的步骤？套利数额是多少？

4. 已知下述各种货币之间的即期以及 180 天远期的汇率，计算每一对货币之间汇率的年溢折价率。

货币名称	即期汇率	180 天远期汇率
欧　元	0.800 0 美元/欧元	0.816 0 美元/欧元
英　镑	1.562 美元/英镑	1.530 0 美元/英镑
日　元	120.00 日元/美元	118.00 日元/美元
瑞士法郎	1.600 0 瑞士法郎/美元	1.620 0 瑞士法郎/美元
港　币	8.000 0 港币/美元	7.800 0 港币/美元

5. 在美国市场上，你可以按照如下即期、1 个月、3 个月和 6 个月的瑞士法郎报价进行交易：

1.607 5～1.608 5，10～15，14～22，20～30

(1)写出每一种远期的完整报价，并计算即期以及每一种远期的买卖价差。

(2)分析从即期到 6 个月远期，买卖价差有什么样的变化规律，你认为原因是什么。

(3)如果在美国市场上 6 个月国库券的年收益率是 5％，使用中间汇率计算在瑞士市场上半年期国库券的年收益率应该是多少？为什么？

6. 年初智利比索(Chilean Peso)与美元之间的即期汇率为 500.00 比索/美元。年末，智利比索相对于美元贬值 25％(根据报价计算)。在 1 年的过程中，美国市场通货膨胀率为 0，智利市场的通货膨胀率为 22％。问：

(1)年末的实际汇率是多少？

(2)如果购买力平价成立，年末的汇率应该是多少？

(3)年末智利比索实际价值变化多少？

7. 美国的预期通货膨胀率是每年 4％，中国的预期通货膨胀率是每年 6％，如果当前即期汇率是 $1＝￥8.03，不考虑其他因素的影响，预测两年后的即期汇率将会如何变化。

四、思考与讨论题

1. 在进行套利交易的过程中要注意什么问题？

2. 对如何利用平价关系进行汇率预测进行讨论。收集历史数据，建立一个平价关系的回归模型，考察在统计意义上平价关系是否存在。

3. 讨论市场汇率为什么会发生变化？哪些因素会导致市场汇率的变化？

【案例分析】

中国应如何应对全球主要经济体的量化宽松货币政策

近几年，美国、日本等国相继采取量化宽松政策，以力图通过货币政策刺激和汇率贬值来扭转自身低迷的经济。这一全球范围内各主要经济体的量化宽松趋势，将给中国带来诸多问题，如可能面临的大量"热钱"流入等。

当前，我国实行的是有管理的浮动汇率制度，虽然金融市场正在走向国际化，但毕竟还处于准开放状态，在资本项目流动受到管制的情况下，若持续遭受国际热钱冲击，国家宏观调控将面临严峻挑战，而那些外贸型企业面对的汇率风险也必将越来越突出。那么我们应该如何应对当前外汇市场的形势呢？

提示：

(1)现阶段我国应在继续增加汇率弹性的同时，维持名义汇率的相对稳定，长期来看，实行人民币国际化势在必行；

(2)对于参与国际经济的中国企业，可以更多地运用金融工具进行管理和规避风险，如选择远期外汇交易、货币期权等工具。

第3章　外汇衍生工具

【本章学习目标】

1. 了解不同外汇衍生工具的概念；
2. 掌握外汇期货、外汇期权的区别；
3. 理解外汇期货、外汇期权交易的特征。

【引导案例】

中信泰富外汇之伤

全球性金融危机爆发后，金融市场发生了剧烈震动，一批跨国公司因投资于衍生金融工具而导致亏损，如因原油期货而巨亏5.5亿美元的中航油，因投资股指期货而致亏71亿美元的法国兴业银行等。于中国香港联合交易所上市，并成为恒生指数成分股之一的中信泰富也未能幸免。

中信泰富因承认其手中的杠杆货币头寸有可能导致近20亿美元的损失，于2008年10月21日股价暴跌55%。这家颇具声誉的公司，仅在两个交易日中市值便蒸发掉了2/3，成了在全球金融危机中首批中箭的中国企业。

这一事件源于中信泰富在澳大利亚的名为SINO-IRON的铁矿项目。该项目是西澳大利亚最大的磁铁矿项目，总投资约42亿美元，其中很多设备和投入按协议都必须以澳元来支付。整个投资项目的资本开支，除当年的16亿澳元之外，在项目延续的25年内，还需在全面营运的每年度投入至少10亿澳元。中信泰富为了降低风险，签订了若干杠杆式外汇买卖合约。但不幸的是，由于澳元在2008年大幅度贬值，2008年10月20日，中信泰富（00267）签订的若干杠杆式外汇买卖合约实际亏损已高达8.07亿港元，这一信息当即引发了中国香港证券界的震惊。

上述案例告诉我们，外汇交易风险可以采取适当的方式进行规避，但如果金融工具使用不当，或是对金融市场缺乏足够的了解，很可能避险工具反其道而行之。如要了解跨国公司该如何运用外汇衍生工具，如何规避这些工具带来的交易风险，那就需要我们从认识外汇衍生工具的类型和特征开始，并学会分析这些工具可能产生的损益和影响。

资料来源：http://www.hngzw.gov.cn/caijing/gzyj/alpx/content_134408.html，2009-04-25。

外汇衍生工具是以外汇为标的物的金融衍生工具。外汇衍生工具在跨国公司投融资以及风险管理中有着重要的作用。跨国公司的财务经理乃至于其他高级经理都应了解一些外汇衍生工具的知识。通常，衍生工具（Derivatives）有远期（Forward）、期货（Future）、期权（Option）和互换（Swap）四种基本类型。在上一章中我们已经讨论了远期，关于互换我们将在第 9 章跨国公司长期融资中介绍。本章中我们主要涉及外汇期货和期权。通过本章的学习，要求掌握外汇期货、期权合约及交易市场的有关知识，认识外汇远期合约与期货合约的区别，掌握如何阅读与分析外汇期货和期权的报价，以及决定外汇期权价值的基本因素。

3.1　外汇期货

3.1.1　外汇期货合约

在第 2 章中，外汇远期合约被定义为一个在确定的将来时刻按约定的价格购买或出售约定数量的外汇的协议。所谓约定，是指外汇远期交易双方之间进行的约定。外汇期货合约与远期合约十分相似，都是现在所达成的将来进行交割的合约，但是两者之间也有许多区别。外汇远期合约在交割日、交易数量等方面可以根据合约双方的需要和意愿而灵活确定，是一种根据客户需求而定制的合约，并且远期合约是一种场外交易合约。而外汇期货合约是一种标准化合约，在有组织的交易所内交易。与上市股票交易相类似，外汇期货交易也需要通过经纪人来完成，交易者向经纪人下达指令，并通过经纪人将指令传达到交易所内，价格由交易所内的经纪人或交易商通过公开竞价方式决定，或者交易者通过经纪人与做市商进行交易。

期货合约最主要的特征是标准化。标准化包括交易合约的标准化和交易方式的标准化。每份期货所含有的外汇数量和交割日期是由交易所确定的。对于每一份外汇期货合约，交易者只能交易规定数量的外汇。当然，为满足需要，交易者可以一次性购买多份外汇期货合约，这样交易总量等于所持有的合约数乘以每份合约规定的外汇数量。同样，外汇期货合约在一年中有确定的交割月，并且在交割月的某一特定日期到期。

所谓交易方式的标准化，主要体现在外汇期货合约的盯市制度（Mark to Market）上。与远期合约一样，期货合约是在现在确定交易价格，而在将来的某个日期交割。在交割日，由于市场价格的变动，期货规定的价格与当时市场价格很可能不一致。例如，签订期货合约时美国市场上加元的期货价格为

0.643 5 美元/加元，而在交割日价格降低为 0.643 0 美元/加元。这样，购买加元期货的交易者履行期货合约比在市场上直接购买加元每单位要贵 0.000 5 美元，也就是发生了亏损。如果亏损额比较大，由于偿付意愿和偿付能力的原因，购买方有可能违约，因此给期货合约能否如期履约带来不确定性。为了避免这种违约现象发生，交易所在期货合约中建立了盯市制度。

因此，如果给出一个简单的定义，外汇期货合约就是在将来规定的时刻按照约定的价格购买或者出售规定外汇数量、在交易所进行交易的、标准化的外汇交易合约。

3.1.2 外汇期货市场

芝加哥商品交易所(Chicago Mercantile Exchange，CME)是最早的国际货币交易所，也是迄今为止全球最大的有形货币交易市场。1972 年 5 月 16 日，外汇期货在芝加哥商品交易所国际货币市场(International Monetary Market)上市交易。随后，外汇期货交易活动经历了快速的增长。在 1978 年，CME 的外汇期货交易量只有 200 万份合约。然而时至 2013 年，仅 1 月份，该交易所报告总期货交易量就达 176 9 万份合约，平均每个交易日 90 万份。2006 年 4 月 5 日，中国外汇交易中心与 CME 达成一项协议，中国外汇交易中心会员单位将可以通过芝加哥商业交易所全球电子交易平台，买卖国际货币市场的汇率和利率产品。

CME 的大多数外汇期货合约交易的到期月份是 3 月、6 月、9 月和 12 月，交割日期为到期月的第三个星期三。只要在交割日期前的第二个交易日以及以前，都可以买卖当月期货。例如，2013 年 3 月份的期货合约到期日为 3 月 19 日，在 17 日及之前都可以买卖 3 月份到期的期货合约，但是在 3 月 17 日和 18 日两个交易日就不能购买了。

在 CME 进行有规则的外汇期货合约交易开始于每个交易日的芝加哥时间上午 7:20，到下午 2:00 结束。在有规则的期货交易所闭市后，交易者可以利用电脑撮合交易系统(GLOBEX)进行期货交易。GLOBEX 是为便于期货和期权交易的一个全世界范围的自动指令进入与匹配系统。在 GLOBEX 交易系统的交易时间从芝加哥时间下午 2:30 开始到第二天上午 7:05。星期日的交易开始于下午 5:30。

表 3-1 为 CME 和 PBOT(Philadelphia Board of Trade，费城交易所)通常交易的外汇期货合约及其规模。表 3-1 中的外汇指外汇期货合约的标的资产，以美元报价指每一单位的外汇期货的美元价格。合约规模指的是每一合约中交割的外汇的数量。不同外汇期货合约的合约规模是不同的，如澳元的合约规模

是 10 万澳元。在外汇市场上，经常使用多头和空头两个概念。投资者手中所持有的资产称为头寸(Position)，头寸包括多头(Long)和空头(Short)。多头指将来会获得某种标的资产，空头则是将来要付出某种标的资产。若进行交割的话，期货多头支付美元，收到 10 万澳元；空头支付 10 万澳元，收到美元。表 3-1 中所列交易所，指的是该外汇期货合约可以在 CME 或者 PBOT 进行交易。由于在芝加哥商品交易所和费城期货交易所交易的外汇期货主要是美元对其他货币，为了便于美元之外的两种货币之间的直接交易，在期货交易所也进行某些套算外汇期货交易，即外汇期货合约的标的资产是一种外汇，并以另一种外汇进行报价，而不是以美元报价。例如，期货合约的标的资产为欧元，不以美元报价，而是以英镑报价。表 3-1 中的小欧元以及小日元是指小欧元合约以及小日元合约(这里的小合约只是指在规模上区别于大合约，例如小日元合约的规模小于普通日元合约，而其他方面相同)。

表 3-1　外汇期货合约特征

外　汇	合约规模	交易所
以美元报价		
Australian dollar(澳元)	AUD 100 000	CME，PBOT
Brazilian real(巴西雷亚尔)	BR 100 000	CME
British pound(英镑)	£ 62 500	CME，PBOT
Canadian dollar(加元)	CAD 100 000	CME，PBOT
E-Mini Euro FX(小欧元)	EUR 62 500	CME
Euro FX(欧元)	EUR 125 000	CME
E-Mini Japanese yen(小日元)	¥ 6 250 000	CME
Japanese yen(日元)	¥ 12 500 000	CME，PBOT
Mexican peso(墨西哥比索)	MP 500 000	CME
New Zealand dollar(新西兰元)	NE 100 000	CME
Russian ruble(俄罗斯卢布)	RU 2 500 000	CME
South African rand(南非兰特)	RA 500 000	CME
Swiss franc(瑞士法郎)	SF 125 000	CME，PBOT
套算汇率期货		
[Underlying Currency/Price Currency](标的货币/报价货币)		
Euro FX/British pound(欧元/英镑)	EUR 125 000	CME
Euro FX/Japanese yen(欧元/日元)	EUR 125 000	CME
Euro FX/Swiss franc(欧元/瑞士法郎)	EUR 125 000	CME

注：CME 表示芝加哥商品交易所；PBOT 表示费城交易所。

资料来源：http://www.cmegroup.com，http://www.phlx.com。

费城期货交易所是费城股票交易所的一个分部，于 1986 年 7 月开始引入外汇期货交易。在 PBOT 的外汇期货合约交易与在 CME 的外汇期货合约交易有同样的到期月，3 月、6 月、9 月和 12 月，另加上两个额外的近期月份，即如果现在是 3 月份，则加上到期月为 4 月和 5 月的合约。交割日期同样是到期月的第三个星期三，最后交易日是上一个星期五。PBOT 合约的交易时间是东部时间上午 2:30 到下午 2:30，而加元的交易与其他外汇期货合约不同，交易时间为东部时间上午 7:00 到下午 2:30。表 3-1 列示了在 PBOT 交易的部分期货合约的外汇种类和规格。

除了 CME 和 PBOT，在世界各大主要金融市场都可以交易外汇期货，例如纽约期货交易所(New York Board of Trade，NYBOT)中的金融工具交易分部(Financial Instrument Exchange，FINEX)、东京国际金融期货交易所(Tokyo International Financial Futures Exchange，TIFFE)和伦敦国际金融期货交易所(London International Financial Futures and Options Exchange，LIFFE)等也是重要的外汇期货交易中心。在这些交易所中交易量最大的是 CME。

从市场的参与者来说，衍生市场的交易者可以划分为套期保值者(Hedger)、投机者(Speculator)和套利者(Arbitrageurs)。投机者试图从期货价格变化中获得利润，投机者持有期货合约的多头或空头取决于他对未来价格变动的预期。如果投机者预期汇率会上升，也就是外汇价格上升，就可以通过持有期货合约的多头来进行投机；若预期汇率下降，则持有空头进行投机。套期保值者通过持有期货合约的多头来锁定基础资产的购买价格或通过空头头寸来锁定出售价格以规避价格的波动，从而规避外汇风险。通过买卖外汇期货，套期保值者把价格波动的风险转移给投机者。套利者是衍生证券市场中第三类重要的参与者。套利包括同时进入两个或多个市场的交易，类似于第 2 章中外汇市场中的三角套利，以锁定一个无风险的收益。套利者的存在在最大程度上活跃了外汇市场交易，强化了外汇市场的价格发现功能，降低了不同市场间的分割性。

3.1.3　外汇期货报价

表 3-2 列示了《华尔街日报》(*The Wall Street Journal*)的外汇期货合约的报价示例。表 3-2 中第 1 列为期货的货币种类及到期月份，第 2 列为开盘价(Open)，第 3 列和第 4 列分别为当前的最高价(High)和最低价(Low)，第 5 列为结算价格(Settlement)。第 6 列为当日与前一日相比结算价之差(CHG)，第 7 列和第 8 列为期货合约建立以来的最高价(Lifetime High)和最低价(Lifetime Low)，最后 1 列为目前仍未对冲的期货合约数量(Open Interest)，注意，有些交易所的报价开盘价中包括买入价(Bid)和卖出价(Ask)。另外，还列有收

盘价(Closing Price)。收盘价与结算价通常不同，结算价格是盯市所使用的结算价格。对于收盘价和结算价如何确定，每个交易所都有具体的规定。每种交易货币的最后 1 行的第 1 个数字表示交易的期货合约数量，表明了期货交易的活跃程度。最后 1 列表示该种货币全部未对冲合约之和。对冲或者称为平仓(Closing out a Position)，就是以一个与初始交易头寸相反的头寸对冲初始头寸。例如投资者买入了一个 6 月份加元期货合约，可以通过卖出一个 6 月份加元期货合约来对冲。对于每一种外汇期货合约未对冲或者称未对冲合约量最大的是最近期的合约，例如当前是 3 月份，最近期的合约是 6 月份合约，从表中可知 6 月份合约的未对冲合约数最大，并且远远大于其他月份的未对冲合约数，说明近期合约交易最活跃。

表 3-2　《华尔街日报》外汇期货报价(2013 年 3 月 26 日)

货币种类及到期月	开盘价	日最高价	日最低价	结算价	结算价变化	交易期最高价	交易期最低价	未对冲合约
日元(Japanese Yen)(CME)，合约规模 12 500 000 日元，报价单位：$ /100¥，(0.00)。								
6 月	1.062 3	1.066 0	1.057 4	1.058 8	−.005 3	1.155 9	1.034 5	219 944
9 月	1.062 9	1.064 0	1.059 2	1.059 7	−.005 3	1.152 8	1.036 1	598
交易合约数(估计)：255 297，未对冲合约：220 683。								
加元(Canadian Dollar)(CME)，合约规模 100 000 加元，报价单位：$ /CAD。								
6 月	.976 8	.982 9	.976 8	.982 1	+.005 1	1.015 1	.964 6	153 773
9 月	.976 0	.980 5	.975 1	.980 2	+.005 1	1.011 3	.963 7	3 800
12 月	.729 9	.734 8	.728 7	.730 1	.006 3	.734 8	.616 0	2 835
2014 年 3 月	.727 2	.729 5	.725 8	.726 1	.006 3	.729 5	.615 0	1 032
6 月	.726 5	.726 5	.722 0	.722 1	.006 3	.726 5	.620 1	776
交易合约数(估计)：124 883，未对冲合约：160 181。								

资料来源：《华尔街日报》，http://online. wsj.com，2013-03-26。

以 2013 年 6 月份的加元外汇期货合约报价为例。从表 3-2 可以知道，2013年 3 月 26 日，星期二，合约开始以 USD 0.976 8/CAD 的开盘价格进行交易。当日的交易价格变动在 USD 0.976 8/CAD(日最低价)与 USD 0.982 9/CAD(日最高价)之间。在合约的有效期内，即从加元 2013 年 6 月份期货合约开始在交易所进行交易至目前，6 月份加拿大元期货合约的交易价格在 USD 0.964 6/CAD(交易期内最低价)与 USD 1.015 1/CAD(交易期内最高价)之间波动。当日的结算价格为 USD 0.982 1/CAD,与前一个交易日(2013 年 3 月 25 日,星期一)比较,结算价格上升了 USD 0.005 1/CAD。至当日交易结束时,2013 年 6 月份加元期货合约的未对冲合约数为 153 773 份,也就是说至当日交易结束时,2013 年 6 月份加元期货合约的多头数合计是 153 773 份,同样地,空头数的合计也是 153 773 份。按照 USD 0.982 1/CAD 的结算价格,如果发生实际的交割,一份期货合约多头头寸的持有者需要为获得 CAD 100 000 而支付 USD 98 210。

3.1.4 保证金与逐日盯市

在交易所内,期货交易一般是通过经纪人或交易商完成的。交易商通常不是完全以买卖价差作为收益,而另外还收取佣金。每份期货合约一买一卖的佣金数额大约为 15 美元。一般的交易程序是普通交易者在经纪人账下开设保证金账户(Margin Account),而经纪人要在交易所开设保证金账户。之后,交易者向经纪人发出买卖指令,由经纪人在交易所内竞价成交。

一旦期货合约成立之后,交易双方的合约关系即宣告解除,交易所中的清算行(Clearing House)成为交易中的另一方。因为交易所的信用通常较高,因此这种机制使得期货合约的执行更有保障。交易双方所建立的期货合约,均在到期月份即执行月份的第三个星期三到期。最后的交易日为到期日以前的第二个工作日(芝加哥商品交易所)。期货到期后,交易所计算期货交易双方的损益。

为了保证期货合约能够按期执行,交易所对期货交易建立了保证金和逐日盯市制度。对于每种不同的外汇,交易所规定有不同的保证金数额,该数额随着汇率将来变动性的大小而变化。期货合约成立后,交易所最初要求交易双方在保证金账户上保存的最小金额称为初始保证金(Initial Margin)。由于汇率的不断变动性,期货交易双方的损益随之不断地变化。为了随时反映交易者的损益状况,在每个交易日结束之后,交易所清算行都要对每个交易者的损益进行结算,这种制度称为逐日盯市。不论是损失还是收益,均汇总到交易者的保证金账户中。如果交易者的损失不断增加,保证金账户上的金额会不断下降。为了防止发生损失的交易者违约,交易所通常对每种外汇期货合约规定一个保证金的最低限,称为维持保证金(Maintenance Margin)。维持保证金数额通常低于初始保证金数额,一般为初始保证金的 75%。保证金账户上的金额如果下降到维持保证金以下,投资者就会收到保证金催付(Margin Call)通知,要求在一个很短的期限内将保证金账户内资金补足到初始保证金的水平,一般将这一追加的资金称为变动保证金(Variation Margin)。如果投资者不能提供变动保证金,经纪人将出售该合约来对冲。交易者也可以随时提取保证金账户中超过初始保证金水平的部分。

例如，交易者在星期二早晨签订了一份星期四下午到期的购买瑞士法郎的期货合约，合约的约定价格为每瑞士法郎等于 0.75 美元，每份合约规模为 125 000 瑞士法郎。如果交易所规定瑞士法郎的初始保证金为 2 565 美元，该保证金数额为交易所规定的最低限，经纪人可能会对交易者要求更高的保证金水平。如果星期四到期的瑞士法郎期货当日结算价格为 0.755 美元，那么：①交易者保证金账户中增加 $(0.755-0.75)\times125\,000=625$ 美元，加上初始保证金共有 3 190 美元；②约定价格为 0.75 美元的期货合约被取消；③交易者与交易所清算行之间自动建立一个新的合约，即交易者以 0.755 美元的价格购买瑞士法郎的期货合约。

到了星期三，如果星期四到期的瑞士法郎期货的结算价格跌到 0.743 美元，交易者损失 $(0.755-0.743)\times125\,000=1\,500$ 美元，保证金账户余额为 $3\,190-1\,500=1\,690$ 美元。如果交易所规定瑞士法郎期货合约的维持保证金水平为 1 900 美元。那么，目前交易者保证金账户中资金数额低于维持保证金水平，因此应补交保证金，补交数额为 875 美元，使保证金账户中资金水平达到初始保证金水平。并且，价格为 0.755 美元的期货合约将被价格为 0.743 美元的期货合约所取代。在收到追加保证金通知后，如果交易者不按要求追加保证金，其期货头寸将会被对冲掉，即该交易者的期货合约被取消，结清交易者的损益。

到了星期四，期货到期。首先，交易者应该计算期货合约损益。如果当日瑞士法郎即期价格为 0.73 美元，交易者损失 $(0.743-0.73)\times125\,000=1\,625$ 美元，保证金账户中资金水平降为 940 美元，低于维持保证金水平。但因为期货已经到期，因此不需要继续追加保证金。其次，交易者按照 0.73 美元的价格买入 125 000 瑞士法郎，支付 $125\,000\times0.73=91\,250$ 美元。

由于建立了该期货合约，交易者共损失：

$$初始保证金＋补交保证金－最后提取保证金＝2\,565＋875－940$$
$$＝2\,460（美元）$$

期货市场的逐日盯市特征意味着市场的参与者每一天实现其损益，而不像远期合约那样在到期时一并计算损益。在每日交易结束时，期货合约类似于以新的结算价格为远期价格，且期限只有一天的新的远期合约。因为是逐日盯市，期货价格在合约的最后一个交易日将与即期价格趋于一致。

3.1.5　外汇期货与远期合约比较

外汇期货合约与远期合约都是将来进行外汇交易的合约，但两者有很大的区别。

1. 交易场所

期货交易是在交易所内进行的，而远期合约则是在场外进行的。

2. 交易管理

期货合约受交易所有关规定的管理，而远期合约是交易双方自律性的。

3. 到期交割

大部分期货合约是到期前对冲的，仅有很小一部分是进行实物交割的；远期合约大部分都是进行实物交割的，只有很小一部分是到期前对冲的。

4. 合约规模

期货合约规模是交易所规定的，交易者只能按照规定的规模进行交易；远期合约规模是交易双方协商的，双方可以根据自身需要确定需要交易多少外汇。

5. 到期日

期货的到期日也是交易所事先规定的，每年只有几种到期日的期货合约；而远期合约的到期日则是根据交易方的需求确定的，可以在任何一天。

6. 结算

期货的结算是根据盯市规则每天进行的，交易所清算行每天计算交易方的损益状况，并根据需要决定是否要求交易者追加保证金；远期合约只是在到期日一次性结算。

7. 交易成本

期货合约的交易成本主要体现为交易者支付的佣金，远期合约的交易成本体现为买卖价差。

8. 保证金

期货合约的交易者需要交付保证金，远期合约的交易者不需要交付保证金。

9. 信用风险

期货合约中与交易者对应的另一方为清算行，并且有保证金和盯市制度，因此期货合约的信用风险较低；而远期合约的信用风险则取决于交易双方的信用状况。

相对来说，外汇期货市场的良好交易机制使得外汇期货合约的市场流动性好于远期合约。在外汇期货市场上，交易者可以很容易地进行对冲头寸。在市场的交易中，外汇期货合约进行实际交割的很少，只有大约1%的外汇期货合约最终发生了实际交割，而外汇远期合约一般都进行实际交割。当期货合约用于投机或套期保值时，标准化的交割日期很难与外汇交易发生的未来实际日期一致，这样，他们一般进行反向的交易来对冲。

在期货市场，清算所作为第三方为期货交易提供服务，也就是说，期货合约的购买者实际上是从清算所购买，出售者出售期货合约给清算所。期货市场的这一特征便于二级市场的交易，因为购买者和出售者不需要评估彼此的信用状况。清算所由清算会员组成，不是清算所会员的个人经纪人必须通过清算所会员来清算客户的交易。在期货交易中有一方违约时，清算所会员代表违约方进行清算，然后再对违约方进行追索。逐日盯市制度为清算所避免损失提供了保障。

通常，期货交易所对期货价格波动有每日价格变动限制。如果价格下降的金额等于每日价格限额，则称该合约达到跌停板；如果上升的金额等于每日价格限额，则称该合约达到涨停板。涨停板变动是指在任何方向上的价格波动等于每日价格变动限额的变动。通常，一旦价格达到当天的涨停板或跌停板，该合约当天就必须停止交易。远期市场相应地就没有这些限制。

3.2　外汇期权

3.2.1　外汇期权合约

1. 外汇期权合约的基本概念

期权（Option）是一种权利。购入期权的投资者拥有在指定的日期，按照事先约定的价格，购买或出售约定数量外汇的权利。上述指定的日期称为期权的到期日（Expiration Date）、执行日（Exercise Date）或期满日（Maturity），事先约定的价格称为执行价格（Exercise Price）或敲定价格（Strike Price）。期权合约就是期权买入者和卖出者之间签订的合约。期权合约中约定购买或出售的外汇品种称为标的物（Underlying）。在合约中规定买方拥有购买或出售外汇的权利，与此相对应，卖方承担出售或购买的义务。显然，到此为止，期权的买方和卖方的权利和义务关系是不对等的。为了使合约中买卖双方的权利和义务对等，期权的买方需要支付给卖方一定的费用，称为期权费（Option Premium）或期权的价格。

2. 外汇期权的基本类型

外汇期权分为择购期权（Call Option）、择售期权（Put Option）、欧式期权（European Options）和美式期权（American Options）几种基本类型。择购期权，又称为择购期权、看涨期权，是指期权持有者拥有购买标的物的权利。择售期权，又称为卖出期权、看跌期权，是指期权持有者拥有出售标的物的权利。欧式期权是指期权合约中规定权利只能在到期日那一天执行，而美式期权则指在期权合约中规定的权利能够在期权到期日之前的任何一天执行。欧式、美式或择购、择售结合到一起，可以组成欧式择购期权、美式择购期权、欧式择售期权和美式择售期权四种基本类型的期权。

例如，美国进口商在 60 天之后要支付给加拿大出口商 100 000 加元的贸易货款。为了规避汇率变动的风险，美国进口商可以购买一份以加元为标的物的欧式择购期权，期权的执行日选择为 60 天后。如果期权买卖双方约定标的物的价格确定为 0.64 美元，那么两个月之后，即到了美国进口商的付款日，美国进口商将有权按照 0.64 美元的价格购买 100 000 加元。如果 60 天之后，市场上加元的价格低于 0.64 美元，为 0.61 美元，则美国进口商可以不执行期权，而是从市场上直接购买加元，共需要支付 61 000 美元。期权合约过期自行取消。如果 60 天之后，市场上加元的价格高于 0.64 美元，为 0.68 美元，美国进口商执行期权，按照事先约定的 0.64 美元的价格购买加元，共需支付 64 000 美元。

3.2.2　外汇期权市场

在 1982 年前，所有的外汇期权合约都是场外期权，由国际性商业银行、投资银行和经纪公司出具（Writing），即作为持有期权空头头寸的一方。场外期权根据购买者的特殊需求来定制期权的到期时间、执行价格和标的外汇的数量。通常以美元定价，以德国马克、法国法郎、英镑、日元、加元和瑞士法郎等作为主要标的外汇。场外期权通常是典型的欧式期权。

1982 年 12 月，费城股票交易所（Philadelphia Stock Exchange，PHLX）开始交易外汇期权。到目前为止，费城交易所仍然是主要的外汇期权交易所。[①] 目前，PHLX 提供澳元、英镑、加元、欧元、日元、瑞士法郎、新西兰元等多种货币的美式和欧式期权合约。外汇期权合约的到期月是 3 月、6 月、9 月和 12 月，加上两个近期月份，即如果现在是 3 月份，交易所增加最近两个月份 4 月和 5 月的期权合约。也就是市场上一直存在 6 种到期日的期权。外汇期权的到期日是到期月份的第三个星期五后的星期六，第三个星期五是到期合约的最后一个交易日。为了交易方便，费城交易所将大部分外汇期权的合约规模都确定在 10 000 单位外币，只有日元合约规模为 1 000 000 日元。外汇期权交易时间从费城时间上午 9:30 到下午 4:00。期权的类型为欧式期权，也就是只有到

---

① 费城交易所于 2008 年 7 月 24 日被纳斯达克 OMX 集团收购，目前名称为 Nasdaq OMX PHLX，书中我们仍然简称 PHLX。

期日的那一天可以执行。①

例如，假设今天是 2013 年 3 月 7 日，3 月 15 日是第三个星期五，那么 3 月份期权于 3 月 16 日到期，同时 3 月 15 日是 3 月期权的最后一个交易日。

像外汇期货一样，很多交易所目前交易外汇期权。不论如何，场外期权的交易量还是大于有组织的交易所内的交易量。按照国际清算银行的资料，1998 年场外市场的交易量大约是每日 870 亿美元。相比较，交易所内交易的外汇期权交易量大约是每日 19 亿美元，或每年 1 500 万份合约。场外交易量远远超过交易所内的交易量，其中重要的原因在于场外期权的灵活性。为了适应客户的需要，在很多情况下国际性商业银行和经纪公司在交易所购买或出售标准化期权，然后再依据客户的意愿组合成场外定制期权。

为了适应市场的需要，期权交易所也在不断创新。例如，PHLX 除了交易标准化的以美元报价的期权外，也允许客户交易定制期权，允许用户在一定范围内定制标的货币（Underlying Currency）和报价货币（Base Currency），定制执行价格、到期日以及报价单位（例如也可以使用标的货币的百分比方式报价）。到期日最长可以到两年。

3.2.3　外汇期权报价

表 3-3 为《华尔街日报》刊登的芝加哥商品交易所 2013 年 3 月 26 日交易外汇期权的报价示例。表中列有外汇期权交易货币的名称。表的最左侧 1 列为期权的执行价格，报价单上有很多个执行价格，为简便起见，本书只列了 4 个执行价格；第 2 列至第 4 列分别为 4 月、6 月、12 月到期的择购期权的当日结算价格；第 5 至第 7 列为 4 月、6 月、12 月到期的择售期权的当日结算价格。报价使用的都是单位外汇期权的美元价值。表中，日元期权报价单位是百分之几美分，其他货币报价单位是美分。在每一种货币栏的最后 1 行，列示了该种货币期权前一日未对冲的择购期权和择售期权合约数量。更多的数据及其他外汇期权的报价可以从有关网站上查找。

在表 3-3 中，每一个交叉点代表一种期权。例如第 2 行第 2 列，表示执行价格为 85.0 美分/百日元、4 月份到期的日元择购期权，其价格为 21.02 美分/百日元。也就是如何投资者购买了上述期权，在到期日将能够按照 85 美分购买 100 日元的价格，一共购买 12 500 000 日元。当前即期汇率大约折合 1 美元兑换 100 日元，当然拥有一项按照 85 美分购买 100 日元价格的合约更合适

---

① 资料来源于费城交易所网站，http://www.phlx.com。

表 3-3　芝加哥商品交易所外汇期权报价(2013 年 3 月 26 日)

执行价格	4 月择购期权	6 月择购期权	12 月择购期权	4 月择售期权	6 月择售期权	12 月择售期权
日元(Japanese Yen)，合约规模 12 500 000 日元，报价单位：美分/百日元。						
850	21.02	21.02	—	—	—	—
885	17.52	17.52	—	—	—	—
890	17.02	17.02	17.46	—	—	0.32
895	16.52	16.52	16.99	—	0.01	0.35

未对冲合约：择购期权 73 063，择售期权 79 957。

加元(Canadian Dollar)，合约规模 100 000 加元，报价单位：美分/加元。						
840	14.21	14.21	—	—	—	0.01
845	13.71	13.71	13.42	—	0.01	0.13
850	13.21	13.21	12.93	—	—	0.14
855	12.71	12.71	12.45	—	—	0.16

未对冲合约：择购期权 19 916，择售期权 35 000。

资料来源：《华尔街日报》，2013-03-27。

了。均衡的世界好处与坏处总是共存。在交叉点出的 21.02 美分就是购买这个权利的价格。因为每份合约为 12 500 000 日元，要购买这么一份合约需要支付 26 275 美元的价格：

$$12\ 500\ 000 \div 100 \times 21.02 = 2\ 627\ 500(美分)$$

从这里可以看出，购买期权实际上就是花钱购买一种权利。既然是权利，购买者可以行使，也可以不行使。如果在到期日元的汇率已经涨到了 1.2 美元/百日元，那么投资者可就合适了，仅需要支付 0.85 美元/百日元就可以在市场上购买日元了。期权合约是一个零和合约，买期权的人合适了，卖期权的人就吃亏了。不过期权卖方在达成交易时收取了期权费(买方支付的期权价格)。

如果投资者购买了第 5 行第 6 列的期权，也就是 6 月份到期的日元择售期权，在交叉点的数据为 0.01，即为这个期权的价格。具体来说，这个期权的执行价格为 0.895 美元折合 100 日元，也就是投资者可以按照这个汇率，在 6 月份期权到期时(如果是美式期权就是到期日之前)，出售 12 500 000 日元。每份这样的日元合约目前价格为 12.5 美元，不是一个太高的价格。但是，如果日元持续升值，很可能这份合约到时候一文不值，那么即使 12.5 美元也白花了。

各种货币期权的执行价格单位不尽一致。例如，日元执行价格 850，表示执行汇率为每百日元折合 0.85 美元；加元 840 的执行价格，表示执行汇率为每加元折合 0.84 美元。所以，在阅读外汇期权报价表时要特别注意。

3.2.4 外汇期权损益分析

期权是事先约定买卖价格的合约。在到期日，随着外汇市场价格的不同，期权买卖双方的损益状况会出现不同的情况。不考虑期权费（也就是购买期权时支付的价格），从择购期权买方的角度看，在执行日，如果外汇市场价格高于执行价格，则期权持有者执行期权能够获得收益。以 S 表示标的物市场价格，以 X 表示执行价格，期权持有者的收益为 $S-X$，如图 3-1 所示；而期权出具方蒙受损失，损失额为 $X-S$。期权买卖双方损益之和等于零。因此，如果将期权双方签订合约看成是一个博弈过程，那么这个博弈过程是一个零和博弈。考虑期权费，期权持有者的损益状况如图 3-2 所示，期权持有者的损益曲线向下平移相当于期权费大小的一段距离。

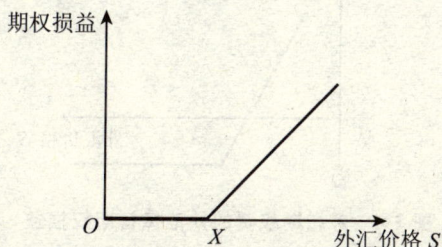

图 3-1   不考虑期权费的外汇择购期权损益

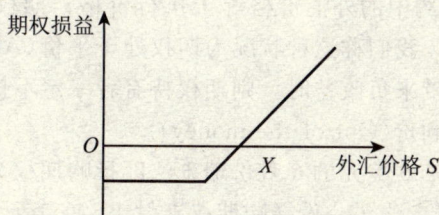

图 3-2   考虑期权费的外汇择购期权损益

相反，如果在到期日外汇市场价格低于执行价格，则期权持有者放弃执行期权。期权持有者的收益为零。考虑有期权费的情况，期权持有者损失期权费，期权出具者获得相当于期权费的收入。

对于择售期权，在执行日，如果外汇市场价格低于执行价格，则期权持有者执行期权能够获得收益。以 S 表示标的物价格，以 X 表示执行价格，期权持有者的收益为 $X-S$，如图 3-3 所示；而期权出具方蒙受损失，损失额为 $S-X$。相反，如果在到期日外汇市场价格高于执行价格，则期权持有者放弃执行期权。期权持有者的收益为零。考虑期权费的外汇择售期权损益状况如图 3-4 所示。

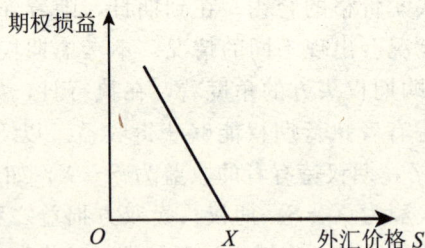

图 3-3　不考虑期权费的外汇择售期权损益

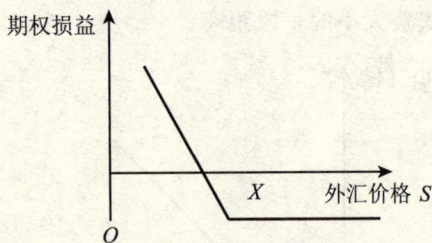

图 3-4　考虑期权费的外汇择售期权损益

不论是对于择购期权还是择售期权，不考虑期权费，当期权持有者执行期权能带来收益时，则执行期权，我们称这种状况为期权处于有利价（In-the-money）；如果期权合约中的外汇价格等于执行价格，期权持有者不论是否执行期权，收益都是零，我们称这种状况为期权处于平价（At-the-money）；当期权持有者执行期权会带来负收益时，则期权持有者一定不执行期权，我们称这种状况为期权处于不利价（Out-of-the-money）。

以执行价格为 0.765 美元的 6 月份瑞士法郎择购期权为例。如果期权报价为 1.44 美分，则投资者购买一份择购期权支付 1 800 美元。

①在到期日，瑞士法郎的即期价格为 0.768 美元。即期价格高于执行价格，则投资者执行期权，支付 95 625 美元购入 125 000 瑞士法郎。如果在市场上按照即期价格购买，投资者需要支付 96 000 美元，因此投资者节约或者获

利 375 美元(＝96 000－95 625)，此时期权处于有利价。考虑期权费，投资者损失了 1 425 美元(＝1 800－375)。

②在到期日，瑞士法郎的即期价格为 0.765 美元。即期价格等于执行价格，则不论投资者是否执行期权，结果都一样。此时期权处于平价。考虑期权费，投资者损失 1 800 美元。

③在到期日，瑞士法郎的即期价格为 0.756 美元。即期价格低于执行价格，则投资者不执行期权，因为投资者可以在市场上按照更低的价格购买瑞士法郎，此时期权处于无利价。考虑期权费，投资者损失 1 800 美元。

从上述分析过程可以看出，理论上期权卖方风险可以无穷大，而期权买方基本上不承担风险。购买期权相当于花钱买保险，当然，期权卖方就相当于卖保险了。这一点与外汇期货差别很大。外汇期货的任何一方均可能承担较大的风险。因此，一般来说购买期权是为了规避外汇风险，例如跨国公司；而出售期权则是为了通过承担风险而获得收益，例如大型金融机构。

3.2.5　合成外汇期权

根据期权投资损益规律，单独投资于一种期权，投资者的损益状况会随着期权标的物价格的变化而变化。如果投资者同时投资于几种期权，形成一个期权组合，称为合成期权，则投资者可以控制损益状况。下面我们以几种期权组合为例，说明合成期权的损益状况。投资者可以根据各种期权特点，结合投资目标，创造出各种类型的期权组合。

1. 外汇价差期权

外汇价差(Spread)通过同时买卖执行价格不同，其他方面均相同的两个期权构成。如果买卖的两个期权均为择购期权，则这样的外汇价差期权称为牛市价差；相反，如果买卖的两个期权均为择售期权，则这样的外汇价差期权称为熊市价差。牛市价差期权通常包括一份执行价格较低的择购期权多头和一份执行价格较高的择购期权空头，也就是购进一份执行价格较低的择购期权，出售一份执行价格较高的择购期权，如图 3-5 所示。对于择购期权而言，其他条件不变，执行价格越高则期权费越低。因此，在构造牛市价差期权时，投资者需要支付一定的初始投资，投资额就是两个期权的价差。例如，当 6 月份瑞士法郎执行价格为 0.765 美元时，择购期权价格(期权费)为 1.44 美分；而当执行价格达到 0.775 美元时，择购期权价格为 0.84 美分，两者价差为 0.6 美分。因此，买入一份价格高的瑞士法郎期权，卖出一份价格低的瑞士法郎期权，投资者可以需要支付 750 美元[＝(1.44－0.84)×125 000÷100]。构造价差期权后，当市场看涨的情况下投资者能够获得正的收益。

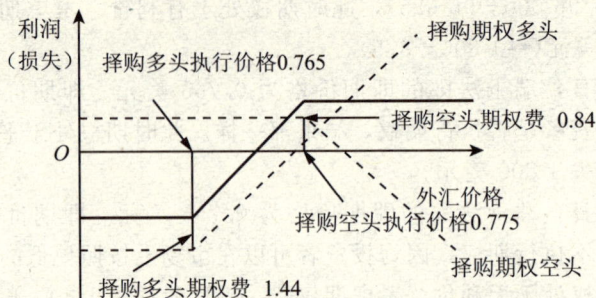

图 3-5 牛市价差期权

①市场价格为 0.755 美元，市场价格低于两个执行价格。此时，两份择购期权均处于无利价，因此多头方均不会执行期权。投资者损失初始投资额 750 美元。

②市场价格为 0.770 美元。市场价格介于两个执行价格之间。此时，执行价格高的择购期权处于无利价，多头方（期权购买者）不会执行期权；执行价格低的择购期权处于有利价，多头方，也就是构造价差期权的投资者，会选择执行。投资者从执行期权中获利 625 美元[＝(0.770－0.765)×125 000]。考虑初始投资，投资者共损失 125 美元。当市场价格从 0.765 美元到 0.775 美元之间逐渐提高时，开始投资者的损失逐渐减少。当价格达到 0.771 美元时，投资者达到盈亏平衡。市场价格继续提高，投资者开始盈利，盈利额为 500 美元。

③市场价格为 0.780 美元，市场价格高于两个执行价格。此时，两份期权均处于有利价，多头方均会选择执行期权。执行两份期权的结果使得投资者盈利 1 250 美元，等于两个执行价格之差乘以合约规模。考虑初始投资，投资者共盈利 500 美元。

可以看出，价差期权限制了汇率上升时的潜在收益，同时也控制了汇率下降时可能的损失。按照类似的方式也可以构造熊市价差期权，如图 3-6 所示。熊市价差期权通常包括一份执行价格较高的择售期权多头和一份执行价格较低的择售期权空头。其作用方式与牛市价差期权相类似。只是当市场价格高时，投资者承受一定的损失；而当

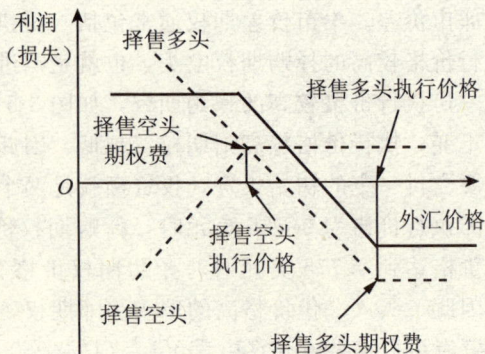

图 3-6 熊市价差期权

市场价格低时，投资者可以获得收益。

2. 时间差期权

上述合成期权中的两个期权只是执行价格不同，其他条件均相同。使用执行日不同的期权能构成另一种损益形式的合成期权，即时间差期权（Calendar Spreads）。例如，投资者购买一个择购期权 1，卖出择购期权 2。择购期权 1 的有效期限比择购期权 2 的有效期限长。除此之外，两个期权的其他条件均相同。不论是择购期权还是择售期权，在其他条件相同时，期权价格随期限延长而提高。因此，择购期权 1 的价格高于择购期权 2 的价格。投资者购买择购期权 1，出售择购期权 2，进行这样的投资组合投资者也要支付一定的初始费用，即择购期权 1 的价格减去择购期权 2 的价格。同样，时间差期权也可以用择售期权来构造，投资者购买一个期限较长的择售期权，同时卖出一个期限较短的择售期权。图 3-7 显示了利用两个择售期权构造的日历差价期权在第 2 个期权到期日时投资者的损益状况。当然，时间差期权也可以通过卖出期限长、买入期限短的期权来构造。

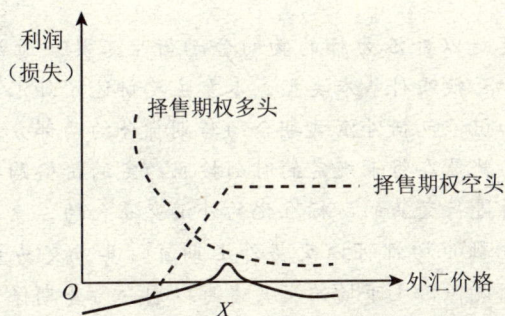

图 3-7　利用两个择售期权构造的日历差价期权

3. 多期权合成

除使用两个期权组成合成期权外，使用三个期权也可以组成特定的合成期权。例如，投资者购买执行价格分别为 X_1、X_3 的择购期权 1 和择购期权 3，卖出执行价格为 X_2 的择购期权 2。除执行价格不同外，三个期权的其他条件均相同。其中，$X_1 < X_2 < X_3$。这样的期权投资策略称为蝶式差价期权（Butterfly Spreads）。图 3-8 显示了利用择购期权构造的蝶式差价期权的损益状况。同样，也可以运用择售期权构造蝶式差价期权。投资者可以购买一个执行价格较低的择售期权和一个执行价格较高的择售期权，同时出售执行价格介于高低之间的择售期权。

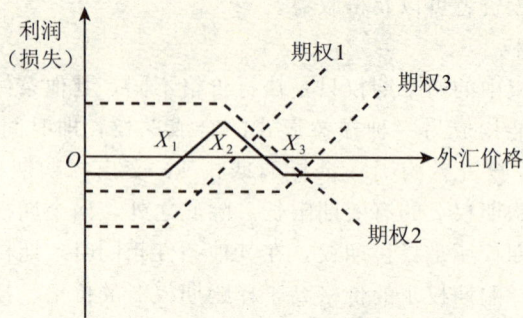

图 3-8　利用择购期权构造的蝶式差价期权

前面关于期权损益的分析是指在期权到期日的损益。对于欧式期权没有什么大问题。但是对于美式期权，在到期日之间的价值远比上述分析的要复杂，上述分析结果并不适合在到期日之前执行的美式期权。

【本章精要】

外汇衍生工具是以外汇为标的物的金融衍生工具。通常，衍生工具有远期、期货、期权和互换四种基本类型。本章主要讲述了外汇期货、期权合约及交易市场的有关知识，包括外汇远期合约与期货合约两部分重要内容。

外汇期货合约就是在将来规定的时刻按照约定的价格购买或者出售规定数量外汇、在交易所进行交易的、标准化的外汇交易合约。除了 CME 和 PBOT，在世界各大主要金融市场都可以交易外汇期货，其中交易量最大的是 CME。从市场的参与者来说，衍生市场的交易者可以划分为套期保值者、投机者和套利者。每个交易所的报价都有具体的规定。一般来说，交易所报价包括开盘价、收盘价、结算价格以及最高价和最低价等内容，其中开盘价包括买入价和卖出价；结算价格是盯市所使用的结算价格。在交易所内，期货交易一般是通过经纪人或交易商完成的。交易商通常不是完全以买卖价差作为收益，而另外还收取佣金。为了保证期货合约能够按期执行，交易所对期货交易建立了保证金和逐日盯市制度。外汇期货合约与远期合约都是将来进行外汇交易的合约，但两者在交易场所、交易管理、到期交割、合约规模、到期日、结算、交易成本、保证金、信用风险等方面存在显著区别。

期权是一种权利。外汇期权分为择购期权、择售期权、欧式期权和美式期权几种基本类型。在 1982 年前，所有的外汇期权合约都是场外期权，1982 年 12 月，费城股票交易所开始交易外汇期权，此后很多交易所都开通了外汇期权交易。然后本章还对期权报价进行举例讲解，并通过图形和举例的形式分析了外汇期权及合成外汇期权损益的形成。

【推荐阅读】

[1]郑振龙，陈蓉，陈淼鑫，邓弋威. 外汇衍生品市场：国际经济与借鉴. 北京：科学出版社，2008.

[2]汉智，周凯. 外汇货币及衍生品市场的风险管理. 成都：西南财经大学出版社，2009.

[3]梁建峰，刘京军，田凤平，舒元. 人民币外汇市场风险管理研究. 北京：经济管理出版社，2012.

[4]甘当善，王应贵. 外汇市场透视. 北京：清华大学出版社，2006.

【参考网站】

关于外汇期货和期权报价的相关知识，可查阅部分网站的网址如下。

1. 芝加哥商品交易所(Chicago Mercantile Exchange)：http://www.cme.com；

2. 商品期货交易委员会（Commodity Futures Trading Commission）：http://www.cftc.gov；

3. 全国期货协会(National Futures Association)：http://www.nfa.futures.org；

4. 期货行业协会(Futures Industry Association)：http://www.futuresindustry.org；

5. 芝加哥期权交易所(Chicago Board Options Exchange)：http://www.cboe.com；

6. 费城股票交易所(Philadelphia Stock Exchange)：http://www.phlx.com；

7. 期权行业委员会(Options Industry Council)：http://www.optionscentral.com；

8. 期权清算公司(Options Clearing Corporation)：http://www.optionsclearing.com；

9. 期货与期权协会(Futures and Options Association)：http://www.foa.com.uk；

10. 期货杂志网络版(Futures Magazine)：http://www.futuresmag.com；

11. 伦敦国际金融期货与期权交易所（London International Financial Futures and Options Exchange）：http://www.liffe.com。

【练习题】

一、名词解释

初始保证金、维持保证金、变动保证金、期权费、时间差期权、择购期权、择售期权

二、简答题

1. 远期合约和期货合约最基本的区别是什么？期货合约与期权合约的区别是什么？

2. 什么是盯市？其作用是什么？

3. 通过互联网搜索目前的主要外汇期货报价和期权报价，并观察是否存在规律。

4. 你是否认为期货报价与期权报价之间有一定内在联系？为什么？通过实际报价时间序列验证你的观点。

三、计算题

1. 星期一上午，投资者建立了一份英镑期货合约多头头寸，期货合约在星期三下午到期。成交价格为 $1.78/￡，合约规格为 ￡62 500。星期一的结算价为 $1.79；星期二的结算价为 $1.80；星期三的结算价为 $1.785。期货合约到期，投资者以 $1.785 的价格进行交割。按照每日结算（盯市）计算投资者的利润或损失。

2. 星期一上午，投资者建立一份瑞士法郎期货合约空头头寸，期货在星期三下午到期。成交价格为 USD $ 0.737 0/SF，合约规格为 SF $ 125 000。星期一结算价为 USD $ 0.731 5；星期二结算价为 $ 0.729 1；星期三结算价为 $ 0.742 0。期货合约到期，投资者以价格 USD $ 0.742 0 交割瑞士法郎。按照逐日盯市计算投资者的利润或损失。

3. 假设 DEC 公司以 USD $ 0.83 价格购买了一份瑞士法郎期货合约（合约规模 SF 125 000），如果在交割日的即期汇率是 SF 1＝USD0.825 0，DEC 在合约上的收益或损失是多少？

4. 北方公司以每加元 USD $ 0.04 的价格出售了一份加拿大元择购期权（合约规模 USD $ 100 000）。如果执行价格为 USD $ 0.71，到期日的即期价格是 USD $ 0.73，北方公司在择购期权上的利润或损失是多少？

5. 福特汽车公司以每法郎 USD $ 0.01 的价格购买了一份欧元择售期权（合约规模 EUR $ 125 000）。如果执行价格为 USD $ 1.16，到期日的即期价格为 USD $ 1.216，福特公司的择售期权的利润或损失是多少？

6. 江南公司在三个月后必须向日本供应商支付 12 500 万日元，为了规避

日元升值的风险考虑购买 20 份日元择购期权(合约规模 625 万日元)，执行价格为＄0.008 00，期权费为每日元 0.015 美分。另外，江南公司也可以购买 10 份三个月期的日元期货合约(合约规模 1 250 万日元)，价格为每日元＄0.007 940。当前汇率为￥1＝＄0.007 823。假设江南公司的财务经理相信 90 天后日元最可能的价值是＄0.007 900，但是汇率可能会在＄0.008 400 和＄0.007 500 之间波动。

(1)在预期价格范围内分析择购期权头寸和期货头寸的损益，忽略交易成本和保证金要求；

(2)如果结算价格在最有可能的价格即＄0.007 900 时计算期权头寸和期货头寸的损益；

(3)计算期权合约与期货合约处于盈亏平衡时的未来即期汇率是多少；

(4)如果期权合约和期货合约不是多头，而是空头，计算分析损益和盈亏平衡点价格。

四、讨论与思考题

请讨论跨国公司是否都应该考虑使用外汇衍生工具。然后，请查阅相关资料，回答我国现在有哪些外汇衍生工具交易业务。最后，请对我国当前外汇衍生工具交易发展中的重点问题展开讨论，并思考隐藏在这些问题背后的原因。

第4章 外汇风险管理

【本章学习目标】

1. 了解外汇风险的概念和分类；
2. 熟练掌握不同外汇风险管理方法；
3. 熟悉外汇风险管理策略。

【引导案例】

外汇风险管理势在必行

无疑，在世界汇率波动频繁难测的情况下，跨国企业的外汇风险管理显得更加重要。近期，我国人民币兑美元表现强劲，涉及进出口业务的上市公司受到的影响也各不相同。目前，由于大多数公司在涉及进出口业务时选择美元交易，因此汇率的波动将直接影响其经营成本。人民币升值使进口成本下降，有利于设备、原材料进口量较大的企业降低成本，并且进口原油、纸浆等各种设备的公司受益良多。据测算，在成本固定情况下，如果人民币升值1‰，那么造纸行业利润增幅约为1.5‰，其中太阳纸业便是一例。相反，由于近期人民币兑美元强势升值，对出口类型的企业而言，尤其是那些交易主要采用美元结算的，如广博股份、海珠管业等，则可能面临较大的汇兑损失。

《证券时报》记者采访报道，有出口业务的上市公司为了平滑汇率波动给业务带来的影响，采取了不同的防范和应对措施，如开发新产品、与客户协调提高产品价格、运用多种金融工具、缩短收汇时间等。例如浙江伟丰塑业有限公司则通过选择代理出口、提高产品附加值并实施多元化的市场结构和通过合同灵活约定结算汇率的方式来规避风险；广博股份则采用远期结售汇方式提前锁定汇率，并获取了较高收益。

由此可见，跨国公司在经营过程中需要承受因汇率变动而带来的风险。而不同类型的跨国公司面临的外汇风险并不相同。实际上，不同的经济、政治背景条件下，跨国公司面临的外汇风险种类也有所差异。若要在国际市场竞争中获胜，则需要跨国公司能够识别这些风险并采取相应的应对策略。

资料来源：郑昱，《应对汇率变动 上市公司各显神通》，载《证券时报》，2012-11-16；赵仙芳、胡著邦、俞钟铭，《人民币升值外贸企业影响几何》，载《诸暨日报》，2007-08-16，有删改。

　　跨国经营与国内经营的重要区别之一就是跨国经营中存在外汇风险。根据产生的背景及其对跨国公司的影响，外汇风险可以划分为折算风险、交易风险和经营风险。通过本章的学习，要求掌握各种外汇风险的概念、风险大小的影响因素、对外汇风险的测定以及外汇风险的管理。

4.1　外汇风险的概念与分类

4.1.1　外汇风险的概念

　　外汇风险(Foreign Exchange Exposure)，又称汇率风险，是指当汇率发生变化时，跨国公司子公司的盈利性、现金流以及公司价值随之变化，进而导致跨国公司整体价值变化的可能性。盈利性、现金流以及公司价值是评价一个公司成功与否的三个关键指标。根据财务学理论中的折现估值理论，公司价值等于各期现金流折现之和，与公司账面盈利性不直接相关。但在实践中，与汇率相关的收益和损失会反映在公司财务报表中。财务报表是公司对外公开公布的主要信息，是投资者进行公司分析所依赖的主要基础材料。尽管从理论上讲，账面信息与公司价值不直接相关，但很多财务经理还是非常重视账面盈利性，认为账面盈利性与公司经营乃至于公司价值是相关的，也就是说不仅仅是现金流，会计盈利性也影响、决定着公司价值。因此，外汇风险也可以称为任何汇率波动所引起的公司盈利性以及现金流的波动性。

　　跨国公司的盈利和现金流与汇率的变化密切相关。由于汇率是在不断波动的，并且其变化难以准确预测，存在着很多非预期的变化，任何与汇率相关的盈利以及现金流都面临着不确定性。图 4-1 描绘了人民币与欧元之间的基准汇率在 2012 年 11 月 1 日至 2013 年 1 月 31 日之间的波动情况。尽管总体来看，在一个较长的时期内欧元呈现出升值的趋势，但每日的报价是不确定的。

　　汇率的波动能够引起子公司盈利性以及现金流的变化，但问题在于这是否对跨国公司母公司股东价值构成影响。在这个问题上，存在着以下两种相反的观点。

1. 无关论

　　所谓无关论，就是认为母公司股东价值受汇率影响不大，也就是说外汇风险很小，不用采取专门风险管理措施进行规避。或者极端地说，母公司股东价值与汇率波动不相关。持有这种观点的理由在于：①股东可以进行风险分散，或者跨国公司有多种外汇业务，相互之间起到抵消作用；②如果外汇平价关系成立，那么汇率的变动影响会被价格、利息率的变动影响所抵消。

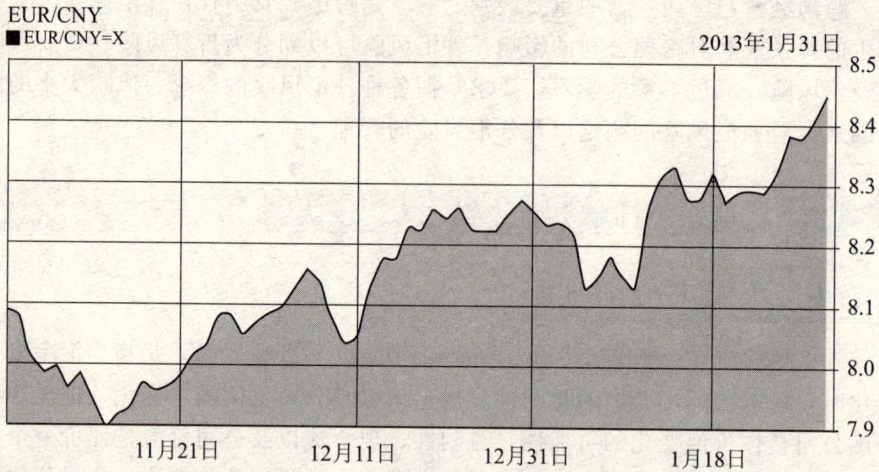

图 4-1　欧元对人民币汇率波动曲线

资料来源：中国纸金网实时更新的欧元对人民币汇率走势图，http://www. zhijin-wang. com。

2. 有关论

所谓有关论，就是认为母公司股东价值确实受汇率波动影响，理由在于：①不论是从股东的角度，还是从跨国公司的角度，各种汇率波动相互完全抵消的可能性不大；②从现实看，在短期内外汇平价经常被市场所打破；③子公司价值波动会增加子公司违约的可能性，而且公司经营利润不稳定，还会降低公司声誉，由此有可能给跨国公司造成损失。

从跨国公司管理实践看，很多公司还是经常采取各种措施进行外汇风险管理。究竟是否存在外汇风险，外汇风险有多大，是否要采取措施进行外汇风险管理，还要针对具体情况进行分析。一般来说，风险管理是要支付代价的。因此，在风险分析中要考虑风险管理的成本与效益。

4.1.2　外汇风险的分类

本书中主要考虑三种外汇风险，即折算风险、交易风险和经营风险。

1. 折算风险

折算风险（Translation Exposure）又称会计风险（Accounting Exposure）、会计翻译风险等，是指跨国公司将子公司财务报表从东道国记账货币转换成母公司记账货币的过程中，资产、负债、权益发生变化的可能性。例如，中国公司在美国的子公司以美元记账，在跨国公司合并会计报表以汇总经营成果时，就要将美元报表折算成人民币报表。跨国公司的外币资产或负债项目在最初发生时，都是按发生日的汇率入账的，但在编制会计报表时，要对其中的某些项目用编表日的汇率进行核算。① 当某些资产或负债项目发生日的汇率与编表日的汇率不同时，经过核算后，就会给跨国公司带来会计账表上的损益。当然，这些损益是账面损益，它不影响跨国公司当期的现金流量，但在进行财务分析时会使各种财务比率发生变动。

折算风险主要在汇总会计报表时发生。有时，跨国公司母公司为了便于比较各个子公司的经营绩效，也会将子公司以东道国货币为记账货币的报表折算成以母公司货币或者任何其他一种货币为记账货币的报表，此时也会发生折算风险。

2. 交易风险

当跨国公司因进行对外交易而取得外币债权或承担外币债务时，由于交易发生日的汇率与结算日的汇率不一致，可能使收入或支出与预期相比发生变动，这种风险称为交易风险（Transaction Exposure）。与折算风险不同，交易风险会导致跨国公司现金流的变化，是一种流量风险。例如，中国公司从欧洲进口 100 万欧元的货物，协议签订时的汇率为 9.1 元人民币/欧元，一个月后付款。中国公司进口这批货物预计付款折合人民币 910 万元人民币。然而，一个月后，汇率变为 9.7 元人民币/欧元，实际付款将变化为 970 万元人民币，比预期支付额增加了 60 万元人民币，这 60 万元人民币即为交易风险造成的现金流出。

交易风险通常发生在以外币记价的应收账款和应付账款中。按照交易的过程，由此产生的交易风险可以分解为三个部分，即报价风险（Quotation Exposure）、订货风险（Backlog Exposure）和兑现风险（Billing Exposure）。报价风险为买方或者卖方提出报价单，到对方接受报价，双方签订协议，这一阶段产生的风险。订货风险为从签订协议到卖方发送货物，并向买方承兑汇票这一阶段所产生的风险。兑现风险为从承兑汇票到最后收到或者实际支付现金这一阶段所产生的风险。

3. 经营风险

经营风险（Operating Exposure）又称经济风险（Economic Exposure）、竞争风险（Competitive Exposure），或者战略风险（Strategic Exposure），指非预期的汇率变动通过影响跨国公司生产销售数量、价格、成本等，导致公司国际竞

---

① 编制报表时使用中间汇率进行换算。

争地位发生变化，因此引起的预期运营现金流的不确定性。经营风险与交易风险一样，都会引起跨国公司未来一定时期内现金流量的变化。所以，从广义上讲，交易风险也属于经营风险。两者的区别在于，交易风险是已经签订的合约所引起的现金流的变化，而经营风险是预计的、尚未发生的交易(包括商品交易，也包括债权债务交易)所引起的现金流的变化。经营风险在一定程度上是主观的，是管理者对于将来的判断。折算风险和交易风险都是在一定时期内发生的风险，而经营风险则没有一个确定的时间范围，既可以是短期的，也可以是长期的。

值得注意的是，经营风险定义中的汇率变动指的是非预期的、意料之外的汇率变动，而不包括预期中的汇率变动，这是因为跨国公司在评测未来的获利状况而进行经营决策时，已经将意料到的汇率变动对未来获利状况的影响考虑进去，这种意料到的影响并不构成一种风险。对于一个跨国公司来说，经营风险比折算风险和交易风险更为复杂和重要，它对跨国公司经营的影响是战略性的、全面的。经营风险对于公司的影响可以延续到未来的几个月，甚至几年，影响是长期的。经营风险管理措施也比折算风险和交易风险管理复杂得多。

从广义上讲，经营风险不仅反映了非预期汇率变化对公司将来现金流的影响，也反映了各种宏观经济变量对公司经营的影响。汇率受到利息率、通货膨胀率的影响，但三者之间的关系通常又处于非均衡状态。因此，利息率和通货膨胀率的非预期性变化也会同时影响公司将来的现金流。

4.2 折算风险管理

4.2.1 折算方法

如果在外汇汇率稳定不变的情况下，外币折算是相当简单的。但是，在现实经济生活中，汇率是不断变动的。由于跨国公司的资产负债表中的不同项目性质各异，人们对不同项目是否都面临折算风险的看法不一致，由此也产生不同的折算方法。主要有以下四种折算方法。

1. 流动/非流动折算法

使用流动/非流动法(Current/Noncurrent Method)折算，是将跨国公司子公司的全部流动资产和流动负债按照当前汇率(Current Exchange Rate)折算，而长期资产和负债则按照发生时的历史汇率(Historical Exchange Rate)折算。流动资产和流动负债的折算汇率随着即期汇率的变化而变化，长期资产和长期负债的折算汇率是固定的。因此，按照这种方法折算，非流动资产和负债不面临折算风险。

按照这种方法，除了与非流动资产和负债相关的收益和成本外，损益表的折算按照折算期的平均汇率折算。例如，折旧作为一项成本，其在损益表中的折算汇率与在资产负债表折算时使用的汇率相同。因此，在损益表中，不同的项目使用了不同的折算汇率。

2. 货币/非货币折算法

货币/非货币方法（Monetary/Nonmonetary Method），将跨国公司子公司的资产负债划分为货币性资产负债和非货币性资产负债。那些代表一定数额索取权以及一定数额应支付义务的资产和负债，称为货币性资产和负债，其中包括货币本身，例如现金、应收账款、短期投资、应付账款、长期负债等。那些以物质形态存在的资产负债称为非货币性资产和负债，例如存货、固定资产以及长期投资（因为长期投资当期不变现，被认为是物质形态的资产）等为非货币性资产负债。货币性资产和负债按照当前汇率折算，非货币性资产和负债按照历史汇率折算。

按照这种方法，除了与非货币性资产和负债相关的收益和成本外，损益表的折算按照折算期的平均汇率折算。与非货币性资产和负债相关的成本主要是折旧成本和产品销售成本，其在损益表中的折算汇率与在资产负债表折算时使用的汇率相同。

3. 时态法

时态法（Temporal）是货币/非货币折算法的一种改进形式，它们的区别在于对存货的处理。货币/非货币折算法将存货按历史汇率折算。不同的是，如果存货以现行市场价格表示，使用时态法可以按当前汇率折算。如果存货以历史成本表示，则仍按历史汇率折算。

按照这种方法，损益表的折算通常使用折算期的平均汇率。当然，使用历史成本表示的折旧费、摊销费、产品销售成本等，仍然使用历史汇率。

4. 当前汇率法

所谓当前汇率法（Current Rate Method），指跨国公司子公司的资产负债表和损益表的全部项目均按照当前汇率折算。显然，当前汇率法对所有账项简单地乘上一个统一的系数，从而能够保证子公司会计报表原来各项金额的比率关系，不至于改变原来外币报表上的任何财务比率。

当前汇率法目前应用非常广泛。我国目前也采用当前汇率法进行折算。

【例 4-1】中国的某跨国公司某年初在美国成立一家子公司，该子公司的记账货币为美元，年终的资产负债表如表 4-1 所示。表 4-1 列示了以子公司记账货币即美元所表示的资产和负债情况，也列示了换算成母公司货币即人民币后的资产负债情况。为计算简便，假设年终的汇率与年初的汇率一样，为每单位美元等于8元人民币。折算方法采用当前汇率法。

表4-1　子公司资产负债表

资　产	记账货币（千美元）	母国货币（千元）	负　债	记账货币（千美元）	母国货币（千元）
流动资产			流动负债	850	6 800
现金、短期投资、应收账款	650	5 200	长期负债	750	6 000
存货（市价）	900	7 200	递延税款	125	1 000
预付费	50	400	负债总额	1 725	13 800
流动资产总额	1 600	12 800	权益		
固定资产			股本	375	3 000
减累计折旧	900	7 200	留存收益	650	5 200
商誉	250	2 000	权益总额	1 025	8 200
资产总额	2 750	22 000	负债与权益总额	2 750	22 000

如果汇率发生变化，即使子公司以记账货币表示的经营成果保持不变，折算后的经营成果也会发生变化，并且不同的折算方法导致的变化不同（为简便起见，这里仅考虑资产负债表的变化），如表4-2所示。

表4-2　不同折算方法的折算结果　　　　　　　　单位：千元

项　目	母公司货币升值（每美元等于7元人民币）				母公司货币贬值（每美元等于9元人民币）			
	当前汇率法	流动/非流动法	货币/非货币法	时态法	当前汇率法	流动/非流动法	货币/非货币法	时态法
资产								
流动资产								
现金、短期投资、应收账款	4 550	4 550	4 550	4 550	5 850	5 850	5 850	5 850
存货（市价）	6 300	6 300	7 200	6 300	8 100	8 100	7 200	8 100
预付费	350	350	400	400	450	450	400	400

续表

项 目	母公司货币升值 （每美元等于 7 元人民币）				母公司货币贬值 （每美元等于 9 元人民币）			
	当前 汇率法	流动/ 非流动法	货币/ 非货币法	时态法	当前 汇率法	流动/ 非流动法	货币/ 非货币法	时态法
流动资产总额	11 200	11 200	12 150	11 250	14 400	14 400	13 450	14 350
固定资产								
减累计折旧	6 300	7 200	7 200	7 200	8 100	7 200	7 200	7 200
商誉	1 750	2 000	2 000	2 000	2 250	2 000	2 000	2 000
资产总额	19 250	20 400	21 350	20 450	24 750	23 600	22 650	23 550
负债								
流动负债	5 950	5 950	5 950	5 950	7 650	7 650	7 650	7 650
长期负债	5 250	6 000	5 250	5 250	6 750	6 000	6 750	6 750
递延税款	875	1 000	875	875	1 125	1 000	1 125	1 125
负债总额	12 075	12 950	12 075	12 075	15 525	14 650	15 525	15 525
权益								
股本	3 000	3 000	3 000	3 000	3 000	3 000	3 000	3 000
留存收益	4 175	4 450	6 275	5 375	6 225	5 950	4 125	5 025
权益总额	7 175	7 450	9 275	8 375	9 225	8 950	7 125	8 025
负债与权益总额	19 250	20 400	21 350	20 450	24 750	23 600	22 650	23 550
折算损益	−1 025	−750	1 075	175	1 025	750	−1 075	−175

4.2.2　折算风险计算

在例 4-1 中，当母公司的记账货币发生升值时，即每美元从 8 元人民币变为 7 元人民币，以当前汇率法折算子公司报表，子公司发生折算损失 1 025 千元人民币；而当母公司的记账货币发生贬值时，即每美元从 8 元人民币变为 9 元人民币，以当前汇率法折算子公司报表，子公司发生折算收益 1 025 千元人民币。这里所发生的折算损益也可以不通过表 4-2 而直接计算出来。

如果母公司货币升值，则折算损益为：

$$1\ 025 \times (7-8) = -1\ 025 (千元)$$

如果母公司货币贬值，则折算损益为：

$$1\ 025 \times (9-8) = 1\ 025 (千元)$$

公式中的被乘数就是子公司以本身的记账货币表示的权益总额，乘数为现在的汇率减去历史汇率之差。通过试算可以发现，该公式在计算折算损益中具有普遍适用性，其一般形式为：

折算损益＝子公司记账货币的权益总额×（当前汇率－历史汇率）

例如，如果当前汇率为每美元等于 8.5 元人民币，历史汇率为 8 元人民币，则以当前汇率法进行折算，由于汇率变化所导致的折算损益可以计算如下：

折算损益＝子公司记账货币的权益总额×（当前汇率－历史汇率）

＝1 025×（8.5－8）

＝512.5（千元）

从公式中可以看出，尽管资产负债表中有很多项目，但由于汇率变化导致折算损益的项目只有一个，即子公司权益总额。或者说，子公司权益受汇率变化的影响导致了跨国公司子公司的折算风险，因此，此时的子公司权益也称为折算风险暴露（Accounting Exposure）。

这样，计算折算损益的公式可以改写成：

折算损益＝折算风险暴露×（当前汇率－历史汇率）

或者：

折算风险暴露＝折算损益÷（当前汇率－历史汇率）

这里的折算风险暴露，就是跨国公司中受到汇率变化影响的那部分价值。

上述计算折算损益和折算风险暴露的公式，不仅适用于当前汇率折算法，也适用于其他折算方法。只是对于其他折算方法，折算风险暴露不再是子公司记账货币的权益总额。在例 4-1 中，使用流动/非流动法进行折算，当汇率从 8 元人民币变为 7 元人民币时，计算出的折算损失为 750 千元人民币，代入公式得到：

折算风险暴露＝（－750）÷（7－8）

＝750（千元）

如果汇率不是从 8 元人民币变为 7 元人民币，而是变为 7.5 元人民币，则折算损益可计算如下：

折算损益＝折算风险暴露×（当前汇率－历史汇率）

＝750×（7.5－8）

＝－375（千元）

根据定义，折算风险暴露还可以根据下面公式计算：

折算风险暴露＝受险资产－受险负债

在这里，所谓受险资产和负债，指在资产负债表进行折算时，按照当前汇率折算的资产和负债。使用当前汇率法进行折算，所有资产和负债都是受险资产和负债，而两者之差等于权益。因此，使用当前汇率法进行折算，折算风险暴露就等于权益额。以流动/非流动法折算为例，受险资产为所有流动资产，受险负债为全部流动负债，两者相减等于 750 千元，即为折算风险暴露。

$$折算风险暴露＝1\ 600－850$$
$$＝750(千元)$$

4.2.3　折算风险管理方法

进行折算风险管理基本上有三种方法，即资金调整法（Funds Adjustment）、外汇衍生工具法（Entering into Currency Derivatives Contract）和风险抵消法（Exposure Netting）。

1. 资金调整法

资金调整法是通过调整子公司现金及其等价物的数额及构成以避免折算风险的一种方法。当子公司记账货币可能发生贬值时，如果以子公司记账货币所持有的现金及其等价物足够多，在折算成相对升值的货币时就要发生折算损失。因此，如果预期子公司记账货币可能发生贬值，可以将子公司的现金以及等价物转移出去，或者转换成硬货币，这样以避免可能的折算损失。资金调整法的直接措施包括付款时尽可能使用软货币，收款时尽可能使用硬货币。间接措施包括使用跨国公司内部财务体系中的各种转移机制进行资金转移（见第 5 章）。

2. 外汇衍生工具法

使用外汇衍生工具进行折算风险管理的方法，是根据子公司的外汇风险暴露的大小建立相应的外汇衍生工具合约，从而规避外汇折算风险。能够使用的外汇衍生工具包括外汇远期、期货、期权等。由于外汇期货与期权合约是标准化的合约，交易的数额不一定等于外汇风险暴露的数额，所以使用外汇远期合约更具有针对性。

在本章例 4-1 中，使用当前汇率法进行折算，外汇风险暴露的数额为 1 025 千元人民币。购入价值等于 1 025 千元的人民币远期，如果当前汇率为每美元兑 8 元人民币，预期美元会升值，并且远期汇率为每美元兑 8.2 元人民币，远期合约规模为 8 405 千元人民币。这样，当汇率发生变化时，子公司将在一定程度上避免外汇折算风险。

①如果折算时美元贬值，汇率变为每美元兑 7 元人民币，则美国子公司发生折算损失 1 025 千元人民币。而同时，执行远期合约，每单位美元获利 1.2 元人民币，共获利 1 230 千元人民币。折算损失与远期合约损益相抵，还有获

利余额 205 千元人民币。

②如果折算时美元升值，汇率变为每美元兑 9 元人民币，则美国子公司发生折算收益 1 025 千元人民币。而同时，远期合约到期，执行远期合约，每单位美元亏损 0.8 元人民币，共亏损 820 千元人民币。折算收益与远期合约损失相抵，还有获利余额 205 千元人民币。

在上述两种情况下，子公司都发生了盈利。实际上，如果真的美元升值，并且不进行风险管理，则子公司能够实现更多的盈利（折算产生的）。进行风险管理，把高盈利压低了。当然，如果发生美元贬值，进行风险管理后，使得子公司也不至于亏损。如果预期美元贬值，并且美元折合人民币的远期汇率低于 8 元，则不论实际上美元升值还是贬值，子公司均发生一定幅度的亏损，只是亏损额很小。

3. 风险抵消法

风险抵消法，是指在子公司中进行资产和负债的管理，使得各项资产或者负债的外汇折算风险尽可能相互抵消。如果某项资产在折算时可能会出现折算损失，子公司可以建立一项等值的面临同样折算风险的负债，使得折算时产生的折算损益相抵，实现无风险折算。

使用风险抵消法进行资产负债表的折算风险管理，要求尽可能使得以各种货币表示的受险资产与受险负债的数额相等，以使其折算风险暴露为零。只有这样，汇率变动才不至于带来任何折算上的损失。例如，某跨国公司在美国的子公司拥有 100 万欧元的长期投资，并且在全部资产和负债中涉及欧元的项目仅此一项，则当美元与欧元汇率发生变化时，该子公司面临着折算风险。为了规避这项折算风险，该公司可以设法拥有 100 万欧元的负债。这样，当汇率发生变化时，资产与负债的折算收益和损失正好相抵。

外汇变化不仅仅为跨国公司带来折算损失，有时也带来折算收益。但是，进行折算风险管理后，不仅可以降低外汇变化所带来的损失，同时也降低了可能的收益。风险管理是一把"双刃剑"，削平了损失，也削平了收益。

另外，值得注意的是，进行折算风险管理都是要支付成本的，折算损益并不产生现金流，而且这些管理成本与折算损益相比是现实的，对跨国公司而言要产生现金流支出。例如，使用跨国公司转移机制进行资金转移要支付成本，建立外汇衍生工具合约更要支付成本，调整资产和负债也要支付成本。因此，也不是任何情况下都需要进行折算风险管理，应视盈亏情况而定。

再有，进行折算风险管理时，首先要确定折算风险暴露或者受险资产，但这些都是以资产负债表为依据计算出来的。事实上，资产负债表所表明的价值不一定反映公司的真实价值。通常，资产负债表上所表明的价值称为账面价值，而公司的真实价值称为市场价值。真正的折算风险应表现在对市场价值折算的影响上，而以账面价值为基础进行的折算风险管理，可能并不会起到规避风险的作用。

公司财务学的目标是使公司价值最大化。在市场有效的前提下，根据财务学的基本理论，影响公司价值的最根本因素是现金流和折现率。如果现金流不发生变化，现金流的风险也不发生变化，存在折算风险也许对公司价值并没有什么影响，从这个意义上讲也没有进行管理的必要；而且，很有可能由于进行了风险管理，使得现金流以及风险发生了相反的变化，会降低公司的价值。

当然，市场有效在很多情况下仅仅是一个假设。否定这个假设，将会为折算风险管理提供很好的借口。另外，折算风险管理更多反映的是跨国公司管理者的意愿。通常，管理者的经营绩效通过报表数据来反映，管理者的奖励以及是否续聘，在很大程度上取决于报表数据。这样，不论是否真正能够带来公司价值的增加（毕竟公司价值是不容易直接观察的），管理者就会存在折算风险管理的动机。

4.3　交易风险管理

4.3.1　交易风险测定

如前所述，交易风险是在跨国公司发生商品和劳务交易中所产生的。跨国公司达成一笔交易，非即期付款，并且以外汇标值，在这种情况下当汇率发生波动时，以跨国公司本币表示的交易额会发生变化，这就是交易风险。所谓交易风险暴露，指当汇率发生变化时，跨国公司全部交易额中受到汇率波动影响的那部分交易额。

1. 交易风险暴露的计算

交易风险暴露分不同的货币种类计算。对于任何一种货币，交易风险暴露等于所有交易额相抵消后剩余的数额。例如，3 个月后中国某跨国公司在美国的子公司拥有一笔 300 万欧元的应收账款，同时有一笔 200 万欧元的应付账款，两者相抵后剩余 100 万欧元，就是该子公司 3 个月期欧元的交易风险暴露。

【例 4-2】美国波音公司向菲律宾航空公司出售波音飞机，售价为 1 400 亿菲律宾卢比（Philippine Rupiah）。菲律宾为了减轻进口飞机对其国际收支的影响，要求波音公司每出售一架飞机，从菲律宾购回价值 550 亿卢比的零部件。

①如果美元对卢比的即期汇率为每卢比 0.004 美元，则波音公司的净卢比

交易风险暴露为：

$$1\,400-550=850(亿卢比)$$

换算成美元，等于 3.4 亿美元。

②如果卢比贬值，汇率变为每卢比等于 0.003 5 美元，则波音公司发生交易损失，交易损失额等于卢比风险暴露乘以汇率的变化：

$$850\times(0.004-0.003\,5)=0.425(亿美元)$$

或者：

$$3.4\times(\frac{0.004-0.003\,5}{0.004})=0.425(亿美元)$$

在实践中，可能在同一种币种下产生的应收和应付账款时间并不吻合，因此并不能完全抵消交易风险。这样，在计算交易风险暴露时，既要分币种，又要分时间阶段。

【例 4-3】某跨国公司以欧元表示的应收和应付账款如下所示：

①应收账款 120 万欧元，2 个月后到期；

②应付账款 80 万欧元，3 个月后到期；

③应收账款 90 万欧元，4 个月后到期；

④应收账款 150 万欧元，5 个月后到期；

⑤应收账款 60 万欧元，6 个月后到期；

⑥应付账款 80 万欧元，6 个月后到期。

在这种情况下，就要分时间阶段分别计算各阶段的欧元交易风险暴露。

前 2 个月内：

$$\begin{aligned}交易风险暴露&=全部应收账款-全部应付账款\\&=120+90+150+60-80-80\\&=260(万欧元)\end{aligned}$$

第 3 个月内：

$$\begin{aligned}交易风险暴露&=剩余应收账款-剩余应付账款\\&=90+150+60-80-80\\&=140(万欧元)\end{aligned}$$

第 4 个月内：

$$\begin{aligned}交易风险暴露&=剩余应收账款-剩余应付账款\\&=90+150+60-80\\&=220(万欧元)\end{aligned}$$

第 5 个月内：

$$交易风险暴露=剩余应收账款-剩余应付账款$$

$$=150+60-80$$
$$=130（万欧元）$$

第 6 个月内：

$$交易风险暴露＝剩余应收账款－剩余应付账款$$
$$=60-80$$
$$=-20（万欧元）$$

在交易风险暴露的计算中，结算结果为正，为多头交易风险暴露；结果为负，为空头交易风险暴露。

2. 交易风险出现的主要情况

通常，交易风险会在以下几种情况下出现。

（1）以外币表示的商品和劳务的赊账买卖

在商品劳务的进出口交易中，如果外汇汇率在支付或收进外币货款时较合同签订时上涨或下跌了，以跨国公司本国货币表示的收付款项就会较签订合同时不同。例如，中国 A 公司从美国进口一批机械设备，合同规定以美元计价结算，货价为 100 万美元，支付日期为一个月后。签订合同时，美元的银行卖出价为 $1＝￥8.100 0，预期支付人民币 810 万元。但一个月后，美元的银行卖出价为 $1＝￥8.200 0，此时，A 公司要购买 100 万美元，需支付人民币820 万元，比合同签订时预期要多支付 10 万人民币。

（2）以外币表示的借款或贷款

在资本借贷中，如果外汇汇率在外币债权债务清偿时较债权债务关系形成时发生下跌或上涨，债权人或债务人就只得收回或付出更少或更多的本币。例如，某跨国公司在中国的子公司从中国银行借款 500 万美元，当时的汇率为$1＝￥8.2，还款时，汇率为 $1＝￥8.3，于是在还款时不是偿还相当于4 100万元人民币的美元，而是要偿还相当于 4 150 万元的美元，公司损失50 万人民币。

（3）期货合约头寸

外汇远期交易或者期货合约的头寸（Position），包括多头（Long）和空头（Short），也会因汇率变动而可能蒙受损失。持有外汇远期多头时，汇率下跌对持有者会造成损失；持有外汇远期空头时，汇率上升对持有者会造成损失。例如，某跨国公司持有 100 万英镑远期多头，执行价格为￡1＝ $2.084 5，1 个月后到期。若到期时英镑对美元的汇率变为￡1＝ $2.075 5，则持有该远期多头损失（2.084 5－2.075 5）×100＝0.9 万美元。

（4）其他以外国货币表示的资产或者负债

对跨国公司产生交易风险的项目通常表现在资产负债表上，如外币债权债务和外币应收应付账款等，因此交易风险与折算风险有时又统称为跨国公司的会计风险（Accounting Risk）。这里的会计风险是广义的会计风险，与折算风险所对应的狭义会计风险概念不同。但是，也会有一些交易风险项目，如远期买卖合同，不列在公司的资产负债表上。再如，报价风险通常是不在报表上反映的。

4.3.2　交易风险管理方法

进行交易风险管理的方法有很多种，基本方法主要有三种，即远期合约法（Forward Market Hedge）、货币市场借贷法（Money Market Hedge）和外汇期权合约法（Foreign Currency Options）。

1. 远期合约法

使用远期合约进行交易风险管理，首先需要确认交易风险暴露，在此基础上签订适当的外汇远期合约。如果公司的外汇风险暴露是多头，则应出售远期外汇；如果公司的外汇风险暴露是空头，则应购买远期外汇。

在例 4-2 中，如果波音公司和菲律宾航空公司的付款期在 12 个月之后，那么 12 个月后波音公司将获得 850 亿卢比的外汇收入，交易风险暴露为多头。为进行交易风险管理，应出售远期外汇，规模为 850 亿卢比。签订订货合约时的即期汇率为每卢比等于 0.004 美元，12 个月远期汇率为每卢比 0.003 828 美元。到期时，不论即期汇率如何变化，波音公司都将稳定获得 3.253 8 亿美元的收入。具体操作步骤为：①签订供货协议；②计算交易风险暴露；③建立出售远期外汇合约；④12 个月后收到 850 亿卢比的外汇，同时远期外汇合约到期进行交割，将所得到的 850 亿卢比进行交割，获得 3.253 8 亿美元的收入。

当然，使用外汇期货合约进行交易风险管理，也能起到远期合约同样的作用。只是，期货合约是标准化合约，很难在数额和日期上与公司进行风险管理时所要求的一致。

2. 货币市场借贷法

货币市场借贷法，是指跨国公司利用有关货币的货币市场和外汇市场，在两个有关货币市场中进行借贷操作，从而实现规避交易风险的目的。货币市场借贷法的结果与远期合约法基本一致，只是具体操作方法不同。实际上，货币市场借贷法可以看成是在市场上不存在远期合约时的一种替代措施。

如果美元的市场利率为 10%，卢比的市场利率为 15%，则例 4-2 中的波音公司可以使用如下步骤进行交易风险的规避。

①波音公司借入 739 亿卢比：

$$\frac{850}{1+15\%}\approx739(亿卢比)$$

②将借入的 739 亿卢比按照即期汇率兑换成 2.956 亿美元：

$$739\times0.004=2.956(亿美元)$$

③将 2.956 亿美元投资于美国货币市场，期末获得本息收入 3.251 6 亿美元：

$$2.956\times(1+10\%)=3.251\ 6(亿美元)$$

④期末卢比应收账款和应付账款兑现，波音公司净剩 850 亿卢比，偿还借款额 739 亿元卢比的借款本息 850 亿卢比。

通过上述操作，不论一年中汇率如何波动，波音公司在年末稳定获得 3.2516 亿美元，规避了外汇交易风险。

在实际市场中，汇率买价与卖价存在差别，借款与贷款利率也有差别。在这种情况下，具体操作要稍复杂一些。

【例 4-4】如果波音公司的应收应付款信用期为 90 天，应收应付相抵后，应收净额 850 亿卢比。当时货币市场和外汇市场的各种报价如表 4-3 所示。

表 4-3　货币市场和外汇市场的报价

菲律宾卢比即期汇率	0.003 991～0.004 012
菲律宾卢比 90 天远期汇率	0.003 924～0.003 932
菲律宾卢比市场利率	14%～16%
美元市场利率	9%～11%

如果使用远期合约法，出售 850 亿卢比 90 天远期，将获得 3.335 4 亿美元：

$$850\times0.003\ 924=3.335\ 4(亿美元)$$

比使用平均汇率计算的美元数额要低一些。

如果使用货币市场借贷法：

①波音公司借入卢比：

$$\frac{850}{1+\dfrac{16\%}{4}}\approx817.31(亿卢比)$$

②将借入的卢比按照即期汇率兑换成美元：

$$817.31\times0.003\ 991=3.261\ 9(亿美元)$$

③将兑换成的美元投资于美国货币市场，期末获得本息收入：

$$3.261\ 9\times\left(1+\frac{9\%}{4}\right)=3.335\ 3(亿美元)$$

④期末卢比应收账款和应付账款兑现，波音公司净剩 850 亿卢比，偿还借款额 817.31 亿卢比的借款本息 850 亿卢比。

通过上述操作，不论一年中汇率如何波动，波音公司在年末稳定获得 3.335 3 亿美元，规避了外汇交易风险。

3. 外汇期权

上述第一种和第二种交易风险管理方法适用于确定的风险暴露。在例 4-2 中美国波音公司的卢比风险暴露为 850 亿卢比，可以使用远期合约法和货币市场借贷法进行交易风险管理。而有些情况下，跨国公司经常会有不确定性的外汇风险暴露。例如，法国航空公司拟通过招标的形式购买涡轮刀片，美国通用电气公司有意向该公司提供产品。1 月 1 日通用电气公司递交标书，但在当时通用电气公司不知道是否能够获得该出口供货合同。只有在 4 月 1 日开标时才能知道合同是否被接受，并且一旦中标，将于 7 月 1 日获得合同价款。如果供货合同规模为 2 500 万欧元，合同被接受，通用电气公司将面临着 2 500 万欧元的外汇风险暴露；合同被拒绝，通用电气公司不存在这项外汇风险暴露。那么，在 1 月 1 日至 4 月 1 日之间通用公司所面临的交易风险就是报价风险，4 月 1 日至 7 月 1 日之间所面临的是订货风险和兑现风险。

在 1 月 1 日，通用电气公司希望以 2 500 万欧元的价格出售涡轮叶片，当时的汇率为每欧元等于 1.10 美元，则折合 2 750 万美元。通用电气公司认为以 2 750 万美元的价格出售涡轮叶片能够获取满意的利润水平。但汇率是随时波动的，如果在 7 月 1 日收取合同价款时欧元贬值，汇率变为每欧元等于 1.05 美元，则通用电气公司在签订合同时只能获得相当于 2 625 万美元的销售收入，销售收入下降，侵蚀了公司的利润。通用电气公司为了避免外汇风险的影响，可以出售欧元远期。如果 6 个月欧元远期汇率为 1.09 美元，则不论汇率如何变化，通用电气公司总能获得 2 725 万美元的收入。但问题在于如果通用电气公司不能获得供货合同，在 7 月 1 日就没有 2 500 万欧元的收入，如果建立了远期合约，无疑远期合约本身又会给公司带来额外的外汇风险。如果到时欧元升值，汇率变为 1.11 美元，则执行远期合约，每单位欧元要损失 0.02 美元，共遭受损失 50 万美元。而且，随着欧元升值幅度增加，公司的亏损会越来越大。

使用外汇期权则会改变上述结果。如果通用电气公司在投标的同时，建立一份欧元择售期权合约，执行价格 1.09 美元（此处假设每份期权合约规模与应收账款规模一致，公司可以通过场外交易获得定制期权合约），那么不论通用电气公司是否中标，也不论汇率如何变化，公司总能够规避外汇风险。如果公司中标，并且欧元贬值，汇率变为 1.05 美元，则到了 7 月 1 日，公司收到 2 500 万欧元的供货收入，此时执行期权，获得 2 725 万美元的收入；如果欧元升值，汇率变为 1.11 美元，则不执行期权，直接在市场上出售欧元，获得 2 775 万美元的收入。如果公司未中标，并且欧元升值，则公司可以放弃期权，仅损失期权费；如果欧元贬值，汇率变为 1.05 美元，执行期权，公司还能从期权中获得 100 万美元的收益。

当然，与远期合约法相比较，使用外汇期权合约法进行交易风险管理，在确定性外汇风险暴露的情况下，公司要多支出期权费；另外，对于交易所交易的外汇期权合约而言，合约规模不一定正好等于公司的外汇风险暴露，因此对于风险的规避是近似的，即不一定能够完全规避外汇风险。

使用外汇期权合约方法进行交易风险管理，不仅可以使用单一的期权，也可以使用合成期权，即多份期权合约同时使用。具体操作方法可以参考第 3 章有关外汇期权的内容，并结合外汇风险暴露的类型而确定。

4.4　经营风险管理

4.4.1　经营风险测定

经营风险的出现是因为汇率的变动能改变一个公司的未来收益和成本，从而影响其运营现金流。影响的过程不仅体现在未来外币交易折算成本币的价值发生变化，还体现在或者说更主要地体现在外币现金流本身所发生的变化。按照现金流的定义，公司的运营现金流可以表示为：

$$运营现金流＝（销售收入－销售成本－利息）×（1－所得税率）＋$$
$$折旧税蔽－运营资本增量$$

公式共分为三项，即利润项、税蔽项和运营资本项。其中，后两项的变化也会引起现金流的变化，但经营风险主要指第一项的变化，即利润项随着汇率变化而变化的可能性。因此，要测定一个公司的经营风险，应从汇率变化对销售收入、销售成本的影响方面入手。其他条件不变，如果汇率发生变化，只要销售收入和销售成本发生变化，公司即可能面临着经营风险的影响。

例如，人民币与欧元的汇率为每欧元折合 12.30 元人民币。按照这个汇率，中国某公司 1 230 元单价的电器产品在欧洲部分市场上售价 100 欧元，具有相当的价格竞争优势，销售形势看好。如果人民币升值，汇率达到每欧元折合 12 元人民币，则 1 230 元的电器产品在欧元区市场上售价将达到 102.50 欧元，价格上升。价格上升的结果可能使中国产品在欧洲市场上丧失价格竞争优势，导致销售萎缩，引起以欧元计价的销售收入下降，最终体现为对公司运营现金流的影响。当然，人民币升值会使一定的外汇收入兑换成更多的人民币，从而弥补一定的损失。但是，前者对于公司发展的重要性要远远大于后者。对于经营风险的测定，就是要找出汇率的变化对于公司尚未发生的未来现金流的影响。

汇率变化导致公司销售收入和销售成本的变化，如果公司能够预期到汇率将要发生的变化，便可以采取一定的措施，设法消除汇率变化所带来的不利影响，或者，至少事先有所准备。所以，所谓经营风险是指非预期的汇率变化对公司经营所造成的不确定性。另外，汇率的变化存在名义汇率变化和实际汇率变化之区别。所谓名义汇率变化指市场上各种货币之间的标价发生变化，而两种货币之间的真实购买力之比不发生变化；实际汇率变化指两种货币之间的真实购买力之比发生了变化。只有实际汇率的变化才会产生经营风险。伴随着同样程度物价水平变化的名义汇率的变化不会影响本国公司与外国竞争对手的竞争局势，因此也不会改变实际的现金流；相反，如果实际汇率发生了变化，它将引起相对价格变化(国内商品价格与国外商品价格的比率的变化。这样，实际汇率的变化将引起相对竞争力的变化。因此，必须关注一国货币相对于他国货币的购买力的变化。一般情况下，一国货币实际价值的下降会使它的出口和进口替代产品变得更有竞争力；反之，一国货币的实际价值的上升会给它的出口和进口替代产品带来伤害。

本书中所谈到的汇率变化引起运营现金流变化，指的是跨国公司子公司运营现金流。子公司运营现金流不能直接等同于母公司现金流的一部分，只有子公司向母公司上缴的利润、管理费、专利权或者特许权使用费等才能算作母公司现金流的一部分。然后，如果市场有效，任何未来的现金流的变化都会反映在公司的价值中。尽管母公司目前可能不会获得子公司的全部现金流，但这部分现金流属于母公司，在市场中任何子公司现金流的变化都会反映在母公司的价值变化中。从这点来看，子公司现金流风险也相当于母公司的现金流风险。

【例 4-5】AB 薄片厂是一家中国公司在德国的全资子公司，生产中所使用的全部原材料以及劳动力均来自于当地，产品的一半在德国销售，剩下的一半在其他欧洲国家销售。此处为排除交易风险影响，假设全部销售以欧元计价。公司应收账款占全年销售额的 1/4，换句话说应收账款的平均收账期为 90 天。公司存货等于全年产品销售成本的 25%。公司应付账款相当于产品销售成本的 10%。年厂房和设备折旧费用为 600 000 欧元，公司所得税率为 34%。并且假设在一定范围内的产量变化不会引起公司折旧费用、销售及管理费用、单位产品销售成本(直接成本)的变化。当前汇率为每欧元等于 12.3 元人民币。预计汇率保持不变,公司年销售量将达到 1 000 000 件,每件售价 12.8 欧元,单位直接成本 9.6 欧元。在上述条件下,公司预计 2012 年度资产负债表和损益表如表 4-4 和表 4-5 所示。

表 4-4 AB 公司 2012 年 12 月 31 日资产负债表 单位:欧元

资 产	数 额	负债与权益	数 额
现金	1 600 000	应付账款	960 000
应收账款	3 200 000	短期银行借款	1 440 000
存货	2 400 000	长期负债	1 600 000
固定资产净值	4 800 000	普通权益	1 800 000
		保留盈余	6 200 000
合 计	12 000 000	合 计	12 000 000

公司的现金流等于税后利润加上折旧,为 1 728 600 欧元,折合人民币 21 261 780 元。

如果欧元贬值,从每欧元 12.3 元下降为 12.00 元。对于这种非预期的变化,公司可能会发生多种变化。考虑其中三种最简单的情景:①产品价格、成本、销售量均保持不变;②销售量增加,其他变量保持不变;③销售价格提高,其他变量保持不变。在公司经营风险测定中,考虑的期限为 5 年,现金流折现率取 20%。

表 4-5 AB 公司 2012 年度损益表 单位:欧元

项 目	数 额
销售收入	12 800 000
产品销售成本	9 600 000
销售及管理费用	890 000
折旧费用	600 000
税前利润	1 710 000
所得税费用	581 400
税后利润	1 128 600

情景一:当欧元贬值后,如果在未来 5 年内产品销量、价格和成本都没有变化,那么公司以欧元表示的现金流仍保持不变,为 1 728 600 欧元。按照新

的汇率折算，折合人民币 20 743 200 元。以人民币计算的现金流每年减少 518 580 元。

　　情景二：当欧元贬值后，公司产品欧元售价不变，那么不论是相对于从国外进口的产品，还是相对于出口产品市场的其他公司产品，本公司产品均会形成价格优势，可望使销量增加，达到 1 300 000 件。在实践中，需要考虑产品的需求价格弹性确定究竟销量能够增加多少。本例中，欧元贬值 2.44%，相当于价格相对下降 2.44%，而销售量增加 30%，显然产品的需求价格弹性大于 1，属于富有弹性产品。另外，尽管货币贬值，本例仍然假设各种成本不变。货币贬值可能会拉动一系列的价格上升，并因此可能导致通货膨胀。这种变化需要一个过程。在情景二下的公司损益表如表 4-6 所示（以后几年均相同）。

表 4-6　AB 公司 2012—2016 年度损益表　　　　　单位：欧元

项　目	数　额
销售收入	16 640 000
产品销售成本	12 480 000
销售及管理费用	890 000
折旧费用	600 000
税前利润	2 670 000
所得税费用	907 800
税后利润	1 762 200

　　在未来 5 年内，每年的利润均为 1 762 200 欧元，但是现金流却不同。在 2004 年度，由于产品销售收入增加，应收账款、存货、应付账款均增加。销售收入增加后，新的应收账款为 4 160 000 欧元，存货为 3 120 000 欧元，应付账款为 1 248 000 欧元。应收账款和存货共增加 1 680 000 欧元。应收账款和存货属于公司的资产，资产增加需要公司增加投资。但由于同时应付账款也增加了 288 000 欧元，所以公司只需投入资本 1 392 000 欧元。因此，在 2012 年度公司的现金流等于税后利润加上折旧，减去运营资本增加额，等于 970 200 欧元。2013—2015 年公司现金流为税后利润加上折旧，等于 2 362 200 欧元。因为只考虑 5 年期内的效果，2016 年公司收回运营资本投资 1 392 000 欧元，现金流为 3 754 200 欧元。与未发生变化相比，现金流序列变化情况如表 4-7 所示。

表 4-7 发生情景二情况下的现金流序列变化情况

年 度	2012	2013	2014	2015	2016
原始现金流(欧元)	1 728 600	1 728 600	1 728 600	1 728 600	1 728 600
变化后现金流(欧元)	970 200	2 362 200	2 362 200	2 362 200	3 754 200
变化值(欧元)	−758 400	633 600	633 600	633 600	2 025 600
折合成人民币(元)	−9 100 800	7 603 200	7 603 200	7 603 200	24 307 200
折现因子	0.833 3	0.694 4	0.578 7	0.482 3	0.401 9
累计现值(元)	14 014 920.96				

从表 4-7 中的数据可以看出,在这种情景下,尽管欧元贬值,公司价值反而增加了,增加值为 14 014 920.96 元人民币。其主要原因在于公司产品富有弹性,如果产品缺乏弹性,结果就会相反了。

情景三:当欧元贬值后,公司在保持产品价格竞争力不变的情况下可以提高价格。为使对应的人民币价格保持不变,公司产品价格可以提高到 13.07 欧元。此时,公司有理由相信,由于产品价格的相对竞争优势未发生变化,销量很可能保持不变。并且仍然假设各种成本不变。在这种情景下公司的损益状况如表 4-8 所示。

表 4-8 AB 公司 2012—2016 年度损益表　　　单位:欧元

项 目	数 额
销售收入	13 070 000
产品销售成本	9 600 000
销售及管理费用	890 000
折旧费用	600 000
税前利润	1 980 000
所得税费用	673 200
税后利润	1 306 800

在未来 5 年内,每年的利润均为 1 306 800 欧元。在 2012 年度,产品销售收入增加,产品销售成本不变,因此应收账款增加,而存货、应付账款均保持不变。销售收入增加后,新的应收账款为 3 267 500 欧元,变化前应收账款为 3 200 000 欧元,增加 67 500 欧元。因此,在 2012 年度公司的现金流等于税后利润加上折旧,减去运营资本增加额,等于 1 839 300 欧元。2013—2016 年公司现金流为税后利润加上折旧,等于 1 906 800 欧元。2008 年公司收回运营资

本投资 67 500 欧元，现金流为 1 974 300 欧元。与未发生变化相比，现金流序列变化情况如表 4-9 所示。

表 4-9　发生情景三情况下的现金流序列变化情况

年　　度	2012	2013	2014	2015	2016
原始现金流（欧元）	1 728 600	1 728 600	1 728 600	1 728 600	1 728 600
变化后现金流（欧元）	1 839 300	1 906 800	1 906 800	1 906 800	1 974 300
变化值（欧元）	110 700	178 200	178 200	178 200	245 700
折合成人民币（元）	1 328 400	2 138 400	2 138 400	2 138 400	2 948 400
折现因子	0.833 3	0.694 4	0.578 7	0.482 3	0.401 9
累计现值（元）	6 045 665.04				

与情景二类似，情景三情况下公司价值也增加了，增加值为 6 045 665.04 元人民币。这里所增加的价值来自于产品利润边际的提高。同时，增加值少于情景二，说明在这种情景下公司没有能够很好地利用产品富有弹性的特点。

实际所发生的情况比例 4-5 中给出的几种情况复杂多了。例如，公司不仅以欧元销售，还可能以其他货币销售，原材料也可能从几个国家购买。另外，汇率变化后，产量和价格的变化可能是渐进的，每一阶段变化一定的幅度，等等。尽管如此，分析原理还是一致的。

4.4.2　经营风险管理战略

外汇风险中的三种类型风险既有区别，又有联系。例如，随着汇率的变化，可能导致外币现金流的变化，这种变化毫无疑问地属于经营风险。然而，当外币现金流换算成本币现金流时，又存在着折算问题。又如，尚未发生的、未知的交易所带来的风险是经营风险，随着时间的延续，当交易达成后就成了交易风险。正是因为其中存在着某种关联性，所以某些风险管理措施适用于不同类型的风险。比如，使用现金流匹配、外汇衍生工具等措施，不仅可以适用于折算风险、交易风险管理，也可用于经营风险管理。

当然，有时各种风险管理之间又是矛盾的。例如，跨国公司在对外销售中，如果以本币记价，会降低交易风险，但却可能潜伏着较大的经营风险。如果以外币记价，在汇率变动时国外市场的销售所受影响会小一些，因此降低经营风险，但同时却加大了交易风险。在进行风险管理时，在几种风险发生矛盾的情况下，应以经营风险管理为主，其次为交易风险，最后考虑折算风险。

因为汇率的变化影响着公司经营的所有方面，所以经营风险管理不仅仅涉及财务领域，还涉及市场、生产的各个方面，经营风险管理措施是广泛的。除了与折算风险和交易风险管理措施相类似的几种具体方法外，还包括下述两个层次的战略性措施：分散化战略措施和调整性战略措施。

1. 分散化战略

风险管理的目标是使公司的利润、现金流乃至公司价值在影响因素发生变化的情况下，尽可能保持平稳，也就是降低变化的可能性，而不是在可能变化的情况下追逐最好的结果。所谓分散化风险管理，是指公司在销售市场、生产设施、原材料供应、资本来源等方面进行方式和地区分布的多样化，从而使各种非预期的波动相互抵消，达到风险管理的目的。以上措施中除了资本来源多样化称为融资分散化（Diversifying Financing）之外，其他措施称为经营分散化（Diversifying Operations）。分散化战略降低风险的原理在于，各个国家和地区的汇率变化很可能是不同的（包括变化方向和大小不同），汇率变化对公司的经营环境的影响可能也是不同的，跨国公司某个子公司的损失很可能在一定程度上被另一个子公司的收益所抵消。当然，分散化降低了不利情况下损失的可能性，同时也降低了在有利情况下获取更多收益的可能性。

分散化战略除了能够被动地抵御风险之外，还可以通过各地子公司的经营信息，判断国际市场的不均衡性，从而采取主动措施，在汇率发生变化后能够使公司处于更有利的地位。不论如何，分散化战略只需要事后对汇率的变化做出反应，而不需要事前预测。例如，购买力平价可能暂时处于非均衡状态，尽管这种变化是非预期的，但跨国公司可以通过设立在世界各地的子公司相对成本状况、相对边际利润和销售量等信息判断这种变化。又如，国际费雪效应暂时处于非均衡状态，跨国公司也可以通过在各地的融资成本变化感受到。这样的信息属于内部信息，而非市场公开信息。等到获得市场公开信息时，市场本身已经进行了调整，非均衡的状况已经得到了改善。感受到这种变化，跨国公司既可以改变各个子公司的原材料来源、构成等因素，也可以在各个生产之间转移生产，或者改变融资来源。分散化措施为进一步实施战略性调整提供了赖以决策的信息和可能性。分散的经营为跨国公司进行各种转移提供了很大便利。如果没有分散化，即使市场出现了机会，也很难快速反应。

经营分散化和融资分散化同时使用会获得更佳的分散化效果。在有些情况下这两种分散化措施是相互补充的。例如，有时在技术上由于存在生产规模要求等，更适应于集中性生产，在这种情况下可以采取融资多样化实现风险分散的要求。而有时由于公司知名度小，与世界各大银行之间尚未形成良好的关系，分散化的融资就会受到阻碍，在这种情况下可以采取销售市场多样化实现风险分散的要求。

实际上，分散化远非仅仅起到分散外汇风险的目的，而是能够起到分散多种风险的目的。例如，能够规避由于各国经济周期变化所引起的经济风险，能够规避政权更换所引起的政治风险，等等。

2. 调整性战略

调整性战略，指跨国公司根据对汇率的变化、市场走势的判断，在经营的各个方面进行调整，以适应变化的趋势，提高全球竞争地位。一般情况下，这种调整以全球分散化为基础和条件。因此，这种战略也称为第二层次战略。当然，分散化战略和调整性战略也不一定严格地存在着依赖性。

战略性调整涉及公司经营的各个方面，包括产品、生产、市场、原料供应等方面。关于跨国公司融资将在后面的章节中详细论述。

(1)产品策略

跨国公司经常通过改变它们的产品策略来应对所面临的汇率风险。产品策略包括诸如新产品的介绍、生产额度决定和产品创新。应付汇率波动的一个方法就是改变介绍新产品的时间，比如在本币贬值后的一段时间，由于具有竞争性价格优势，这段时间就成为发展品牌专利的理想时期。

汇率的变动也影响了市场份额的决定。本币贬值后，公司将能扩大其生产额度来满足广大范围的国内外消费者的需要；反之，本币升值将会迫使公司适应较小的市场份额，将其目标定位于那些高收入、更注重产品质量、对价格不是特别敏感的顾客群。货币升值、贬值对于公司的影响还要结合产品的需求价格弹性而定。

当本币升值时，尽管产品价格的上升可能会侵蚀公司市场份额，但此时确是跨国公司增加研发预算、实施产品创新的好时机。当日元升值时，日本出口商将生产的产品从普通式样的商品转变成更复杂、价值更高的产品。这种转变是成功的，高科技、高品质产品的需求价格弹性通常较低，货币升值对这些产品的需求量影响不大。

(2)市场策略

选择合适的市场是跨国公司的一项极其重要的任务。在本币波动的情况下，及时改变市场策略能够为跨国公司获得竞争优势提供大量机会。例如，在20世纪80年代早期，美元十分坚挺，美国公司丧失了大量市场。对于外国公司来讲，坚挺的美元是迫使它们的美国对手放弃市场份额的黄金时机。日本和欧洲的公司利用汇率变化所造成的低成本优势寻求与美国竞争者的对抗，分割市场份额。然而，在美元升值之后的贬值，又帮助美国公司回到了它们的海外竞争者的谈判桌旁。

（3）定价策略

制定定价策略，首先需要确定策略的目标是市场份额还是利润率。例如，当美元贬值时，从美国向外销售商品在世界市场上将具有竞争性的价格优势。美国的出口商面临着两种选择：既可以提高以美元表示的价格而使其在国际市场上的价格保持不变，从而提高利润率；还可以保持其美元价格不变，使产品在国际市场上的价格下降，从而扩大市场份额。当然，这样的决策受多种因素的影响，如汇率的变化是否能持续、扩大市场份额是否存在规模经济优势、提高产量是否会促使成本上升、消费者价格敏感程度（需求价格弹性）和高利润率政策是否能够使竞争优势保持持久等。

如果存在潜在的规模经济优势，那么扩大产量将会很有价值。如果产品的需求价格弹性大，公司会发现降低产品国际市场销售价格，将会使公司的市场份额扩大更多，销售收入大幅度增加。

（4）生产策略

生产策略更多地涉及生产转移和原材料供应转移。

分散化经营的跨国公司面临着可能产生的汇率风险有着更多的选择。跨国公司可以综合分析价格、成本等因素，在各个子公司之间分配产量。例如在本币贬值的国家增加产量，在本币升值的国家降低产量，从而降低产品生产成本。在原材料供应方面，在全球市场寻求廉价资源同样也可以使公司利用汇率的变化来管理经营风险。在20世纪80年代初期，当时美元升值，大多数美国公司增加了它们的全球采购。原料来源分散化降低了跨国公司的经营风险。

【本章精要】

外汇风险，又称汇率风险，是指当汇率发生变化时，跨国公司子公司的盈利性、现金流以及公司价值随之变化，进而导致跨国公司整体价值变化的可能性。汇率的波动引起子公司盈利性以及现金流的变化，但这是否对跨国公司母公司股东价值构成影响，在理论界存在着两种相反的观点：有关论和无关论。

本章主要讲解了三种外汇风险，即折算风险、交易风险和经营风险。折算风险，又称会计风险、会计翻译风险等，是指在跨国公司将子公司财务报表从东道国记账货币转换成母公司记账货币的过程中，资产、负债、权益发生变化的可能性。而当跨国公司因进行对外交易而取得外币债权或承担外币债务时，由于交易发生日的汇率与结算日的汇率不一致，可能使收入或支出与预期相比发生变动，这种风险称为交易风险。经营风险，又称经济风险、竞争风险，或者战略风险，指非预期的汇率变动通过影响跨国公司生产销售数量、价格、成本等，导致公司国际竞争地位发生变化，因此引起的预期运营现金流的不确定性。

由于跨国公司的资产负债表中的不同项目性质各异，人们对不同项目是否都面临折算风险的看法不一致，由此也产生不同的折算方法。主要有以下四种折算方法：流动/非流动折算法、货币/非货币折算法、时态法和当前汇率法。然后，本章介绍了折算风险管理的三种方法，即资金调整法、外汇衍生工具法和风险抵消法。

交易风险通常在以下几种情况下出现：以外币表示的商品和劳务的赊账买卖；以外币表示的借款或贷款；外汇远期交易或者期货合约的多头或空头，也会因汇率变动而可能蒙受损失；其他以外国货币表示的资产或者负债。进行交易风险管理的方法有很多种，基本方法主要有三种，即远期合约法、货币市场借贷法和外汇期权合约法。

要测定一个公司的经营风险，应从汇率变化对销售收入、销售成本的影响方面入手。其他条件不变，如果汇率发生变化，只要销售收入和销售成本发生变化，公司即可能面临着经营风险的影响。除了与折算风险和交易风险管理措施相类似的几种具体方法外，还包括下述两个层次的战略性措施：分散化战略措施和调整性战略措施。

【推荐阅读】

[1]刘晓宏. 外汇风险管理战略. 上海：复旦大学出版社，2009.

[2]梁建峰，刘京军，田凤平. 人民币外汇市场风险管理研究. 北京：经济管理出版社，2012.

[3][德]哈卡拉，威斯图普. 外汇风险：模型工具和管理策略. 戴金平，李治译. 天津：南开大学出版社，2004.

[4][美]汉智. 金融学前沿系列：外汇货币及衍生品市场的风险管理. 周凯译. 成都：西南财经大学出版社，2009.

【参考网站】

下面网站通常可查阅一些关于外汇风险的报道。

1. 中国银行外汇牌价网：http://www.boc.cn/sourcedb/whpj/；

2. 汇通外汇门户：http://www.fx678.com；

3. 环球外汇网：http://www.cnforex.com；

4. 国家外汇管理局官方网站：http://www.safe.gov.cn。

【学习指引】

有关即期汇率和远期汇率波动情况可以参考网站：http://www.oanda.

com，http://www.ny.frb.org（纽约美国联邦储备银行），http://www.
bmo.com；关于跨国公司风险暴露的评价可以参考网站：http://www.reportgal-
lery.com。另外，还可以通过搜索引擎查找你所感兴趣的跨国公司，考察其外
汇风险暴露情况。

【练习题】

一、名词解释

外汇风险、折算风险、交易风险、经营风险、流动/非流动折算法、货币/
非货币折算法、时态法、当前汇率法

二、简答题

1. 什么是会计风险、交易风险和经营风险？其中的联系和区别是什么？
跨国公司为什么要区分三种风险？

2. 折算风险和交易风险的管理措施有什么相同和不同之处？

3. 折算风险有必要进行管理吗？请分析进行折算风险管理给公司带来的
好处和坏处。

4. 你认为外汇远期合约和期权合约哪个更适合于进行交易风险管理？

5. 外汇远期合约和货币市场借贷法均能用于外汇风险管理，在什么情况
下两者效果相同？在什么情况下效果不同？

6. 利用第 2 章中所学的外汇衍生工具知识，设计一种利用合成期权进行
外汇风险管理的方法。

7. 假设国际工程公司想对日本的建筑项目投标进行套期保值，但是因为
日元的风险暴露只有投标被接受时才会存在，国际工程公司决定为 150 亿日元
的投标购买一份择售期权而不是出售远期合约。为了减少套期保值成本，国际
工程公司同时出售了一份具有同样执行价格的 150 亿日元择购期权。评价国际
工程公司的套期保值战略。

三、计算题

1. 一家英国公司向美国某公司出售引擎并从其购买零件。假设有一笔 15 亿
美元的应收账款和一笔 7.4 亿美元的应付账款，另外公司还有 6 亿美元的借款，
并且假设应收账款、应付账款、借款的到期日相同。当前汇率是 $1.512 8/£。
这家英国公司用美元和用英镑表示的美元交易风险暴露各是多少？假设英镑升
值到 $1.764 2/£，这家英国公司用英镑表示的美元交易风险损益是多少？

2. 利用书中表 4-2 的数据，计算在货币/非货币折算方法下的折算风险
暴露。

3. 假设美国贝尔公司的英国分公司在年初和年末的流动资产是 100 万英

镑,其中存货20万英镑(市价),固定资产200万英镑,流动负债是100万英镑,没有长期负债。在流动/非流动折算法、货币/非货币折算法、时态法和当前汇率法下的英国贝尔分公司的会计风险暴露分别是多少?

4.使用书中例4-5的数据,假设公司产品的需求价格弹性等于30%,按照情景二和情景三的分析方法分析公司的经营风险。

四、讨论与思考题

通过互联网查阅一家中国跨国公司的情况,分析其各种外汇风险,并提出风险管理的建议。

【案例分析】
汇率波动对跨国公司经营状况的影响

人民币汇率的波动以及人们对人民币升值预期的差异,在很大程度上影响着很多跨国公司经营状况,其中我国四大航空公司便是一例。航空公司的资产主要由外企提供,通常交易过程中涉及大量外币负债,因而对外币依赖性较大。从长期来看,近年来我国航空公司多以美元外债为主,并借此享受着人民币升值带来的增值。不过,短期来看,航空公司也是面临着汇率变动的冰火两重天。例如,2012年上半年,人民币贬值使得四大航空公司账面净利润集体下滑——据统计外汇损失可能在10亿元人民币以上;而下半年,人民币升值又为航空业带来较高的利润空间。

讨论问题:

(1)人民币升值的原因是什么?

(2)哪些类型的企业对汇率变动较为敏感?

(3)如果你是航空公司的财务负责人,面对当前外汇市场状况和我国外汇管理体制,你会对航空公司外汇管理提出哪些建议?

第 5 章　跨国公司内部财务体系

【本章学习目标】

1. 了解跨国公司内部财务体系的概念作用；
2. 熟悉税收套利的动因和跨国公司内部财务体系对经营管理的影响；
3. 掌握跨国公司内部贷款、转移价格的作用和特征；
4. 理解应收应付管理中的资金转移和支付网络。

【引导案例】

深圳转移定价案

2012 年 6 月 14 日，深圳市国家税务局经过一年多的调查审计，一家全球 500 强集团在深圳投资的某科技公司的"转让定价"案件终于结案——以深圳市国家税务局追缴 1 亿多元税款而告罄。据悉，世界 500 强设在深圳的某国际系统科技公司，成立于 2005 年。在三年免税期内盈利颇丰，却在三年免税期结束后，于 2008 年改变企业经营模式，即从进料加工生产模式转变为来料加工模式①，随之，该公司的主营业务收入急剧下降。分析显示，仅在 2008 年当年主营业务收入便由前一年的上百亿元降低为 3 亿多元，利润也骤减为 2 000 多万元。但调查却发现，该公司的生产经营规模和员工人数始终处于扩张状态，这显然与盈利表现有悖。不过，因这家公司业务涉及转移定价且无可比案例，直至 2011 年年底，该集团公司方才无奈承认深圳市国税局的调整方案及补税决定。

跨国公司内部财务体系如何实现价值最大化？转移定价可以为企业带来哪些经济利益？如何运用转移价格规避国际税收而不违反各国法律？是否还有其他替代方法实现国际避税？跨国公司避税套利的动机又是什么？这些都是跨国经营中会遇到的重要问题。

资料来源：陶静等，《深圳国税查处 500 强企业避税案，追缴税款过亿》，http://www.sznews.com/news/content/2012-06/14/content_6842273.htm，2012-06-14。

---

① 来料加工方式的物料所有权归外方，境内加工企业不拥有所有权，也不用结汇，相当于使用别人的物料加工。进料加工方式则需要加工企业结汇，境内加工企业拥有物料所有权，相当于自己进口物料加工。

　　跨国公司内部财务体系（Multinational Financial System）①是跨国公司内部进行资金转移机制的总和。类似的财务体系并不仅存在于跨国公司中，在进行国内经营的集团公司中也存在。然而，由于跨国公司所面临环境的特殊性，所面临市场更高程度的不完美性，使得这种机制的作用更为明显。因此，本书单列一章讨论跨国公司内部财务体系。

　　跨国公内部司财务体系也是一种运营的手段，这种手段的对象是跨国公司的资本资源，通过对资本资源的配置，实现跨国公司价值最大化。学习本章的目的，是认识跨国公司内部财务体系的组成，熟悉如何运用跨国公司资本转移机制，达到公司经营的目标。

5.1　跨国公司内部财务体系概述

5.1.1　跨国公司内部财务体系的相关概念

　　跨国公司常常利用内部贷款（Intercompany Loans）、转移价格（Transfer Prices）、内部结算（Reinvoicing)和股息支付等内部转移机制，在母公司和各个子公司之间转移资金和利润，这些转移机制的总和称为跨国公司内部财务体系。

　　所谓内部贷款，是指跨国公司母公司与子公司以及子公司之间相互提供资金，或者一方提供贷款担保，使得另一方获取资金，从而在跨国公司内部相互调剂资金余缺。

　　所谓转移价格，是指跨国公司以其全球战略为依据，在母公司与子公司之间或者子公司与子公司之间进行商品、劳务等交易时所采用的内部结算价格，其中包括贷款利息、租金、技术转让费和管理费等的支付。跨国公司通过确定与外部市场不同的转移价格，可以间接地实现资金的转移。例如，母公司向子公司提供某种关键技术。如果母公司根据定价原则确定某项技术的价值应为100万美元，当母公司将此项技术转让给子公司时，子公司要向母公司支付100万美元的技术转让费。这种支付可以是一次性的，也可以分多次支付。如果母公司不是按照该项技术的实际市场价值收取技术转让费，而是按照更高的价格如150万美元收取，这样实际上是将子公司的利润转移到了母公司，也就相当于子公司向母公司转移了资金。

　　内部结算是另外一种内部转移机制。所谓内部结算，是指在跨国公司内部

---

　　①　中英文有差别。在确定中文名词时，考虑财务体系过于宽泛，界定为内部财务体系更能准确反映实质内容。

建立内部结算体系，成立内部结算中心，在内部所发生的应收应付由该结算中心统一管理。对于任何一个公司，应收款是一项短期投资，而应付款则是一种短期融资。通过内部应收应付管理，实现资金的转移。另外，统一结算还可以节约外部结算费用，因此内部结算也会为跨国公司带来额外的利润。

股息支付指跨国公司在国外投资建立子公司后，为获取投资收益并收回投资本金，在考虑各种影响因素下所确定的子公司支付给母公司股息的数额和时机。不同的股息支付额和支付时机影响母子公司之间的资金流动和价值。

5.1.2　跨国公司内部财务体系的作用

跨国公司的内部资本转移机制在跨国公司内部建立了一个资本市场，或者在一定程度上以内部资本市场替代外部资本市场。在完美资本市场中，资本能够自由流动，并且资本的流动总是趋向于高边际收益的用途，从而使得每一单位资本都创造出最大的产出，得到最有效的使用。然而，不完全的资本市场，阻碍了资本的流动，限制了资本使用的效率。全球资本市场与国内资本市场相比，重要的特点之一是不完美性的程度更高。例如，首先全球资本市场存在着地域上的分割，其次各个国家资本市场之间经济社会环境不同导致市场分割，最后法律制度不同、货币种类不同导致分割，等等。跨越国境进行经营的公司与单纯进行国内经营的公司相比，所面临的市场是更不完美的资本市场。资本市场的不完美性，意味着资本没有获得最有效的配置。为了更加有效地利用有限的资本资源，有必要在公司内部建立一种机制，使得资本绕过天然的和制度性的障碍，在跨国公司内部顺畅地流通，实现资本资源的更有效利用。

市场的不完美性也为跨国公司套利（Arbitrage）提供了条件。跨国公司利用财务体系套利的具体方式有税收套利（Tax Arbitrage）、金融市场套利（Financial Market Arbitrage）和管制套利（Regulatory System Arbitrage）。所谓税收套利，是指跨国公司利用内部转移机制，从整体的角度节约所得税和关税等的支出。由于各国税制和税率不同，当跨国公司将利润从高所得税地区转移到低所得税地区时，通常可以实现所得税节约。

一般的金融市场套利，通常指套利者利用市场的不完美性，在金融市场上进行一系列的操作，从而获得无风险收益。而跨国公司金融市场套利则有所不同，通常指跨国公司利用内部财务体系，规避外汇管制，减轻不完美市场带来的不利影响，以期获取更高收益，降低借款的资本成本，开辟新的资本来源等。例如，跨国公司可以在多个国家金融市场进行融资，因此可以选择较低利率的市场融资。

所谓管制套利，通常指跨国公司为规避东道国的各种非金融性管制或者制约，而采取的一系列措施。管制与制约的形式多种多样，其目标在于保护东道国的利益。例如，东道国限制跨国公司产品的价格，限制跨国公司利润水平，或者受到工会的压力而需要提高工资等。在这些情况下，跨国公司转移利润使东道国的子公司处于低利润水平或者亏损状态，将能提高跨国公司的谈判地位。

跨国公司利用转移机制进行套利，对于东道国可能产生不利的影响，如减少税收收入。因此，很多国家对于跨国公司进行资金转移都有较为严格的限制，如限制随意制定转移价格，限制跨国公司内部应收应付的随意性管理等。但不论如何，管制与规避管制总是矛盾的对立面，出现管制总会有规避管制的措施。当然出现规避管制的行为后，也总会引致新的管制措施出台。只要存在管制行为，总会有规避管制行为的存在。对于一般产品而言，公允的转移价格容易确定，而对于某些无形产品，公允的转移价格很难确定。因此，尽管可能存在严格的管制措施，转移机制仍然存在着实施的可能性。

5.1.3 税收套利的动因

跨国公司经营的目标是公司价值最大化，如果跨国公司在总体上能够合法地减少税负支出，必然能够增加公司现金流，提高公司价值。因此，尽管各国政府不断采取措施反避税，在跨国公司经营中，总是存在着利用各国税法的差别进行避税的动机。各国税收差异主要体现在以下几个方面。

1. 纳税税率的差别

在所得税率的规定上，世界各国存在着很大差别，如表 5-1 所示。有的国家的所得税率高达将近 60%，较低的则仅为 20% 左右，甚至零税率。无所得税或者低所得税的地区或者国家通常称为避税地或者避税港。例如，世界上著名的避税港有巴哈马、英属百慕大群岛、英属开曼群岛、法属新喀里多尼亚等。这些避税港完全免除个人、公司所得税和财产税。另外，有些避税港虽然有税收，但是税率很低，例如列支敦士登公国、巴拿马等。

表 5-1 部分国家税率表(2012 年)　　　　　　　　单位：%

国　　家	个人税率	企业税率	国　　家	个人税率	企业税率
澳大利亚	47.5	30	法　国	50.7	34.4
奥地利	50	25	德　国	47.5	30.2
比利时	53.7	34	英　国	50	24
加拿大	48	26.1	匈牙利	16	19

国　家	个人税率	企业税率	国　家	个人税率	企业税率
智　利	40	20	日　本	50	39.5
捷　克	15	19	韩　国	41.8	24.2
丹　麦	60.2	25	墨西哥	30	30
爱沙尼亚	21	21	土耳其	35.7	20
芬　兰	49	24.5	美　国	41.9	39.1

资料来源：http://www.oecd.org/tax/tax-policy/，2013-03-01。其中个人和企业税率为最高所得税率，企业税率为国家和地方政府合计税率。

2. 应纳税收入确认的差别

各国税法对应纳税收入有不同的确认方法。通常，国际上对跨国公司在国外的子公司的收入征税存在着两种不同的做法：一种是"属地原则"，即只有在领土范围内产生的收入才能成为应纳税收入，凡是产生于领土范围之外的收入，不论其受益者是何人，都不予以征税；另一种是"属人原则"，即只要是跨国公司所获得的收入，不论是哪个子公司在哪个国家所获得，都在应税范围之内。

3. 税种设置的差别

各个国家在税种的设置上也不尽相同。除了所得税外，有的国家征收增值税，而有的国家不征收增值税，等等。

4. 税收管理效率上的差别

各国税种和税率的差异，导致同样的收入在不同国家的税负不同。不仅如此，即使税种和税率相同，由于税收征管效率不同，也会导致实际税负不同。如果税收征管效率低，纳税人很容易偷漏税，虽然税法规定了纳税人很高的纳税义务，实际税负却不高。

5. 国际间避免双重征税方法的差别

国际上的双重征税是指两个或者两个以上国家对同一纳税人就同一纳税对象在同一时期内重复征税。如果采用"属人原则"确认纳税对象，就会出现重复征税的问题。为了避免重复征税，各国采用了不同的方法，包括抵免法、免税法和税收协定等多种形式。

抵免法是指东道国允许本国纳税人在本国税法规定的限度内，用已在收入来源国缴纳的税款，抵免应就其在全球范围内所得向东道国缴纳税款的一部分。抵免法有全额抵免和限额抵免两种。全额抵免指不管纳税人在收入来源国纳税多少，全部给予抵免。限额抵免法指抵免额不得超过纳税人在外国获得的收入按照征税国税率计算所应缴纳的税款。我国目前采用的就是限额抵免法。

免税法是指对于东道国纳税人来源于国外的所得和存放在国外的财产并已在国外纳税的那部分跨国收入、所得或者财产价值予以免税。免税法分为全额免税和累进免税。全额免税是指征税国在确定纳税人适用税率时完全不计入在国外所获得的收入。而累进免税法指虽然纳税人在国外所获得的收入免税，但是在确定适用税率时要计入纳税人在国外所获得的收入。目前实行免税法的主要是欧洲大陆和拉丁美洲的一些国家。

税收协定法是指通过有关国家签订双边税收协定，以避免双重征税的一种方法。

5.1.4 跨国公司内部财务体系对于经营管理的影响

跨国公司利用跨国转移机制可能增加总体价值，但同时也带来一系列的问题。

1. 对于经营成果的扭曲

跨国公司通过转移机制将一个子公司的利润转移到另外一个子公司，显然会影响有关子公司的财务报表的结果以及子公司现金流，因此会扭曲各有关子公司的经营成果。跨国公司为了更准确地反映各个子公司的准确经营情况，应对这种扭曲进行内部调整。

2. 对子公司经营者激励的影响

对子公司经营者的激励来自于两个方面：一是工资等货币收入；一是货币收入之外的激励，如在职消费、社会地位等。委托代理理论认为，代理人有动机不断地扩大自己的帝国。第二种激励随着子公司规模的增大而增加。当跨国公司进行资金转移时，可能会人为地扩大某个子公司的规模，同时缩小其他子公司的规模，因此造成对子公司经理激励的影响。这种跨国公司内部转移机制对于子公司经理激励的影响必须在转移资金的同时予以考虑。

3. 对跨国公司整体价值的影响

跨国公司的价值增加主要来源于投资项目（广义的投资）对于公司价值的贡献，也就是投资项目的净现值影响公司价值的增加。如果公司决策层的投资决策准则发生变化，不是以公司价值最大化为目标，而是以内部控制者价值最大化为目标，则内部转移机制可能会给公司价值带来负面影响。

如果跨国公司的所有权与经营权相分离，并由此出现公司经营决策由内部经理控制而不是股东控制，由于内部控制者与股东的利益常常不一致，在这种情况下有可能出现跨国公司投资决策准则的扭曲。例如，跨国公司内部控制者能够从某一个子公司中获取更多的好处，并且这种好处随着子公司收入的增加而增加，随着子公司规模的扩大而增加，则内部控制者可能会以损失跨国公司整体价值为代价而扩大该子公司的规模。

4. 对东道国股东价值的影响

当跨国公司的国外子公司不是独资子公司时，跨国公司在进行内部资金转移时会影响东道国股东的价值：降低资金转出方股东的价值，增加资金转入方股东的价值。因此，这种转移机制常常受到资金转出方子公司东道国股东的制约。

5.2　内部贷款

跨国公司进行内部资金转移的一种主要方式是内部贷款，在很多情况下也是跨国公司唯一合法的资金转移方式。跨国公司内部贷款的方式有很多种形式，但最常用的方式有三种，即直接贷款（Direct Loans）、"背对背贷款"（Back-to-back Loans，Fronting Loans，Linking Loans）和"平行贷款"（Parallel Loans）。一般情况下，跨国公司使用内部贷款可以主要起到如下三方面的作用：①降低资金冻结风险。首先，如果东道国对外国母公司收回资本控制较为严格，以偿还借款本息的方式能够在一定程度上规避控制；其次，贷款有固定的利息和本金，有固定的还本付息的期限，为母公司收回投资提供了保障。②减轻税负。各国通常对于利息所得征收的所得税低于对股息所得征收的所得税，因此跨国公司以贷款的形式而不是股权投资的形式向子公司提供资金能够降低税负。③节约贷款成本。跨国公司内部贷款主要是公司内部决策，外部银行有时仅起到中介作用。银行由于参与跨国公司内部贷款，一般不会增加风险。因此，与独立向企业贷款相比，银行可以接受较低的收入。从这个角度看，跨国公司内部贷款与外部贷款相比，能够节约贷款成本。

5.2.1　直接贷款

所谓直接贷款，指跨国公司不通过任何中介，直接向子公司提供资金，或者一个子公司向另一个子公司提供资金。贷款的币种可以有多种选择，如美元、欧元、日元等。究竟使用哪种货币，取决于各种货币之间的相对利率的高低，以使跨国公司在整体上支付的利息成本最低。当然，使用的货币种类也取决跨国公司以及各个子公司中能够提供的货币种类。另外，使用直接贷款与向银行贷款一样，也要向资金提供者支付利息。并且，很多国家为了避免外汇和税收的流失，规定跨国公司之间的直接贷款利率要使用当时的市场贷款利率。

尽管同样要支付利息，使用直接贷款与使用银行贷款相比，能够为跨国公司带来一定的好处。首先，直接贷款形式能够减少跨国公司的支出。当跨国公司有富余资金时，即使以银行存款形式能够获得利息，但存款利息与贷款利息相比通常也要低许多。另外，直接贷款还能节约手续费支出，并且减少银行等金融中介机构对于公司经营的审核和制约。其次，直接贷款也是一种投资形式。这种投资形式与股权投资相比，跨国公司以贷款利息的形式更容易从东道国收回投资收益，尤其是在东道国限制股息支付的情况下。

5.2.2 背对背贷款

背对背贷款不是跨国公司母公司对子公司或者子公司对子公司直接提供资金，而是通过金融中介机构，间接地向资金需求方提供资金。以母公司向子公司贷款为例，背对背贷款通常是母公司将资金存入所在国的银行，然后由该银行向跨国公司国外的子公司提供贷款。从表面上看，子公司所获得的资金是银行所提供的，但实际上还是由母公司所提供的，贷款银行仅仅起到了一个中介作用。银行所获得的收入是子公司支付的利息与母公司从银行所获得的利息之差。背对背贷款中的现金流动如图5-1所示。

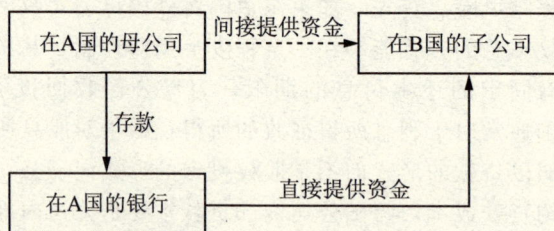

图 5-1　背对背贷款

背对背贷款中存款与贷款所涉及的货币可以相同，也可以不同。例如，中国母公司将美元存到中国银行，中国银行的海外机构可以向跨国公司海外子公司贷出美元，也可以贷出当地货币，或者其他货币。与存贷同种货币相比，存贷不同种类货币，银行承担汇率变动的风险，也会相应地要求获得补偿。

与直接贷款相比，背对背贷款具有如下的优点。

1. 降低预提税

很多国家对于流出的收入提取预提税（Withholding Tax），但对于支付给银行贷款利息和支付给跨国公司母公司的利息所提取的预提税率不一致，支付给银行贷款的利息预提税通常要低一些。因此，跨国公司通过背对背贷款能够减少预提税的支出。

2. 降低管制风险

对于国际上著名的大银行，子公司所在国更愿意保持良好的信用记录，因此对于跨国公司子公司偿还给银行的贷款本息限制较少。而对于跨国公司母公司则顾虑较少，东道国政府很有可能延缓甚至控制子公司支付给母公司的贷款本息。在这种情况下，跨国公司使用背对背贷款能够降低外汇管制以及收归国有的风险。

例如，跨国公司与某银行达成背对背贷款协议，由跨国公司在某避税港的全资子公司 A 存入银行 200 万美元，每年获得 7％的存款利息。银行将这笔资金贷给跨国公司在另一个国家的子公司 B，贷款利率为 9％。在存款和贷款过程中不涉及外汇兑换，并且子公司 B 的有效税率为 30％。那么，子公司 B 每年的实际税后利息费用仅仅等于：

$$200 \times 0.09 \times (1-0.3) = 12.6(万美元)$$

跨国公司每年所获得的利息收入为 14 万美元。因为子公司 A 坐落在避税港，假设不存在所得税，也就相当于跨国公司子公司 B 以 12.6 万美元的税后成本每年向子公司 A 转移 14 万美元的收入。

3. 使用不可兑换货币

利用背对背贷款方式，在不需要直接获得的情况下也能使用不可兑换货币（Blocked Currency）。例如，美国施乐公司（Xerox）分别在巴西和菲律宾拥有子公司。基于全球经营战略，总公司拟使用在巴西获取的利润投入菲律宾，扩建厂房，扩大生产规模。要完成这项投资计划，总公司将面临着两种资金转移上的困难：①巴西政府对外汇流出控制严格，而且巴西雷亚尔（Brazilian Real）与菲律宾比索不可直接兑换；②总公司预计菲律宾比索将来可能贬值，也不愿意直接向菲律宾投资美元。使用背对背贷款，跨国公司则很容易解决这两个难题。由于巴西严格的外汇管制制度，在巴西的外国银行也更愿意单纯从事雷亚尔存贷款业务，而不涉及外汇兑换。如果美国大通银行（Chase Manhattan Bank）正好需要一笔雷亚尔以满足其放贷需要，那么大通银行很容易与施乐公司达成背对背贷款协议，由施乐巴西公司在大通巴西银行存入雷亚尔，而大通菲律宾银行向施乐菲律宾公司发放比索贷款。这样，美国施乐公司既满足了其战略发展的需要，又避免了外汇兑换以及由此带来的风险。

当然，上述安排是否合适，也就是施乐公司是否获益，取决于很多因素，如有关利息率的高低、汇率的预期变化、投入资金的机会成本等。无论如何，在存在外汇管制、信贷限制和其他市场不完全因素的情况下，这种背对背贷款安排通常是一种双赢安排，问题只是所获取的利益在参与方之间如何分享。

5.2.3 平行贷款

平行贷款涉及两对以上公司。以两对公司为例，平行贷款指在不同国家的两对公司之间的交叉贷款。平行贷款的具体形式多种多样。例如，中国的两家跨国公司 A 和 B，都在马来西亚拥有子公司，这四个公司即可以形成两对平行的贷款关系。如图 5-2 所示，在中国，跨国公司 A 贷款给跨国公司 B；而在马来西亚，跨国公司 B 的子公司贷款给跨国公司 A 的子公司。图 5-2 中的实线表示形式上的资金流向，虚线表示实际上的资金流向。两对平行贷款关系中所涉及的货币种类可以一致，也可以不一致。一般情况下，为了对于双方具有足够的约束性，两对贷款中所涉及的贷款数额应该是对等的，即跨国公司 A 贷给跨国公司 B 的数额与跨国公司 B 的子公司贷给跨国公司 A 的子公司的数额应该对等。如果涉及不同的币种，那么通常按贷款时的汇率计算出来的数额应该对等。贷款利息应结合各国市场利率以及汇率的预期变化而确定。

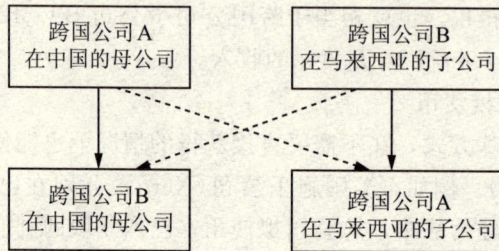

图 5-2　平行贷款(1)

平行贷款也可以发生在两个不同国家的母公司及其各自的子公司之间。如图 5-3 所示，中国的跨国公司在中国贷款给马来西亚母公司在中国的子公司，而马来西亚的跨国公司在马来西亚贷款给中国母公司在马来西亚的子公司。

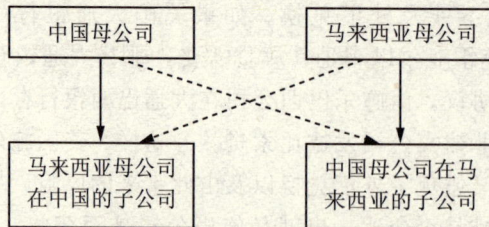

图 5-3　平行贷款(2)

实际上，以上两个平行贷款的例子就是直接贷款的一种变形。在形式上是平行贷款，在实质上就是跨国公司内部的直接贷款。然而，这种变形与直接贷款比较，使跨国公司免除了直接贷款中的外汇兑换，因此减少了外汇兑换中的手续费支付，也减少了外汇兑换中的麻烦，尤其是在使用不可兑换货币的情况下。

在实践中，跨国公司寻找能够进行平行贷款的对方可能会存在一定的困难，好在很多国际性银行提供这种服务。在平行贷款中，如果有银行参与的话，实际上就是一种外汇互换（Currency Swap）。银行为提供互换服务通常要从互换双方收取服务费，服务费通常占互换本金额的 0.25％～0.5％。

5.3　转移价格

5.3.1　转移价格的概念

转移价格是指跨国公司以其全球战略为依据，以跨国公司整体价值最大化为目标，在母公司与子公司或者子公司之间进行商品、劳务等交易时所采用的内部价格，其中包括租金、技术转让费和管理费等。

转移价格是跨国公司经营中的一种很常见的现象。例如，日本在中国的子公司生产汽车整车，但发动机由其在日本的子公司生产提供，这样日本跨国公司在中国的子公司和在日本的子公司之间就存在着商品交易。跨国公司总部为两个子公司之间商品交易所确定的交易价格就是内部转移价格。

当然，转移价格并不仅限于商品交易中出现的交易价格。跨国公司母公司以及各个子公司之间也经常存在着互派技术人员或者其他劳务，在这种情况下支付劳务工资、补贴等也是一种转移。如果子公司 A 向子公司 B 派出技术人员，技术人员的工资全部由子公司 A 承担，相当于子公司 A 向子公司 B 转移资金。如果派出技术人员的工资由双方共同承担，就相当于子公司 A 向子公司 B 部分转移资金。如果技术人员的工资全部由子公司 B 承担，除此之外子公司 B 还向子公司 A 提供技术转让费，当技术转让费偏离公允水平时也会出现资金转移。单纯的技术转让也存在着资金转移的现象。另外，跨国公司母公司也常向子公司收取管理费。在管理费水平的确定中也存在着资金转移现象。

跨国公司在制定转移价格时，不仅要使跨国公司整体支出的现金流最小，而且还要考虑公司的整体发展战略。当跨国公司转移经营中心时，转移价格的制定要使资金向新的经营战略重心转移。

5.3.2 转移价格的作用

转移价格同其他跨国公司转移机制一样，能够使跨国公司规避外汇管制，掩饰子公司利润，通过税收规划，降低税收支出，从而提高跨国公司整体价值，而不是子公司的价值。

【例 5-1】某跨国公司在不同的国家拥有两个子公司，子公司 A 的产品卖给子公司 B 作为原料，子公司 A 的所得税税率为 30%，子公司 B 的所得税税率为 50%，其他各项数据如表 5-2 所示。表 5-2 表明了两个子公司在不同转移价格情况下的损益状况，其中左半部分为在一个经营年度内，子公司 A 出售给子公司 B 原材料的转移价格确定为 1 500 万元，右半部分为转移价格提高为 1 800 万元后的结果。

表 5-2   转移价格对跨国公司所得税的影响   单位：万元

	转移价格前			转移价格后		
	子公司 A	子公司 B	净利润合计	子公司 A	子公司 B	净利润合计
收　入	1 500	2 200		1 800	2 200	
成　本	1 000	1 500		1 000	1 800	
销售利润	500	700		800	400	
其他费用	100	100		100	100	
利润总额	400	600		700	300	
所得税	120	300		210	150	
净利润	280	300	580	490	150	640

从表 5-2 中的数据可以看出，转移价格的提高产生两种效果：①提高了子公司 A 的净利润，降低了子公司 B 的净利润；②提高了跨国公司整体的净利润水平。一般情况下，子公司 A 向子公司 B 提供产品，如果：

①$t_A > t_B$，则转移价格制定得越低，跨国公司整体的经营成果越好；

②$t_A < t_B$，则转移价格制定得越高，跨国公司整体的经营成果越好。

式中：t_A 表示子公司 A 所在国的所得税率；t_B 表示子公司 B 所在国的所得税率。

【例 5-2】仍然以例 5-1 中的跨国公司为例，如果在子公司 A 向子公司 B 出售产品的过程中涉及关税，即子公司 B 所在国家向子公司 B 征收进口关税，税率为 10%，则两种转移价格下跨国公司的经营成果如表 5-3 所示。

表 5-3　转移价格对跨国公司所得税及关税的影响　单位：万元

	转移价格前			转移价格后		
	子公司 A	子公司 B	净利润合计	子公司 A	子公司 B	净利润合计
收　入	1 500	2 200		1 800	2 200	
成　本	1 000	1 500		1 000	1 800	
进口关税	0	150		0	180	
销售利润	500	550		800	220	
其他费用	100	100		100	100	
利润总额	400	450		700	120	
所得税	120	225		210	60	
净利润	280	225	505	490	60	550

表 5-3 表明，由于关税的作用，跨国公司净利润下降了，而且高转移价格情况下净利润下降得更多。提高转移价格会降低跨国公司整体的所得税，但却提高了关税。高关税抵消了所得税减少所带来的好处。因此，在高关税的情况下，不一定转移价格越高越好。

在本例情况下，以 x 表示两个子公司之间的转移价格，则跨国公司整体的净利润可以表示为：

$$NI = (x - 1\,000 - 100) \times (1 - 30\%) + (2\,200 - x - x \times 10\% - 100) \times$$
$$(1 - 50\%)$$
$$= 0.15x + 280$$

显然，随着转移价格的提高，跨国公司整体利润水平提高。如果将关税税率提高到 40%，则：

$$NI = 280$$

跨国公司整体利润水平与转移价格无关。

如果将关税税率提高到 50%，则：

$$NI = 280 - 0.5x$$

跨国公司整体利润水平与转移价格成反方向变化，即转移价格越高，整体利润水平越低。

一般情况下：

$$NI = (x - 1\,000 - 100) \times (1 - t_A) + (2\,200 - x - x \times T - 100) \times (1 - t_B)$$

只要：

①$x \times (1 - t_A) > (1 + T) \times x \times (1 - t_B)$，转移价格越高，对跨国公司越有利；

②$x \times (1 - t_A) < (1 + T) \times x \times (1 - t_B)$，转移价格越低，对跨国公司越有利；

③$x \times (1 - t_A) = (1 + T) \times x \times (1 - t_B)$，转移价格高低与跨国公司整体利润水平无关。

式中：t_A 表示子公司 A 所在国的所得税率；t_B 表示子公司 B 所在国的所得税率；T 表示关税税率。

5.3.3 对转移价格的管制

跨国公司按照内部转移价格进行公司内部的交易，可能会减少某些有关国家的税收收入，因此很多国家对跨国公司内部转移价格制定了专门的措施进行管制。这些管制措施一般是根据某些办法确定跨国公司内部交易的公允价格，并使用公允价格衡量跨国公司是否进行了利润转移。公允价格的确定方法通常有如下三种。

1. 市场价格法

市场价格法(Comparable Uncontrolled Price Method)是使用无关交易双方进行类似商品交易时的价格，或者以独立的市场价格作为基准，判断跨国公司内部交易价格是否公平合理。从理论上讲，这种方法最简单，所确定的价格标准也最为合适。然而，在实际操作中却会遇到很多困难。例如，由于交易产品的数量、质量、品牌、交易时间等方面可能存在差别，也就是产品标准化程度不高导致交易价格在一定程度上存在不可比性。另外，所交易产品的市场化程度也会起到影响作用，市场化程度越高的产品价格越容易比较，反之则不容易比较。

2. 再销售法

再销售法(Resale Price Method)以跨国公司最终对外销售产品时的价格为基础，扣除最终对外销售子公司的边际利润，来计算跨国公司内部的交易价格。例如，跨国公司子公司 A 向子公司 B 提供产品，由子公司 B 对外销售，子公司 B 对外销售产品的价格，扣除子公司 B 为出售该产品所赚取的利润，即为确定子公司 A 与子公司 B 之间转移价格的基础。如果子公司 B 不是直接出售，还应扣除子公司 B 进行再加工所投入的成本。当然，确认子公司 B 的边际利润并不容易，有时实际边际利润可能很高，或者可能很低，在这种情况下根据一般的边际利润所确定的转移价格基础可能不准确。如果存在产品的再加工，情况会更复杂。

3. 成本加价法

成本加价法(Cost-plus Method)以跨国公司内部交易的产品出售方的成

本，加上合理的边际利润，作为衡量转移价格的标准。这种方法通常在跨国公司内部交易的产品接受方并不直接再出售产品的情况下使用。在实际使用中，成本加价法也常遇到几方面的困难：①准确计算产品全部成本很困难；②如果公司生产的不是单一产品，在几种产品之间准确分摊成本也存在一定困难；③像再销售法一样，很难准确估计公司的利润边际是多少。

上述三种方法在限制跨国公司通过转移价格转移资金中都起到了一定的作用。但不论如何，随着产品向个性化的方向发展，随着产品科技含量的提高，尤其是跨国公司内部相互提供服务项目的增加，例如专利费、商标使用费等，跨国公司仍存在通过转移价格转移资金的较大空间。尽管服务项目收费很难有标准可依，但有关政府非常关注这些项目收费的变化。因此，跨国公司总是对长期性服务收费，根据转移策略，制定好初始的收费标准，例如总部收取的管理费，避免突然的变化。

跨国公司转移利润在很多国家都是一个敏感的问题和受关注的问题，因此跨国公司的转移定价经常收到东道国税务管理部门监察。为了避免事后监察的麻烦，很多跨国公司与东道国签订预约定价安排协议（Advance Pricing Agreement），事前确认母公司与子公司之间发生劳务、有形资产和无形资产交易、技术转让的关联定价方法。

5.4　应收应付管理

5.4.1　应收应付中的资金转移

跨国公司中的应收应付指跨国公司内部由于商品交易和提供服务非现金支付部分所形成的内部应收账款和应付账款。与一般情况下的应收账款和应付账款不同，跨国公司中的应收应付更多地是一种管理手段，而不是商品促销手段，也不必考虑应收账款不能到期收回的风险。当跨国公司内部形成的应收账款和应付账款发生变化时，实际上在有关各方发生了资金转移，这就是跨国公司的应收应付管理（Leading and Lagging）。

【例 5-3】跨国公司内部的子公司 A 和子公司 B 之间存在商品交易，子公司 A 向子公司 B 出售货物，每月销售额为 100 万元，非现金结算，信用期为 3 个月。则子公司 A 的账面上会存在 300 万元的内部应收账款，子公司 B 的账面上会出现 300 万元的应付账款。如表 5-4 所示，改变信用期，例如从 3 个月缩短到 1 个月，将会发生从子公司 B 向子公司 A 的 200 万元的资金流动；如果信用期从 3 个月延长到 6 个月，将会发生从子公司 A 向子公司 B 的 300 万元的资金流动。

表 5-4　跨国公司应收应付管理产生的资金流动　　　单位：万元

资产负债表项目	3 个月信用政策下的应收应付数额	1 个月信用政策下的应收应付数额	6 个月信用政策下的应收应付数额
子公司 A 应收	300	100	600
子公司 B 应付	300	100	600
净资金转移：			
从 B 流向 A	—	200	—
从 A 流向 B	—		300

　　跨国公司是否通过应收应付管理进行资金转移，主要取决于两方面条件：①各个子公司之间的资金保有量是否不均衡；②两个子公司所在金融市场上的利差。

　　如果存在应收应付的两个子公司，一个拥有富余资金，而另外一个缺乏资金，这种资金保有量的不均衡将会产生对应收应付管理的需要。即使两个子公司所在国家基准利息率不存在差异，但只要存贷款之间存在利差，也就是贷款利率高于存款利率，也使得应收应付管理存在着可行性。有富余资金的子公司不将资金存入银行获取存款利息收入，而是转移给需要资金的子公司，使需要资金的子公司不必支付贷款利息，将会使跨国公司节约相当于存贷款利差的支出。

　　当两个子公司所在的金融市场上存在利差时，资金转移的方向取决于两个市场的利差。一般情况下，资金转移的方向是从低利率国家向高利率国家转移。例如，美国和德国两个国家所在市场的存贷款利率如表 5-5 所示，如果跨国公司分别在美国和德国各拥有一个子公司，并且预计美元和欧元在近期内汇率将保持稳定，那么将会出现如下情况。

表 5-5　市场利率表　　　单位：%

市　　场	贷款利率	存款利率
美　国	3.8	2.9
德　国（欧元区）	3.6	2.7

　　①如果两个子公司均有富余资金，应使资金流向美国，利用美国市场的高利率，使尽可能多的富余资金获取在美国市场较高的利息。这样，跨国公司每

转移一个单位资本，将能获得 0.2％的利差收益。

②如果德国子公司有富余资金，美国子公司缺乏资金，显然应使德国子公司的富余资金流向美国子公司。利用这种操作，跨国公司每转移一个单位资本，将能获得 1.1％的利差好处。

③如果美国子公司有富余资金，而德国子公司缺乏资金，尽管美国市场利率较高，由于两个市场上都存在存贷利差，还是应使美国子公司的富余资金流向德国子公司，由此跨国公司每转移一个单位资本能够获得 0.7％的利差好处。

④如果两个子公司都缺乏资金，同第一种情况一样，跨国公司应从德国市场借款，使资金流向美国子公司，从而每单位转移资本获得 0.2％的利差好处。

【例 5-4】以表 5-4 中的数字为例，目前德国子公司对美国子公司的应付账款为 200 万美元，或者美国子公司对德国子公司的应收账款为 200 万美元，信用期为 3 个月。假设美国子公司目前缺乏 200 万美元的资金，而德国子公司正好有 200 万美元的富余资金，为调剂余缺，可以使德国子公司的富余资金流向美国子公司。为实现这种资金转移，应加速付款，使信用期缩短为 0，即付现款。

美国子公司节约借款成本：
$$200 \times 0.038 \times 90/360 = 1.9(万美元)$$
德国子公司减少利息收入：
$$200 \times 0.027 \times 90/360 = 1.35(万美元)$$
跨国公司整体共节约成本 5 500 美元。

成本节约数额也可以通过下式直接计算：
$$200 \times 0.011 \times 90/360 = 0.55(万美元)$$
即节约成本 5 500 美元。

使用应收应付管理进行资金转移与内部贷款很相近，但通常应收应付管理在资金转移的数额、时间等方面具有更大的灵活性，而且与内部贷款相比，政府管理较少。另外，跨国公司内部通过应收应付转移的资金不存在利息支付，给跨国公司转移资金提供了更大的空间。与其他转移机制一样，政府也同样对跨国公司应收应付管理实施管制，例如不允许经常性突然改变内部应收应付的数额。但是，由于需要将每一笔应收应付完全分离，才能区别跨国公司是否在通过应收应付管理转移资金，因此这种管制并不一定十分奏效。

5.4.2　支付网络

所谓跨国公司支付网络(Netting)，是指跨国公司将全部内部子公司之间的应收、应付账款集中管理，从账面上抵消应收应付结算数额，减少资金流动、货币兑换中产生的费用和风险。

大量的内部交易会产生跨国公司内部大量的资金流动，如果使用普通的银行结算方式，会产生大量资金流动成本，如外汇兑换手续费、在结算过程中资金占用的机会成本及其他成本。通常，资金流动的成本大约在总流动额的0.25%～1.5%。另外，由于汇率的波动，大量的外汇相互兑换会产生一定的外汇风险。

最简单的支付网络是双边支付，只涉及两个公司。例如，跨国公司的德国子公司欠美国子公司100万美元的货款，而美国子公司欠德国子公司200万美元的货款，如果相互直接支付货款，则总的资金流动额为300万美元。而使用支付网络，抵消相互欠款，则只有美国子公司欠德国子公司100万美元，总的资金流动额仅为100万美元。如果资金流动成本为0.5%，则共节约资金流动成本1万美元。

【例5-5】跨国公司拥有4个子公司，分别为法国子公司、比利时子公司、瑞典子公司和荷兰子公司。表5-6列出了各个子公司之间的应收应付款的数额。表中的每一行表示每个子公司的应收账款数额，每一列表示应付账款数额。例如，对应于荷兰子公司的一行中的数据分别为8、7和4，表示荷兰子公司拥有对法国子公司800万美元的应收账款，对瑞典子公司700万美元的应收账款，对比利时子公司400万美元的应收账款。对应于荷兰子公司的一列中的数据分别为6、2和1，表示荷兰子公司欠法国子公司600万美元的应付账款，欠瑞典子公司200万美元的应付账款，欠比利时子公司100万美元的应付账款。净额一列中的数据为每一个子公司所在行数据的合计减去该子公司所在列数据的合计。净额一列中的数据分别为10、2、－11和－1，分别表示荷兰子公司最终应该收入的净额为1 000万美元，法国子公司最终应收入的净额为200万美元，瑞典子公司最终应支付的净额为1 100万美元，比利时子公司最终应支付的净额为100万美元。各子公司的应收和应付净额的对象可以根据具体情况而定，考虑的因素包括支付的便利和成本。如可以由比利时子公司支付给荷兰子公司100万美元，由瑞典子公司支付给荷兰子公司900万美元，支付给法国子公司200万美元，也可以采用其他的支付方法。

表 5-6　各子公司多边支付网络的应收应付　　单位：百万美元

		应		收		合　计	净　额
		荷兰子公司	法国子公司	瑞典子公司	比利时子公司		
应　付	荷兰子公司	—	8	7	4	19	10
	法国子公司	6	—	4	2	12	2
	瑞典子公司	2	0	—	3	5	−11
	比利时子公司	1	2	5	—	8	−1
合　计		9	10	16	9	44	

　　支付网络的具体操作可以通过结算中心（Reinvoicing Center）进行，也就是在跨国公司内部成立结算中心，负责各个子公司之间的应收应付结算。不仅结算，甚至跨国公司可以将所有的销售都委托给结算中心进行，即不管货物销售到哪里，或者是销售给内部子公司，或者是销售到跨国公司外部，都作为结算中心的销售。为规避可能增加的税收，跨国公司的结算中心一般设立在避税港。当然，设立结算中心需要支付成本，而且还要受到子公司东道国的怀疑，认为跨国公司在利用结算中心避税，因此受到东道国更加严格的管制。

【本章精要】

　　跨国公司常常利用内部贷款、转移价格、内部结算和股息支付等内部转移机制，在母公司和各个子公司之间转移资金和利润，这些转移机制的总和称为跨国公司内部财务体系。

　　跨国公司的内部资本转移机制在跨国公司内部建立了一个资本市场，或者在一定程度上以内部资本市场替代外部资本市场。市场的不完全性也为跨国公司套利提供了条件。跨国公司利用转移机制进行套利，对于东道国可能产生不利的影响，因此，很多国家对于跨国公司进行资金转移都有较为严格的限制。尽管各国政府不断采取措施反避税，在跨国公司经营中，总是存在着利用各国税法的差别进行避税的动机。各国税收差异主要体现在：纳税税率的差别；应纳税收入确认的差别；税种设置的差别；税收管理效率上的差别；国际间避免双重征税方法的差别。跨国公司利用跨国转移机制可能增加总体价值，但同时也带来一系列的问题，主要包括：对于经营成果的扭曲；对子公司经营者激励的影响；对跨国公司整体价值的影响；对东道国股东价值的影响。

　　跨国公司内部贷款最常用的方式有三种，即直接贷款、"背对背贷款"和"平行贷款"。一般情况下，跨国公司使用内部贷款可以：降低资金冻结风险；

减轻税负；节约贷款成本。

转移价格是指跨国公司以其全球战略为依据，以跨国公司整体价值最大化为目标，在母公司与子公司或者子公司之间进行商品、劳务等交易时所采用的内部价格，其中包括租金、技术转让费和管理费等。转移价格同其他跨国公司转移机制一样，能够使跨国公司规避外汇管制，掩饰子公司利润，通过税收规划，降低税收支出，从而提高跨国公司整体价值，而不是子公司的价值。很多国家对跨国公司内部转移价格制定了专门的措施进行管制。这些管制措施一般是根据某些办法确定跨国公司内部交易的公允价格，并使用公允价格衡量跨国公司是否进行了利润转移。公允价格的确定方法通常有如下三种：市场价格法、再销售法和成本加价法。

当跨国公司内部形成的应收账款和应付账款发生变化时，实际上在有关各方发生了资金转移，这就是跨国公司的应收应付管理。跨国公司是否通过应收应付管理进行资金转移，主要取决于两方面条件：①各个子公司之间的资金保有量是否不均衡；②两个子公司所在金融市场上的利差。跨国公司支付网络，是指跨国公司将全部内部子公司之间的应收、应付账款集中管理，从账面上抵消应收应付结算数额，减少资金流动、货币兑换中产生的费用和风险。

【推荐阅读】

[1]李传喜. 跨国公司转移定价避税：分析与治理. 北京：经济科学出版社，2007.

[2]陈延忠，廖益新. 国际税收协定解释问题研究. 北京：科学出版社，2010.

[3]经济合作与发展组织. 跨国企业与税务机关转让定价指南. 北京：中国税务出版社，2006.

【参考网站】

关于国际税收信息可查询下列网站：

1. 中国税务网：http://www.ctax.org.cn；

2. 找法网关于国际税收的信息：http://china.findlaw.cn/jingjifa/caishuifa/gjss/；

3. 国际税收研究会网站：http://new.citri.org.cn。

关于转移定价信息可查询下列网站：

1. 转移定价网站：http://www.transferpricing.com；

2. 转移定价观察网站：http://www.transferpricingwatch.com；

3. 世界转移定价服务网站：http://www. tpa-global. com/index. php? option＝com＿content＆view＝article＆id＝70＆Itemid＝252＆lang＝zh；

4. 国际税收评论网站：http://www. tpweek. com。

【学习指引】

在 KPMG(毕马威)的网站中，http://www. kpmg. com，包含有各种国际税收和转移价格的信息。另外，国际性离岸金融中心(International Offshore Financial Centers)也提供转移价格咨询服务，如 http://www. elanbvi. com/bviaffil2. html，http://www. vanuatu. net。关于跨国公司以及银行间转移资金，可以参见纽约结算协会(New York Clearinghouse Association)网站 http://www. theclearinghouse. org，银行间支付结算所(Clearing House Interbank Payments System)网站 http://www. chips. org。

【练习题】

一、名词解释

内部贷款、转移价格、内部结算、股息支付、管制套利、直接贷款、背对背贷款、平行贷款、转移价格、跨国支付网络

二、简答题

1. 跨国公司内部财务体系对跨国公司有什么价值？

2. 比较各种不同的价格转移机制，如何才能利用这些转移机制使跨国公司的价值达到最大化？

3. 说明跨国公司转移机制对于跨国公司的负面影响。

4. 为什么有时跨国公司宁愿以贷款形式在国外进行投资，而不是以股权形式进行投资？

三、计算题

1. 假设中国的某跨国公司在其他两个国家各拥有 1 个子公司，两个子公司分别为子公司 A 和子公司 B。子公司 A 向子公司 B 每年销售产品 1 000 件，产品价格为每件 3 000 美元，子公司 A 所在国的所得税率为 45%，子公司 B 所在国的所得税率为 50%。问：

(1)如果限定转移价格的范围为每件 2 700～3 300 美元之间，在哪一个价格水平上跨国公司整体的所得税支付最低？

(2)假设进口国对进口的产品征收 15% 的从价税(Ad Valorem Tariff)，对最小税负的转移价格有什么影响？

(3)如果转移价格从每件 2 700 美元提高到 3 300 美元，并且收款信用期从

3 个月增加到 6 个月，对两个子公司意味着什么？

2. 美国某跨国公司在英国拥有子公司，各跨国公司总部欠英国子公司 500 万美元的经营性债务。如果总部和英国子公司之间的应收应付款的信用期可以缩短，也可以延长，但变化的最长期限不能超过 90 天。假设两个市场上的利率（税后）如下表所示。

两个市场上的税后借贷利率　　　　　　　　单位：%

	贷款利率	借款利率
美　国	3.2	4.0
英　国	3.0	3.6

（1）如果跨国公司总部需要一笔资金，并且正准备从市场上贷款，而英国子公司有富余资金，在这种情况下跨国公司是否应调整总部与英国子公司之间经营性负债的信用期？如何调整？

（2）调整信用期后对跨国公司整体有什么影响？

3. 美国公司在法国拥有子公司，已知法国的所得税率为 50%，股息预提税率为 10%，如果母公司要求子公司将全部净利润上交到母公司，那么从母公司的角度看，该法国子公司的实际税负是多少？

四、讨论与思考题

从网站上获取任何一个中国跨国经营公司的相关材料，讨论该公司财务体系中的问题，并根据具体情况为该跨国公司设计有关资金转移和利润转移的方案。

【案例分析】

跨国公司的跨国避税

根据英国媒体报道，仅在 2012 年，谷歌便通过向百慕大群岛的公司转移营业收入的方式，成功获得避税收益 10 亿英镑（约合 16 亿美元）。此举甚至引起了英国首相大卫·卡梅伦的不满，甚至强烈呼吁全球联手采取有效措施来制止当前跨国业务的避税行为。

跨国公司避税，通常采取的办法就是通过子公司将利润从高税国家转移到免税地区。谷歌之所以能够取得避税巨大利益，也正是源于此。当前，美国企业的所得税税率为 35%，英国所得税税率为 28%，而百慕大群岛所得税税率为 0，这就为谷歌提供了避税机会。

当然，除了谷歌以外，很多跨国企业也在积极寻求各种避税途径。亚马逊、苹果、星巴克等也同样因跨国避税被指责，甚至罚款。

讨论问题：

谷歌等公司的避税行为是否合法？是否合理？如果你是公司财务经理，请问面对当前的指责，你认为公司应该如何处理？

第6章 国际证券投资管理

【本章学习目标】

1. 了解国际证券投资的种类和目的；
2. 掌握国际证券投资收益和风险的计算；
3. 理解国际证券投资组合理论，学会利用理论分析和解释实践中的相关现象。

【引导案例】

中国投资公司海外分散化投资

中国投资有限责任公司（以下简称"中投公司"）成立于 2007 年 9 月，是国家主权财富基金，实行自主经营、商业化运作。中投公司在境外的主营业务为投资于股权、固定收益和另类资产，其中另类资产投资主要包括对冲基金、私募市场、大宗商品和房地产等。投资区域涵盖发达国家市场和新兴国家市场。目前，中投公司管理的资产总额约为 5 000 亿美元，是全球第五大主权财富基金。

由于 2007 年投资美国金融业遭受损失，中投公司在中国国内受到批评。其当时的投资对象包括摩根斯坦利和黑石集团。2008 年 3 月，中投公司开始接触海外资产管理人，这也标志着其海外投资开始向高度分散化和关联度较低的资产组合转变，并开始致力于追求长期投资回报。当时，在接受新华社采访时，中投公司副总经理汪建熙谈道，"长期投资可以平抑股票短期波动的风险，有助于中投选择真正有价值的资产进行投资"。

报道显示，截至 2011 年年底，中投公司持有的股权中，有 43.8% 是总部设在北美的企业，29.6% 是亚太地区企业，欧洲企业占 20.6%，拉丁美洲为 4.7%，非洲占 1.3%。不过，当前美国的贸易保护主义悄悄抬头，对我国资本设置了很多隐蔽障碍，这使中投公司在美国的投资并不顺畅。而欧债危机的影响，也侵蚀了中投公司的部分收益，因此 2013 年 4 月 7 日上午，中投公司副董事长高西庆在博鳌论坛公开表示，中投已停止购买欧洲国债。当前，中投公司正在将投资转向俄罗斯、非洲和一些新兴市场国家。

可见，国际资本市场风云变幻莫测，投资风险在日益加大。因此，通过多元化投资降低风险成为跨国公司的必然选择。准确地评估交易价格和风险，是跨国公司证券投资活动的核心内容，而选择恰当的证券组合形式，有效分散风险，则是跨国公司进行投资决策必须要结合各国市场特征、投融资政策以及社会文化等因素综合考虑的问题。

资料来源：《中投公司高层详析中国主权财富基金海外投资思路》，http://news. xin-huanet. com/fortune/2008-03/02/content_7702451. htm，2008-03-02；《中投公司：美国让我们走开》，http://qnck. cyol. com/html/2013-04/10/nw. D110000qnck_20130410_2-24. htm，2013-04-10。

国际证券投资是指投资者在国际金融市场上购买其他国家政府、金融机构或公司所发行的金融工具，包括债券、股票以及各种衍生金融工具。证券投资者在完成投资后，获得利息或股息以及其他收入，而不直接参与资金的使用和管理，因此国际证券投资也称为国际间接投资。本章主要介绍国际证券投资的种类和目的、国际证券投资收益和风险的计算方法以及国际证券投资组合的理论及实践。

6.1　国际证券投资的种类与目的

随着经济全球化的发展，经济交流越来越密切，消费者面临着国内国际多品种的消费选择，而生产者也面临着来自世界各地的机遇与挑战。与此背景相对应，证券投资者在经济全球化的背景下，也可以选择来自于国内国外的各种证券投资方式进行投资，以期在同等风险下取得更高的收益或者在相同收益情况下降低风险。

6.1.1　国际证券投资的种类

如今，证券投资者面对着日益全球化以及不断创新的资本市场，有众多可供选择的证券投资方式。尽管金融工具随着金融创新不断演变，但是仍然能够根据其基本特征划分出几种基本类型。从不同的角度出发，国际证券投资可以分为不同的类型，投资者可以根据各种证券的特征按照自己的偏好进行投资。

1. 按照投资的期限划分

按照投资期限的长短不同，可以将国际证券投资划分为短期投资和长期投资两种。一般而言，短期投资是指投资期限在一年或一年以内的投资。当公司拥有暂时闲置的资金时，可以在资本市场购入随时可以变现的各种长、短期证券，如二级市场较发达、流动性较好的股票或者债券，以避免资金闲置，并借以获得一定数额的短期收益。长期投资是指投资期限超过一年的投资。当公司拥有长期闲置资金时，可以以获取收益为目的，在资本市场购入准备长期持有的各种证券，如股票或长期债券等。当然，如前所述，在进行股票投资时，证券投资是以获取投资收益为目的，而不是对被投资公司进行控股，是一种间接投资。

通常短期国际证券投资的品种包括商业票据(Commercial Paper)、欧洲商业票据(Euro-commercial Paper)、各国国库券还有外汇本身等。长期国际证券投资的品种包括各种长期债券和股票。长期债券包括以各个国家货币标值的外币债券、欧洲债券(Euro Bond)等。国际股票投资品种包括各国股票市场上发行交易的股票，以及股票的变形，如美国存托凭证(American Depository Receipt，ADRs)、全球存托凭证(Global Depository Receipt，GDRs)、国际证券存托凭证(International Depository Receipt，IDRs)以及欧洲证券存托凭证(European Depository Receipt，EDRs)等。以ADRs为例，其交易方式与美国国内证券相同，用美元清算，投资者应得到的股息转换成美元，由存托银行派发。证券存托凭证的出现，打破了投资范围的限制，降低了交易成本，为国际证券投资者提供了便利。

2. 按照收益类型划分

按照投资的收益类型不同，可以将国际证券投资分为固定收益证券投资和变动收益证券投资。固定收益证券投资是指投资者在证券投资活动中所获得的收益是固定的，即在固定时间收到固定数额的现金，如投资于固定利率的债券、优先股等。变动收益证券投资是指投资者在证券投资活动中获得的收益是不固定的，即现金流入的数量和时间都有可能发生变化，如投资者投资于浮动利率债券，则不能准确预计未来的现金收入的数量，而若投资于股票，则对未来现金收入的数量和时间都不能准确预计，因此，这种类型的投资活动成为变动收益证券投资。国际上的浮动利率债券的票息率一般是根据伦敦银行同业拆借利率(London Interbank Offered Rate，LIBOR)再加上一个利差来决定的，如果确定利差为1%，当LIBOR为6%时，浮动票息率为7%。

3. 按照证券体现的利益关系划分

按照证券体现的利益关系，可以将国际证券投资划分为债权性证券投资和权益性证券投资。随着市场的发展，除了传统的证券投资之外，衍生工具投资呈快速发展之势。

债权性证券投资是指投资于各种债权性质的证券，如投资于欧洲债券等。这种投资活动一般能够预计到未来的投资收益，总体来说风险较小。权益性证券投资是指投资于各种权益性质的证券，如国际股票，包括存托凭证等。这种投资活动不能准确预期未来投资收益的大小，总体风险较高。衍生工具投资是指投资于各类衍生工具,例如各种远期、期货、期权等。由于衍生工具具有杠杆效应,能够放大投资的收益和风险,因此,这类投资活动的风险最大,但在有利情况下也能相应取得较高的投资收益。

另外,国际证券市场上还存在着可转换证券和附认股权证的债券等混合形式的证券,它们与股票相联系,投资者在购买后的一定期限内可以将其转换成股票。这类证券具有债权、股权和衍生工具的共同性质,投资于这类证券的活动称为混合型证券投资,其风险收益的特性应该根据具体情况而定。

4. 我国内地投资者可选国际证券投资

我国内地企业或者个人居民,如果在海外设有外币账户,拥有外币,可以按照相关国家法律进行投资。例如,如果在美国拥有美元银行账户,并且在美国的投资银行开设股票账户,即可以自主地投资于美国的股票和基金,甚至衍生工具。

因为我国内地目前对资本项下外汇流动进行监管,境内投资者不能完全自主地使用境内资金投资于境外证券。当然,随着我国外汇管理制度改革、人民币的国际化以及国际金融市场一体化的发展,全球化的证券投资渠道将会越来越通畅。目前,我国内地居民可以通过一些金融机构间接投资于海外证券,例如通过 QDII(Qualified Domestic Institutional Investor,合格境内机构投资者)。2007 年 7 月,我国内地的华夏和南方两个基金管理公司获得中国证监会批准,可以开展境外证券投资业务。截至 2013 年 6 月底,共有 229 家海外机构获 QFII 资格。

6.1.2 国际证券投资的目的

一方面,国际资本市场的发展为投资者购买国际证券提供了可行性和便利性,投资者可以选择各种国际证券进行投资;另一方面,投资者购买国际证券的需要更加促进了国际资本市场的发展。一般说来,公司进行国际证券投资的目的与国内证券投资一样,都是利用闲置资金获取收益。除此之外,跨国公司还可以利用国际证券投资进行风险管理。

1. 跨国公司投资于国际证券能够有效利用其资金

跨国公司在经营过程中可能会产生一些经营性的闲置资金,例如,生产性的企业在销售旺季时存货较少,应收账款周转快,资金较为充裕;在销售淡季时存货积压,企业需要一定的资金投入流动资产中。为了使资金得到充分的利用,跨国公司就可以选择与其业务相匹配的各种国际证券进行短期投资,既能取得一定的收益,又能在需要时将其变现。又如,企业在发行债券筹资后,经常需要建立偿债基金,在偿还巨额发债本金之前逐渐积累资金,这些巨额积累资金在使用前也可以选择合适的国际证券进行投资。

2. 投资于国际证券能够使跨国公司保持资产的适度流动性

企业资产流动性取决于企业资产的变现能力。其他条件不变，资产变现能力越强，流动性越好，企业偿债能力越强，财务风险越小。财务风险是各类投资者评价企业的重要指标之一。企业资产流动性越强，风险越小，企业投资经营越稳健，越受投资者欢迎。因此，企业为降低风险，保持一定的偿债能力，经常持有一定数量易变现的流动资产。当然，从盈利性的角度看，公司的资产流动性也不是越强越好。资产流动性与盈利性存在着一定的矛盾。资产流动性强，要求公司保持较多的流动资产，但流动资产过多又会降低资金的使用效率，从而降低资金的盈利性。

3. 国际证券的形式多种多样，投资者能够选择更为合适的证券

在全球范围内进行投资，很显然投资者会面临着更多的投资选择。各个国家之间经济状况很可能不一致，在某些阶段，有些国家经济表现好一些，而另外一些国家经济表现差一些。在全球范围内进行选择，投资者更容易获得自己满意的投资品种，获得较高的投资收益或者获得较好的风险回报补偿。

4. 投资者选择国际证券投资能够更好地分散投资风险

根据投资组合理论，进行多样化的投资组合能够分散证券的系统风险，分散的程度取决于各种证券之间的相关性。如果在投资组合中加入国际证券，由于各个国家经济之间的相关性相对较弱，因此包括国际证券在内的投资组合的系统风险能够更加有效地被分散掉。关于这点，我们将在本章的第三节中深入讨论。

5. 国际证券也是跨国公司进行外汇风险管理的一种手段

当跨国公司存在一定的风险暴露时，进行适当的国际证券投资，能够在一定程度上或者全部规避外汇风险。例如，由于跨国公司持有以某种软货币标值的资产使得公司存在着一定的折算风险，此时如果公司投资同等数额的硬货币证券，则能抵消软货币贬值所带来的不利影响。又如，在第4章曾经提到，投资于远期、期货、期权等衍生工具是常用的风险规避手段。

6.2　国际证券投资的收益与风险

不论出于什么目的所进行的国际证券投资，获取较高的风险调整收益都是投资者所期盼的。投资者进行证券投资时通常要做出两种选择，即证券选择和投资时机选择。所谓证券选择，指在市场上众多的证券中，找出所希望购买的证券。所谓时机选择，指根据市场状况决定何时购买和出售证券。另外，证券

投资不仅涉及单个证券，也涉及组合证券。但不论哪种情况，计算单个证券的
投资收益和风险都是最基础的工作。

6.2.1 国际债券投资收益

国际债券投资收益的计算与国内债券投资收益计算的基本思路相同，只是
在国际债券投资收益的计算中要考虑货币之间的折算问题。对一般性的国际债
券而言，在投资开始之前，投资者需要将本币兑换成债券用以标价的外币。债
券投资结束时，投资者获得外币本息收入，这时应该将其折合成本币。在整个
投资过程中，以本币表示的增值率即为投资收益率。

1. 单期现金流入的情况

所谓单期现金流入是指投资者在投资期初购买债券，投资期末一次性收回
本息的情况。我们用 R_h 来代表以本币表示的投资收益率，用 I 来表示在债券
的持有期末所获得利息，分别用 P_1 和 P_0 来表示债券出售和购买的外币价格，
e_1 和 e_0 表示投资期末和期初的用直接标价法表示的汇率。根据收益率的计算方
法，我们知道，用本币表示的投资收益率 R_h，应该计算如下：

$$本币收益率 = \frac{期末本币收入 - 期初本币收入}{期初本币收入}$$

即：

$$R_h = \frac{(P_1 + I)e_1 - P_0 e_0}{P_0 e_0} = \frac{(P_1 + I)}{P_0} \times \frac{e_1}{e_0} - 1$$

$$= \left(\frac{P_1 + I - P_0}{P_0} + 1\right) \times \left(\frac{e_1 - e_0}{e_0} + 1\right) - 1$$

$$= (1 + R_f) \times (1 + c) - 1$$

式中：$R_f = \dfrac{P_1 + I - P_0}{P_0}$，$c = \dfrac{e_1 - e_0}{e_0}$；$R_f$ 和 c 分别表示以外币衡量的期间投资收
益率和汇率在投资期间内的变化率。

这样，对于单期现金流入的债券投资的本币期间收益率 R_h，可以运用以
下公式进行计算：

$$R_h = (1 + R_f) \times (1 + c) - 1 \tag{6-1}$$

忽略 $R_f \times c$ 项，得：

$$R_h \approx R_f + c \tag{6-2}$$

值得注意的是，这里计算出来的 R_h 是指投资期间内的投资收益率，可能
是一年期、半年期或者两年之内的期间收益率，投资者在进行投资决策比较的
时候，应该将它转换成年收益率来进行比较。

外币证券的投资收益率由两部分构成，即证券本身的现金流收益和汇兑损益。式(6-2)中的 c 如果为正，表明外币升值。汇率变化对于外币证券投资收益率具有正向贡献。如果外币贬值，汇率变化对于外币证券投资具有负向贡献。也就是投资于硬货币(升值货币)标值的证券不仅获得证券本身收益，还获得货币升值好处。

【例 6-1】某投资者准备购买价格为 98 美元的折扣型美国国库券，面值 100 美元，债券的到期年限为 90 天，投资者购买债券时汇率即美元的价格为 8.27 元人民币，如果到投资期末价格变为 8.31 元人民币，计算该投资者投资于美国国库券的期间收益率。

期初购买债券的投资支出为：$98 \times 8.27 = 810.46$(元)

期末收回的投资本息为：$100 \times 8.31 = 831$(元)

投资期间收益率为：

$$\frac{831 - 810.46}{810.46} \times 100\% = 2.53\%$$

如果我们直接运用式(6-1)进行计算，则可得：

投资期间收益率：

$$R_h = \left(1 + \frac{100 - 98}{98}\right) \times \left(1 + \frac{8.31 - 8.27}{8.27}\right) - 1 = 2.53\%$$

两种方法计算的结果是一致的。

使用算术平均法计算年均化收益率：

$$R_h = 2.53\% \times 4 = 10.12\%$$

使用式(6-2)计算：

$$R_f = \frac{100 - 98}{98} \times 100\% = 2.04\%$$

$$c = \frac{8.31 - 8.27}{8.27} \times 100\% = 0.48\%$$

$$R_h \approx 2.04\% + 0.48\% = 2.52\%$$

同样使用算术平均法计算年均化收益率，结果为 10.12%。与上述两种方法计算的结果差别不大。

在大多数情况下，使用近似公式计算收益率比较简便，而且还能够看出证券本身以及汇率的变化对国际证券投资收益率的贡献各是多少。例 6-1 中，美国国库券本身 3 个月的收益率为 2.04%，汇率变化的贡献为 0.48%。如果汇率朝反方向变化，汇率变化的贡献会变为负值，起到降低国际证券投资收益率的作用。例如，当投资期末汇率变为 8.25 元而不是 8.31 元时：

$$c = \frac{8.25 - 8.27}{8.27} \times 100\% = -0.24\%$$

这样，投资的总收益率为 $2.04\% - 0.24\% = 1.80\%$。

2. 多期现金流入的情况

多期现金流入的国际债券是指在投资期内投资本息不是一次性收回，而是分成多次收回的国际债券。这种情况在债券投资中更为普遍，如附息债券。投资者除了在投资期末收回本金外，在每一个付息期间还能获得当期利息。多期现金流入的国际证券投资收益率的计算与单期现金流入相比，要考虑更多的问题：①在投资期间得到的债券利息可以进行再投资，我们计算债券的投资收益率时，应该考虑到相应的再投资收益；②债券利息的再投资收益可以选择外币或者本币进行投资，如果转换成本币的话，则每一次转换都应该有一个相应的汇率。

因此，为了简化多期现金流入收益率的计算问题，我们给出如下假设：①假设债券在投资期间产生的现金流入，即利息，是均匀流入的，且继续投资于外国债券，直到投资期末一次性将投资本息兑换成本币收回；②假设债券利息继续投资于该种外国债券，在整个投资期内再投资收益率不变。

我们仍然沿用计算单期现金流入情况下收益率的符号。另外，我们用 T 表示整个投资期间，用 t 来表示每一个现金流入期，用 N 表示在整个投资期间的现金流入的次数，则 $N = T/t$。注意，此时的 R_h 就表示在期间 t 内的本币单期投资收益率，R_f 就表示在期间 t 内的外币单期投资收益率，c 仍然表示在整个投资期间 T 内汇率的变化率。这样，可以通过如下公式计算以本币记的债券投资收益率：

$$R_h = (1 + R_f)(1 + c)^{\frac{1}{N}} - 1$$

在这里，c 的计算方式仍然与单期现金流入时相同，即 $c = \dfrac{e_1 - e_0}{e_0}$，$R_f$ 则不同，是考虑到利息的再投资收益的国外债券投资收益率，由计算期间投资收益率的公式可知，整个期间外币的投资收益率应为：

$$\frac{P_1 + TR - P_0}{P_0} = (1 + R_f)^N - 1$$

单个期间 t 内的外币投资收益率：

$$R_f = \left(\frac{P_1 + TR}{P_0}\right)^{\frac{1}{N}} - 1$$

式中：TR 为债券利息及其再投资收益的期末终值，即：$TR = C \sum\limits_{t=1}^{N}(1+i)^{t-1}$；

C 为债券的票息；i 为票息的再投资收益率。

另外，需要注意的是在计算 R_h 时应将汇率的变化调整成为在每个单期 t 的变化，即用指数 $1/N$ 来对 $1+c$ 作调整。

【例 6-2】某投资者以面值 1 000 美元购买息票率为 10% 的 5 年期债券，息票每半年支付一次，在投资期内息票收入仍投资于该美元债券，息票再投资利率等于到期收益 10%。投资期初的美元价格为 8.27 元人民币，投资期末的美元价格变为 8.31 元人民币，求该项投资给投资者带来的以人民币计算的投资收益率。

投资者对美元债券投资的息票及其再投资收益 TR 为：

$$TR = 50 \sum_{t=1}^{10} (1+5\%)^{t-1} = 628.9 (美元)$$

以美元计的半年期投资收益率 R_f 为：

$$R_f = \left(\frac{100+628.9}{1\,000}\right)^{\frac{1}{10}} - 1 = 5.00\%$$

换算成以人民币计的半年期收益率 R_h 为：

$$R_h = (1+5.00\%) \times \left(1+\frac{8.31-8.27}{8.27}\right)^{\frac{1}{10}} - 1 = 5.05\%$$

如果投资者将每次收到的票息收入在当时就转换成本币，就需要将每一期的投资收益均折算成本币，然后计算本币的收益率。

假设共有 N 期现金流入，对应于初始投资额及其每一期现金流入的外币价格分别为 e_0，e_1，$\cdots$，e_N，则债券投资收益率可推导如下。

债券投资初始价值为 $P_0 \times e_0$，期末价值为 $P_1 \times e_N$，在投资期内汇回国内票息收益的再投资收益率为 r_h，则息票及其再投资的期末终值为：

$$TR_h = \sum_{t=1}^{N} \left[C_t \times e_t \times (1+r_h)^{N-t}\right]$$

则有：

$$(1+R_h)^N = \frac{P_1 \times e_N + TR_h}{P_0 \times e_0}$$

推导可得，以本币计算的单期投资收益率为：

$$R_h = \left(\frac{P_1 \times e_N + TR_h}{P_0 \times e_0}\right)^{\frac{1}{N}} - 1$$

6.2.2 国际股票投资收益

国际股票投资也同样面临单期现金流入或者多期现金流入的问题。对股票投资而言，如果在投资期内不发放股息，或者即使发放股息，也是在投资期末发放、与投资本金同时收回，我们就称其为具有单期现金流入特征的股票投资。与国际债券单期投资收益率的计算相似，国际股票投资以本币表示的单期收益率可以计算如下：

$$R_h = (1 + R_f) \times (1 + c) - 1$$

其中 R_f、c 的计算方法与债券相同。

【例 6-3】某美国投资者投资于在法国巴黎证券交易所上市的股票，投资者期初购买股票时的投资额为 50 欧元，投资期末股票的价格为 48 欧元，收到股息 1 欧元。在整个投资期内，以美元表示的欧元的价格下降了 5%，则美国投资者投资于法国股票的美元投资收益率为：

$$R_h = \left(1 + \frac{48 - 50 + 1}{50}\right) \times (1 - 0.05) - 1 = -6.9\%$$

同样，如果在投资期内存在多个现金流入，则股票投资除了考虑股票价格变化之外，也要考虑股息的再投资以及每次现金流入是否转化为本币的问题。对于具有多期现金流入的国际股票投资，可以参照债券投资中所使用的方法来计算。

6.2.3　国际证券投资风险

以具有单期现金流入的证券投资为例，说明投资者在进行国际证券投资中所面临的风险。根据式(6-2)，具有单期现金流入时的国际证券投资收益为：

$$R_h \approx R_f + c$$

该式表明以本币表示的国际证券投资收益率近似等于以外币表示的投资收益率与外币价格变化率之和。即使在以外币表示的投资收益不变的情况下，由于外币价格的变化也会导致以本币表示的国际证券投资收益发生变化。因此，货币兑换增大了国际证券投资收益的波动性，增大了证券投资的风险。

用标准差来表示风险的大小，则国际证券投资收益的标准差可以表示为：

$$\sigma_h = \sqrt{\sigma_f^2 + \sigma_c^2 + 2\sigma_f \sigma_c \rho_{f,c}} \tag{6-3}$$

式中：σ_f 表示以外币计算的收益率的标准差；σ_c 表示汇率变化率的标准差；$\rho_{f,c}$ 表示以外币计算的收益率与汇率变化率之间的相关系数。

式(6-3)表明国际证券投资的标准差不仅与用外币表示的证券自身收益的标准差有关，而且还与汇率变化的标准差及其外币收益与汇率之间的相关系数有关。只要外币收益变化与汇率变化正相关，即 $\rho_{f,c} > 0$，则一定会有：

$$\sigma_h = \sqrt{\sigma_f^2 + \sigma_c^2 + 2\sigma_f \sigma_c \rho_{f,c}} > \sigma_f$$

因此，从单个证券投资来看，如果两个国家以本币表示的证券投资风险大致相同的话，购买国外证券可能会加大投资风险。当然，不难看出，如果两者相关系数为负值，则购买国外证券的风险将会降低；如果这个相关系数的负值足够大，那么购买国外证券的风险可能低于投资于国内证券所面临的风险。

【例6-4】假设某日本公司的年收益标准差为23%，美元与日元汇率变化的标准差为17%，预测的该公司的收益率与汇率变化的相关系数为0.31，则美国投资者投资于该日本公司的美元回报的风险应为：

$$\sigma_h = (0.23^2 + 0.17^2 + 2 \times 0.23 \times 0.17 \times 0.31)^{\frac{1}{2}} = 0.325\ 6$$

32.56%大于单纯的日本公司年收益率标准差数值23%，也就是说，如果美国国内证券的收益率风险和日本国内证券收益率风险差不多时，这种跨国的证券投资可能会给国际证券投资者带来更大的风险。

如果外币收益率和汇率变化之间的相关系数是一个足够大的负值，比如—1，那么我们计算出来的美元回报的风险应为：

$$\sigma_h' = (0.23^2 + 0.17^2 - 2 \times 0.23 \times 0.17 \times 1)^{\frac{1}{2}} = 0.06$$

远小于23%，这样美国投资者投资于日本公司就能降低其收益的风险。

根据式(6-3)，外币证券投资风险由三部分构成，即当地货币收益率方差、汇率波动方差和两者之间的协方差。对于外币股票投资，一般来说，在总风险中第一项(当地货币收益率方差)占比较大；对于外币债券，一般来说，在总风险中第二项占比较大。因此，在国际证券投资风险分析中，对于股票应更关注当地货币收益率风险，对于债券则应更关注汇率波动风险。

6.3　国际证券投资组合

6.3.1　国际证券投资组合理论

国际证券投资组合理论是一般投资组合理论在国际范围的推广。所谓国际证券投资组合，是指在投资组合的构成中包括两个以上国家的证券。美国经济学教授马考维茨(Markowitz)在20世纪50年代末提出了证券组合选择理论。他分别用证券的预期收益率和收益率的方差来衡量投资的预期收益水平和风险，提出在 E-σ 平面上进行最优的投资策略选择的理论。根据马考维茨的投资组合理论，投资组合的回报等于组合中各个证券回报的加权平均；而风险则取决于组合中各个证券的风险以及证券之间的相关系数。

在不同国家进行投资所获得的收入是以不同的货币种类表示的，由于各国货币价值之间兑换率的波动性，以不同币种表示的收入不具有直接可比性。因此，对于国际证券投资组合的风险和收益特性，需要从某个国家投资者的角度来考察，即投资组合的风险和收益以某种特定的货币形式来表示。本章第二节给出了计算国际证券投资收益和风险的方法。然而，考虑汇率的波动性后，会大大增加投资组合风险和收益计算的复杂性。为简便起见，在本节的讨论中进行了简化，所有证券的投资收益和风险都认为是汇率调整后的收益和风险。或者假设汇率没有波动，计算过程也会大大简化。例如，中国投资者投资于国际证券，任何一种证券的收益和风险都以人民币为基础计算。以由两种证券投资组合为例，组合的收益和风险分别为：

$$\begin{cases} R_p = w_1 R_1 + w_2 R_2 \\ \sigma_p = \sqrt{w_1^2 \sigma_1^2 + w_2^2 \sigma_2^2 + 2 w_1 w_2 \sigma_1 \sigma_2 \rho_{1,2}} \end{cases}$$

式中：R_p、σ_p 分别表示组合的回报和标准差；w_1、w_2 分别表示组合中两种证券的价值占总价值的比重；R_1 和 R_2 分别表示组合中两种证券的回报；σ_1 和 σ_2 表示组合中单个证券的标准差；$\rho_{1,2}$ 表示组合中两种证券的相关系数。

根据上述公式，组合中组成证券的相关性越大，即相关系数越高，组合的风险就越大；反之，组合中组成证券的相关性越小，组合的风险就越小。一般来说，一个国家内各种证券所面临的经济环境相同，其回报均存在着较大的相关性。然而，在不同的国家具有不同的经济和法律制度，所执行的财政政策、货币政策各不相同，各国具有不同的经济结构，制约经济发展的因素也不同，因此不同国家证券之间的相关性大大低于国内证券之间的相关性。例如，在石油进口国和石油出口国之间，石油价格暴涨很可能会导致进口国证券回报下跌，同时很可能会导致石油出口国的证券回报上升，两者之间可能会表现出相反的变化趋势。因此，总体上来说，国际证券投资组合的风险分散功能要好于单纯的国内证券投资。

投资组合理论认为，投资者在资本市场上的投资行为取决于全部资本资产的有效前沿和投资者个人的效用曲线，如图 6-1 所示。在仅有国内证券投资的

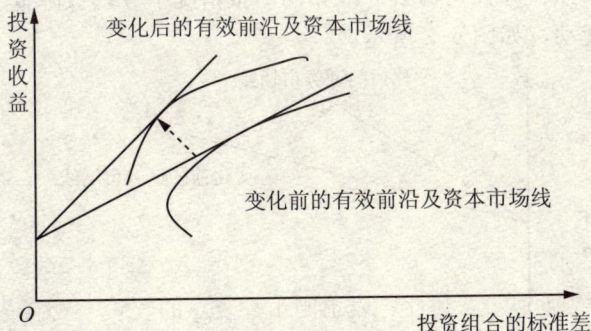

图 6-1　有效前沿与资本市场线

情况下，资本资产所形成的有效前沿曲线为图 6-1 下方的曲线。形成国际证券投资组合后，由于国际证券之间的低相关性，有效前沿向左上方移动，如图 6-1 左上方的曲线。有效前沿的移动表明，在同等风险的情况下回报提高，或者在同等回报的情况下风险下降，或者投资者承担每单位风险所带来的回报提高了。

　　图 6-1 表示的是投资组合总风险与回报之间的关系。资本市场线表明了无风险资产与市场组合所形成的组合的风险与回报之间的关系，但并未表明单项资产的风险与回报之间的关系。为进一步说明单项资产或者非市场组合的风险与回报之间的关系，威廉·夏普等人在资本市场线的基础上创立了著名的资本资产定价模型（Capital Asset Pricing Model，CAPM）。根据资本资产定价模型，在投资者面临的风险中，只有系统风险会给投资者带来回报。以 β 系数代表系统风险，任何证券 j 的 β 系数的计算公式为：

$$\beta_j = \frac{\mathrm{cov}(R_j,\ R_M)}{\sigma_M^2} = \frac{\rho_{j,M}\sigma_j\sigma_M}{\sigma_M^2} = \frac{\sigma_{j,M}\sigma_j}{\sigma_M}$$

式中：R_j、R_M 分别表示证券 j 和市场的收益率；σ_j、σ_M 分别表示证券 j 和市场收益率的标准差；$\rho_{j,M}$ 表示证券 j 和市场之间的相关系数。

　　β 系数描述某一证券或者投资组合的收益率相对于市场整体收益率变化的敏感程度。在国内投资组合实践中，市场通常用证券指数来代表。在国际证券投资组合实践中，市场可以有两种方法来代替：①全球证券组合（各国市场指数的组合）；②投资者所在国家的某种证券指数。如果投资者所持有的证券是在全球范围内充分分散的，那么应该以全球证券组合为市场。理论上如此，但在实践中很难实现。如果投资者所持有的主要证券是国内证券，国外证券仅占少数，则仍然可以沿用国内证券指数来代替市场。无论哪种情况，由于国外市场与国内市场的低相关性，均会导致相同回报情况下 β 系数降低。这样，证券市场线会向上转动，如图 6-2 所示。

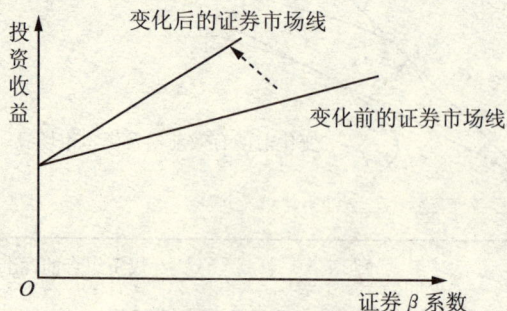

图 6-2　证券市场线

国际证券投资组合改善了投资组合的风险收益补偿关系。投资者面临同样的风险，进行国际证券投资比单纯进行国内证券投资能够获得更高的收益。同时，每增加一个单位的风险，所获得的收益补偿更高。

投资组合的 β 系数是各组成证券 β 系数的加权平均，即：

$$\beta_p = \sum_j w_j \beta_j$$

所以，只要各组成证券的 β 系数降低，则组合的 β 系数就会降低。

基于国际市场上的投资收益率以及 β 系数所描述的投资期望收益率与系统风险之间的关系称为国际资本资产定价模型：

$$R_G = R_f + \beta_i (R_m - R_f)$$

式中：R_G 为投资者进行国际证券投资所要求的期望收益率；R_f 表示无风险收益率，通常以投资者本国市场上的政府债券收益率代替，以排除外汇风险的影响；R_m 表示市场收益率，通常以国际证券市场投资组合（各国市场指数的组合）代替；β_i 为第 i 种证券相对于国际证券市场投资组合的系统风险。

【例 6-5】美国投资者投资于某美国公司股票，如果市场上的无风险利率（以美国政府债券收益率为基准）为 1.3％，美国市场收益率（根据股票市场指数计算）为 12.2％，并且该美国公司股票相对于国内市场的 β 系数为 0.885，则一个只投资于美国国内证券的投资者期望投资于该公司股票的收益率为：

$$\begin{aligned} R_G &= R_f + \beta_i (R_m - R_f) \\ &= 1.3\% + 0.885 \times (12.2\% - 1.3\%) \\ &= 10.946\ 5\% \end{aligned}$$

如果投资者广泛投资于国际证券，那么他所要求的期望收益率就会有所不同。假设国际证券市场投资组合的收益率为 13.7％，该美国公司股票相对于国际市场的 β 系数为 0.585，那么投资者所要求的期望收益率为：

$$\begin{aligned} R_G &= R_f + \beta_i (R_m - R_f) \\ &= 1.3\% + 0.585 \times (13.7\% - 1.3\%) \\ &= 8.554\% \end{aligned}$$

不论如何，国际资本资产定价模型与国内资本资产定价模型相比稳健性要差得多，原因至少有以下几条：

首先，由于国际市场的不完美性，例如信息和资本缺乏必要的流动性，违背了资本资产定价模型的一些基本条件；

其次，国际证券市场投资组合在更大程度上是一个虚拟的投资组合；

最后，在国际证券市场上不存在一个统一的无风险利率。

随着全球市场一体化的进程不断加快，相信国际资本资产定价模型赖以存在的条件会不断得到改善。

6.3.2 国际证券投资组合实践

国际证券投资会改变证券投资的风险收益补偿特征，实证研究也表明了这一点。由于我国证券投资发展时间短，数据缺乏，这里我们以美国投资者投资于国际证券为例，说明国际证券投资组合的风险和收益情况。

1. 各国证券投资收益

表 6-1 中为 1993—2010 年几个主要国际债券市场的收益状况。

表 6-1　国际债券投资年收益率（1993—2010 年）　　　　　单位：%

市　　场	以当地货币计算的收益率	以美元计算的收益率
加拿大	7.36	10.32
法　国	6.74	10.39
德　国	6.19	9.28
日　本	3.43	9.14
英　国	7.53	9.84
美　国	6.34	9.37
平均值	6.27	9.72

资料来源：Frank K. Reilly and Keith C. Brownt, *Investment Analysis and Portfolio Management*, 10th ed., South-Western Cengage Learning, 2012；根据 http://www.lazard-net.com/lam/us/pdfs/ Investment_ acts/Annual_Returns_of_Key _Global _Bond _Markets_ Investment _Facts. pdf 数据计算的年均收益率。

按照以各自货币计算的收益率，美国债券市场收益排列第 4 位，略高于几国的平均值；按照折合成美元后计算的收益率，美国市场收益仍排列第 4 位，但却变化为低于几国均值。各国债券当从本地货币转换成美元之后，收益率均发生变化，变化较大的是日本、法国和德国。这三个国家的债券收益率从本地货币转换成美元，收益率均提高了。转换前后债券收益率的变化主要取决于两个方面：①主权债信用级别的变化；②汇率的变化。主权信用级别的变化主要发生在金融危机期间，例如 2008 年金融危机后，欧洲几个国家，例如意大利、希腊、西班牙等国主权债信用大幅度下降，导致债券收益率大幅度提高。除此之外，影响投资于各国债券收益率变化的主要因素是汇率变化。在 1986—1990 年，大部分货币对美元升值，相对于美元来说属于硬货币。投资于硬货币债券不仅能够获得债券本身收益率，还能够从货币升值中获得汇兑收益。因此，表中债券投资的收益率换成美元后提高了。表现尤其明显的是日元债券，以日元表示的收益率仅为 3.43％，转换成美元后变成了 9.14％，大幅度变化的原因主要是由于日元升值。相反，投资于软货币债券，会存在会对损失，降低债券投资总收益。例如，英镑兑美元汇率，在 2008 年高点时高于每英镑换 2 美元，而到了 2009 年 1 月份还不足 1.4 美元，仅汇兑损失就高达 30％，在这个阶段美国投资者购买英镑债券必然亏损。

　　表 6-2 中为 2009—2013 年主要国际权益市场的收益状况。按照以各自货币计算的收益率，美国市场权益投资收益率最高，远高于国际市场的平均值；但是，按照折合成美元后计算的收益率进行比较，进行国际市场投资的收益率明显拉近了与在美国投资收益率之间的差别。

表 6-2　国际权益投资年收益率（2009—2013 年）

市　　场	当地货币收益率（％）	美元收益率（％）	单位风险收益率（当地货币）	单位风险收益率（美元）
巴　　西	4.86	9.27	0.29	0.33
日　　本	6.99	7.40	0.37	0.51
加拿大	7.52	12.95	0.59	0.61
澳大利亚	7.58	18.71	0.57	0.76
中　　国	9.46	9.46	0.42	0.41
瑞　　士	10.78	16.49	0.91	0.91
英　　国	12.17	13.68	0.87	0.71
美　　国	16.87	16.87	1.11	1.11
全球平均	9.53	13.10	0.64	0.67

资料来源：http://www.stockq.org。

　　与债券相比，股票投资收益率的变化较为复杂，既包括汇率变化因素，又包括经济总体发展状况，当然如果投资专注于某一个行业，还受到投资地该行业在全球的领先地位。在表 6-2 中，以美元表示的收益率普遍高于以当地货币表示的收益率，其中货币汇率变化起到一定作用。除此之外，虽然金融市场一体化程度越来越高，但由于制度、文化等原因，仍然存在着一定程度的市场分割，导致风险收益率和风险溢价的差异，如表 6-2 中的单位风险收益，各国市场之间存在较大差异。

2. 市场间相关性与风险分散

尽管由于货币之间的兑换，单个国际证券投资可能会加大风险，但由于国际证券之间的低相关性，使得国际证券投资组合的风险大大降低。研究表明，充分多样化的国际证券投资的风险大约仅相当于单个证券风险的 11.7%，而充分多样化的美国国内证券投资的风险只能降低为单个证券风险的 27%①，如图 6-3 所示。

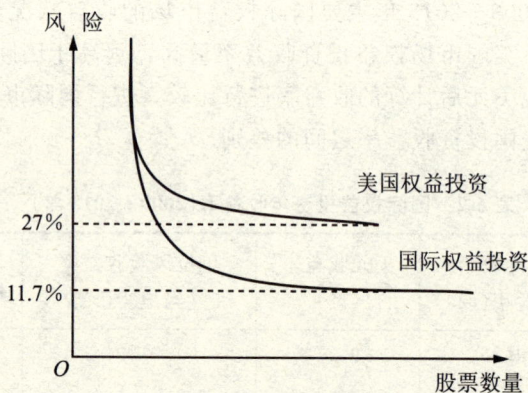

图 6-3　国际证券投资的风险分散功能

摩根士丹利(Morgan Stanley)公司曾调查了 12 个发达工业国家在 1970—1990 年的收益相关比率，两个国家相关率最高为 0.69，最低仅为 0.01，半数在 0.5 以下，平均为 0.39。随着市场一体化程度的提高，各国投资收益率之间的相关性会逐渐提高。根据 Reilly 和 Brownt 针对 1981—1995 年收益率相关性的统计，相关系数大致在 0.3~0.7。② 近几年的情况有所差别，不论是债券投资还是股票投资，各个市场之间的相关性显著提高了，如表 6-3 和表 6-4 所示。较高的相关系数已经达到近 0.9。相关系数提高的主要原因是经济危机。通常在经济危机期间，市场间相关系数会提高，正常经济状况下会下降。

---

① Bruno H. Solnik, Why Not Diversify Internationally Rather Than Domestically, *Financial Analysts Journal*，July-August，1974.

② Frank K. Reilly and Keith C. Brownt, *Investment Analysis and Portfolio Management*，The Dryden Press，1997.

表 6-3　国际债券市场与美国债券市场收益率的相关性（1993—2010 年）

市　　场	以当地货币计算的收益率之间的相关系数	以美元计算的收益率之间的相关系数
加拿大	0.85	0.75
法　国	0.72	0.61
德　国	0.81	0.63
日　本	0.57	0.34
英　国	0.79	0.59
平　均	0.75	0.58

资料来源：Frank K. Reilly and Keith C. Brownt，*Investment Analysis and Portfolio Management*，10th ed.，South-Western Cengage Learning，2012；根据 http://www.lazard-net.com/lam/us/pdfs/ Investment_ acts/Annual_Returns_of_Key _Global _Bond_Markets_ Investment _Facts.pdf 数据计算的年均收益率。

表 6-4　国际权益市场与美国权益市场月收益率的相关性（2009—2013 年）

	日　本	美　国	加拿大	巴　西	英　国	瑞　士	澳大利亚	中　国
日　本	1.00	0.63	0.58	0.52	0.70	0.66	0.57	0.41
美　国		1.00	0.83	0.80	0.87	0.76	0.86	0.66
加拿大			1.00	0.89	0.83	0.73	0.80	0.76
巴　西				1.00	0.83	0.72	0.87	0.83
英　国					1.00	0.88	0.89	0.74
瑞　士						1.00	0.83	0.69
澳大利亚							1.00	0.76
中　国								1.00

资料来源：http://www.stockq.org。

　　一般情况下，市场之间的关系越密切，证券收益率相关系数越高。当然，按照投资组合理论，只要各个不同市场之间的相关系数小于 1，就存在着利用全球证券组合降低风险的可能性，即仍然可以通过投资多元化分散风险。从直觉上分析，通常容易得出下述结论，即由于全球市场不断向一体化方向发展，市场之间的相关系数不断提高是一种必然趋势。然而，有关研究表明，不同市场的相关系数(除欧洲内部各国之间外)没有明显提高的趋势。① 对上述现象的一种解释是本土偏好(Home Bias)。

3. 本土偏好

所谓本土偏好(Home Bias),指投资者在不存在制度管制的条件下,偏好投资于本国(或者本地区)证券的行为。本土偏好由 French 和 Poterba 于 1991 年提出。② 本土偏好是国际证券投资中的一种重要现象(在国内证券投资也存在),这种现象没有随全球金融市场一体化进展而消失。

对本土偏好现象的解释主要有资产匹配和资本市场不完美。

(1)资产匹配

所谓资产匹配,指投资者投资收入与现金流支出在某些维度上吻合。例如在风险类型上的吻合,以利于风险对冲。一些大型金融机构如保险基金和养老基金,其未来支付的现金流主要是本国货币,其资产负债表的负债项受到本国通胀风险影响较大。为了对冲这种暴露的通胀风险,应尽可能使资产的现金流类型和时间与负债的现金流相匹配。因此,这些机构倾向于投资本土证券。

(2)资本市场不完美

资本市场不完美可以有多方面表现,例如市场进入壁垒、交易成本、税收、信息传递等。例如,有些国家为了稳定跨国货币流动稳定性,可能会实施一些外汇流动管制措施。另外,由于会计制度差异和文化差异,在信息传递和解释上会产生一些障碍。这些均会在一定程度上阻碍国际证券投资行为。

【本章精要】

从不同的角度出发,国际证券投资可以分为不同的类型,投资者可以根据各种证券的特征按照自己的偏好进行投资。按照投资期限的长短不同,可以将国际证券投资划分为短期投资和长期投资两种。按照投资的收益类型不同,可以将国际证券投资分为固定收益证券投资和变动收益证券投资。按照证券体现的利益关系,可以将国际证券投资划分为债权性证券投资和权益性证券投资。

一般说来,公司进行国际证券投资的目的与国内证券投资一样,都是利用闲置资金获取收益,还可以利用国际证券投资进行风险管理。具体看,包括投资于国际证券能够有效利用其资金;投资于国际证券能够使跨国公司保持资产

---

① Geert Bekaert, Robert J. Hodrick, and Xiaoyan Zhang, International Stock Return Comovements, *Journal of Finance*, 2009(64), pp. 2591-2626.

② Kenneth French, James Poterba, Investor Diversification and International Equity Markets, *American Economic Review*, 1991(81), pp. 81, 222-226.

的适度流动性；国际证券的形式多种多样，投资者能够选择更为合适的证券；投资者选择国际证券投资能够更好地分散投资风险；国际证券也是跨国公司进行外汇风险管理的一种手段。

投资者进行证券投资时通常要做出两种选择，即证券选择和投资时机选择。但不论哪种情况，计算单个证券的投资收益和风险都是最基础的工作。本章第二节首先讲解了债券投资的单期现金流和多期现金流收益，然后对股票投资收益进行了分析，最后还以单期现金流为例分析了证券投资的风险问题。国际证券投资组合，是指在投资组合的构成中包括两个以上国家的证券。

结合证券投资组合理论，本章分析了国际证券投资组合的特征以及收益和风险计量，并阐明了国际资本资产定价模型与国内资本资产定价模型相比稳健性有别的原因，然后通过举例对国际证券投资实务中的各国证券投资收益和风险状况、市场间相关性与风险分散以及本土偏好等问题进行了介绍。

【推荐阅读】

[1] [美] 沙伊莫. 国际证券市场百科全书. 金德环等译. 上海：上海财经大学，2005.

[2] 陈鸿基. 证券市场国际化的监管与立法. 武汉：中国政法大学出版社，2012.

[3] 王英辉. 国际融资与资本运作. 北京：中国市场出版社，2004.

[4] 孔玉飞. 跨国证券发行与交易中的法律冲突. 北京：知识产权出版社，2009.

[5] 戴志敏等. 国际投资学. 浙江：浙江大学出版社，2012.

[6] 慕建红. 国际投资学教程. 第 3 版. 北京：清华大学出版社，2012.

【参考网站】

1. 中银国际网站：http://www. bocionline. com/ch/home/index. html；

2. 国际资本市场协会网站：http://www. icma-group. org；

3. 国际证券委员会网站：http://www. iosco. org；

4. 伦敦股票交易所网站：http://www. londonstockexchange. com/home/homepage. htm；

5. 纽约股票交易所网站：https://nyse. nyx. com。

【学习指引】

关于 ADR 情况可以参阅 http://www. adrbny. com（The Bank of New York），http://www. xyfund. net（中文网站）。关于各国政府债券情况可参阅

http：//www.jpmorgan.com。在网站 http：//www.msci.com 中，包含大量的各国指数、地区指数和全球指数的信息。关于各国股票市场情况可以参阅 http：//finance.yahoo.com。

【练习题】

一、名词解释

固定收益证券投资、变动收益证券投资、单期现金流入、多期现金流入

二、简答题

1. 跨国公司为什么要进行国际证券投资？

2. 为什么国际证券投资组合能够更好地降低风险？

3. 在计算国际证券投资的 β 系数时，如何选择市场回报？

4. 在国际市场背景下与国内市场背景下相比较，证券的 β 系数会发生什么变化？为什么？

5. 对应于国际证券投资组合的资本市场线和证券市场线与国内证券投资组合相比有什么特点？

6. 汇率的变化如何影响国际证券投资的回报和风险？

三、计算题

1. 中国投资者支付 96 美元购买美国折扣型国库券，面值 100 美元，期限 6 个月。投资者购买时美元的价格为 8.2 元人民币，债券到期收回投资时的美元价格变为 8.1 元人民币。计算中国投资者这项美元债券投资以人民币表示的年收益率。汇率的变化对于收益率起到了什么作用？

2. 中国投资者以 980 美元的价格购得面值为 1 000 美元的公司债券，票息率 10%，每半年支付一次票息，5 年后到期。并且，投资者获得票息后直接投资于美国证券市场，假设再投资收益率等于债券的到期收益率。如果投资期初美元的价格为 8.27 元人民币，期末收回投资时美元的价格变为 8.31 元人民币。计算中国投资者这项美元债券投资以人民币表示的年收益率。

3. 中国投资者投资于美元证券，以美元表示的证券收益率的标准差为 20%，以人民币表示的美元价格变化的标准差为 15%，以美元表示的证券收益率与美元价格变化之间的相关系数等于 0.25。中国投资者购买该美元债券所获得的人民币回报的标准差是多少？

四、讨论与思考题

1. 查阅有关网站，搜索各国股票价格指数变化情况，计算各指数回报之间的相关系数。讨论这些相关系数为什么存在差异。

2. 国际证券投资的风险和国内证券投资的区别在于哪里？选择投资组合时应该注意哪些问题？

第 7 章　国际直接投资评价 与风险分析

【本章学习目标】

1. 熟悉国际直接投资决策的内容；
2. 了解跨国公司资本预算特征，掌握国际直接投资项目分析方法；
3. 熟悉政治风险测量与管理的内容；
4. 熟悉跨国并购动机和收购过程。

【引导案例】

华为公司海外投资连连受阻

华为于 1987 年成立于中国深圳。在 20 多年里，华为以开放的姿态参与到全球化的经济竞争与合作中，逐步发展成一家业务遍及全球 140 多个国家的全球化公司。迄今为止，华为 100G 网络已服务于全球 40 多个国家和地区，帮助遍及欧洲、中东、拉美、亚太等区域的超过 50 个运营商建设最为领先的 100G 网络。华为承建的 100G 网络长度已经超过地球周长，逾 10 万多公里。据国际权威咨询公司 Ovum 统计，华为占据 34％的全球 100G 市场份额，连续三季度保持第一。①

作为跨国公司，海外市场对华为公司意义重大。据统计，华为 75％的终端发货量由海外市场取得。但近年来，华为屡屡因外国政府戴着有色眼镜、西方排华势力捣鬼以及以各种安全问题为借口而频频受到在海外市场的排挤，损失难以估量（见表 7-1）。

表 7-1　华为海外受阻事件一览表

时　间	地　点	受阻事件	原　因
2008 年 2 月	美　国	收购 3com 的计划中止	美国相关部门对美国国家安全的担心

① 数据参见：《华为持续领路 2012 年全球光通信》，http://www.c114.net/news/ 126/a740246.html，2013-01-11。

时　间	地　点	受阻事件	原　因
2008 年 12 月	澳大利亚	国家宽带工程竞标者（华为）可能带来中国间谍	澳大利亚官方媒体报道
2009 年 6 月	美　国 英　国	华为将损害英国导弹防御预警系统	美国某军事杂志撰文
	印　度	BSNL 在印度南部一笔价值 17 亿美元的招投标事件	华为有中国军方背景、恐对印度安全构成威胁
2009 年 9 月	印　度	限制外国设备，尤其是中国生产	担心安全问题
2010 年 5 月	印　度	禁止采购中国的电信设备	出于对国家安全的担心
2010 年 7 月	印　度	印度爆出一份政府电信采购黑名单	印度《经济时报》报道
	美　国	收购摩托罗拉搁浅	据《华尔街日报》报道，摩托罗拉指控华为窃取商业机密
	美　国	与 2Wire 失之交臂	担心无法通过国家审查
2011 年 2 月	美　国	收购 3Leaf 公司被拒绝	可能威胁美国国家安全
	英　国	送 5 亿元奥运手机网络大礼被拒绝	声称恐怖分子可以借其引爆炸弹
2011 年 11 月	美　国	众议院特别情报委员会发起调查，历时 11 个月，并要求阻止华为、中兴进入美国关键基础设施领域	以网络对国家安全以及经济利益所带来的威胁为名
2012 年 10 月	美　国	众议院情报委员会发布正式报告，建议美国公司尽量避免同华为公司与中兴公司展开合作，以避免造成知识产权方面的损失	未能在长达一年的调查中给予配合，也未能解释其在美国的商业利益与中国政府的关系，因而可能威胁美国国家通信安全

　　公司开展跨国投资业务，拓展国际市场，与国内投资有着较大差别。开拓国际市场，机遇与风险并存。首先，有关的法律法规约束不同；其次，文化背景不同；最后，汇率变化以及投资地经济、政治和社会发展与变革给公司业务带来不确定性。如何在国际市场上取得成功，对于旨在开拓国际市场的公司来说，是一项具有挑战性的任务。

　　资料来源：根据网络媒体的报道整理而成。

国际直接投资指固定资产的投资，不包括证券投资。如何进行对外直接投资(Foreign Direct Investment，FDI)是跨国公司的主要决策之一，是跨国公司价值增长的重要基础。国外直接投资通常涉及在外国建立新的生产基地(Greenfield Investment)，例如本田公司在美国俄亥俄州建立工厂；国外直接投资也包括收购(Acquisition)外国现有的企业，例如福特(Ford)汽车获得了对日本 Mazda 和英国 Jaguar 的有效控制。国外直接投资无论是新建一个企业还是收购现有的外国企业，都是跨国公司的一种经营方式，国外直接投资反映了跨国公司内部组织的扩张。

7.1　国际直接投资决策

这里的国际直接投资决策，指的是公司决定是否进行对外直接投资、在哪里投资，以及以什么方式进行投资。

7.1.1　竞争优势延伸

在第 1 章中提到了跨国公司形成的五种动因，包括开拓产品市场、降低原材料供应成本等。不论动因如何，跨国公司投资的根本目的在于获利，或者使公司价值最大化。在当今全球企业间竞争日益加剧的情况下，获利的保障是拥有竞争性优势。竞争优势是一种比较优势。尽管比较优势理论(Theory of Comparative Advantage)是解释国际贸易的理论，但对于解释国际直接投资也有很好的借鉴作用。公司首次决定是否进行对外直接投资时，必须明确目前是否已经拥有可持续、可扩展、可转移的竞争优势。当然，这种竞争优势是公司所独有的。并且，如果扩展到国外，能够使公司获得足够的利润以补偿对外直接投资所承担的风险。保证公司在国外成功经营的竞争优势通常包括规模和范围经济(Economies of Scale and Scope)、管理技能(Managerial Expertise)、先进的技术(Advanced Technology)、融资能力(Financial Strength)、差异化产品(Differentiated Products)。

1. 规模和范围经济

规模和范围经济可以体现在生产、营销、融资、研发、运输和采购等各个方面。在每一个方面的规模和范围的扩大，都会使公司获得竞争优势。而且，规模和范围经济的潜力为进一步强化竞争优势提供了可能。

生产规模和范围经济来自于大规模使用现代化和自动化的设备、设施，来自于全球范围内的专业化分工生产制造。在各具不同优势的地区进行专业化分工生产，能够提高生产效率，降低成本。营销规模和范围经济体现在能够更有效地利用各种媒体树立品牌，建立营销渠道、仓储和服务系统。融资规模和范围经济表现在公司能够利用各种融资工具、渠道获取资本，例如进入欧洲货币、欧洲债券和欧洲权益市场。由于科研人员和科研经费的原因，研发则基本上为大公司所独有。能够整批地运输为公司提供了运输经济性。大量的采购通常使公司在合同价款等方面的确定上具有更强的议价能力。

2. 管理技能

这里的管理技能指管理大型工业组织的技巧，包括现代管理分析方法的知识本身以及在经营中的应用。这里的管理技能包括产品营销能力。管理技能优势主要取决于管理型人才。跨国经营的管理技能可以通过多种国外经营措施来培养，如产品和原料的进出口，设立办事处等。很多跨国公司在直接对外投资之前都经历了这样一个过程。在某些方面具有管理技能，可以通过复制的方式，使管理技能得到充分利用。

3. 先进的技术

先进的技术指领先的科研成果和工程技术。公司竞争能力的表象是产品具有竞争力，产品竞争力的关键来源是技术优势。新技术为公司带来技术优势，新技术的区域延伸形成国际化。但是，技术是具有扩散性的，而且技术扩散速度越来越快，公司要保持竞争地位，需要拥有持续领先的科研成果和工程技术，加大研发力度。

4. 融资能力

融资能力体现为在全球范围内持续获取低成本资本的能力。根据公司价值评估的基本原理，价值的提高有两种渠道，即提高现金流或者降低资本成本。对于进行对外直接投资而言，持续性地低成本融资是一项至关重要的能力。这种融资能力不仅能为直接对外投资提供必要的资本，还能为跨国公司提供利用不完美市场获利的工具，也提供了规避风险的手段。

5. 差异化产品

产品优势是公司竞争力的直接表现。生产销售差异化的产品能够为公司创造独有的竞争优势。差异化产品既可以通过新技术创造全新产品而产生，也可以通过开发新功能而产生，还可以通过大量持续的营销投入树立产品品牌而产生。如果公司能够通过投资不断进行产品创新，将能确保由此所确立的竞争优势。

7.1.2　国际直接投资的理论分析框架

公司的跨国投资现象是竞争优势跨国延伸的表现，是追求利润最大化的结果，是资本的天性使然。当然，跨国经营有时会进一步强化竞争优势。邓宁（Dunning）分析框架就是竞争优势延伸的理论基础。随着新兴经济体对外直接投资的发展，Mathews 提出了 LLL(Linkage，Leverage，Learning)分析框架，进一步丰富了跨国直接投资理论，强化了境外直接投资理论的解释力。

1. OLI 竞争优势分析框架

Buckley、Casson 和 Dunning① 所提出的 OLI 竞争优势分析，是解释公司进行对外直接投资之前所应具有的竞争优势的一个分析框架，说明了公司进行直接对外投资前所应具有的优势组合。

公司特有优势 O(Owner-specific)表示，为了进行对外直接投资，公司必须具有特有的、能够转移到国外的竞争优势。公司利用这种特有优势，或者提高收益，或者降低成本。所谓特有竞争优势，指公司能够保持的、不容易被模仿超越的优势，通常表现为无形资产，例如品牌、声誉、生产技能、企业家能力等。不断创新的能力能够为公司持续提供新技术和新产品，可以称之为特有优势。当然，专利权在保护期内也可以称为特有优势。

投资地点特有优势 L(Location-specific)，表示公司所具有的竞争优势必须能够应用在某个特定地点，或者某个投资地点对公司具有足够的吸引力，使其树立起在特定地点的竞争优势。投资地点特有优势通常来自于市场的不完美性或者比较优势，例如某个地区的资源和劳动力成本优势、特有的自然资源、潜力巨大的产品市场、技术创新的中心、与跨国公司文化匹配等。

内部化 I(Internalization)指公司能够通过内部组织而不是通过外部市场交易控制价值链，从而在公司内部转移、保持，甚至强化其所拥有的竞争优势。内部化通常发生在不存在外部市场或者外部市场无效性表现明显的情况下，通过形成内部交易实现交易成本最小化就是内部化的具体体现。例如，公司的专门知识或者核心能力是为公司提供经济租金(超额盈利)的资产，公司在开拓国际市场的过程中可以将这些能力提供给其他公司，或者通过直接投资而实现内部转移。当后者的好处大于前者时，就会出现跨国直接投资。

---

① Peter J. Buckley，and Mark Casson，*The Future of the Multinational Enterprise*，Mcmikllan，1976；John H. Dunning，Trade Location of Economic Activity and the MNE：A Search for an Eclectic Approach，*The International Allocation of Economic Activity*，Holmes and Meier，1997.

一般来说，特许权(Licensing)可以单独使用公司特有优势解释；出口则可以使用公司特有优势和内部化解释；而直接投资则使用公司特有优势、内部化和投资地特有优势三个方面解释。如果仅有公司特有优势，而不存在其他两方面优势，则公司进行跨国直接投资的好处就不清晰了。

2. LLL 分析框架

LLL 分析框架由 Mathews 在 2002 年提出①，旨在分析新兴经济体中公司对外投资的原理。LLL 三个字母是联系(Linkage)、杠杆(Leverage)、学习(Learning)三个英文单词首字母缩写。Mathews 认为，OLI 分析框架关注发达国家如何延伸竞争优势，而对于新兴经济体来说，将是如何提升竞争力，追赶先进者的问题。

联系来自于网络优势的概念，也就是在国际化环境背景下，公司加强外向联系，有利于从国际网络中获得资源和机会。一般来说，越是落后者，越应关注从外部获得资源和机会，以提升自身的竞争优势，而不是如何利用现有优势。当然，这并不等于不利用公司特有优势。

杠杆用来解释跨国直接投资方式。新兴经济体中的公司首先与国际网络连接，其次是如何获得资源和机会的问题。由于缺乏经验，新兴经济体中的公司单独获得资源和机会存在较大风险。为了规避风险，需要利用杠杆方式，如建立合资企业、利用战略投资者等。获得资源和机会的好处是双向的，也就是获取者从中获得好处，提供者也需要获得好处。

学习指上述两个过程的不断重复。公司从联系和杠杆的重复应用中，学习如何更有效地完成跨国直接投资的过程。通过重复性地使用联系和杠杆进行国际化，新兴经济体中的公司不断累积知识和经验，并在这个过程的一定阶段，会出现加速国际化的现象。

7.1.3 投资地点

首次进行直接对外投资与再投资不同。再投资拥有一定的经验可供借鉴，而首次投资则没有。在理论上，对外直接投资的地点选择涉及上一部分中提到的优势评价。然后在全球范围内进行搜索，分析各地的比较优势以及各种市场不完美性。在各个地点之间进行比较，直到找到一个地点能够足够吸引公司进行投资，延伸自身的竞争优势，获取超过投资者所要求的风险调整基础上的收益率。

---

① J. A. Mathews, *Dragon Multinational*, New York, Oxford University Press, 2002.

　　然而，在实践中，投资地的选择与理论不完全一致，更多地表现出行为模式（Behavioral Approach）和跨国网络理论（International Network Theory）的结合。

　　所谓行为模式，指公司在首次对外投资决策中，通过精神距离（Psychic Distance）而不是实际地理距离来决定投资地点。投资者对于投资地点的文化、法律、制度环境的熟悉程度表示精神距离的远近。行为模式认为，公司在首次对外投资中通常选择精神距离近的地点，在获得了一定的投资经验之后，再逐渐向外扩展。

　　所谓跨国网络，指跨国公司为了更好地利用市场的不完全性以及各地市场的比较优势，在众多不同国家和地区进行投资，形成一个由股权为纽带联系在一起的扁平化网络组织。所谓扁平化，指跨国公司的管理模式是分散化管理，而不是集中化管理。每一个子公司都是一个决策中心，又是网络中的一个节点。网络化是指导很多成熟的跨国公司在投资地选择中的一项原则。

7.1.4　投资方式

　　这里的投资方式仅涉及在国外投资建立生产服务设施所具体采取的方式，包括合资（Joint Venture）、独资（Wholly Owned）、新建和收购。

1. 合资与独资

　　合资与独资是指跨国公司直接对外投资中的股权模式。合资通常指跨国公司与东道国的合作伙伴共同拥有在东道国经营业务。当母公司拥有国外业务中的 50％以上股权份额时，从而可以行使对其的控制权，这样的合资公司称为跨国公司母公司的国外子公司（Foreign Subsidiary）。如果母公司拥有国外业务，也就是合资公司不足 50％的股权份额时，这样的合资公司称为跨国公司母公司的国外成员公司（Foreign Affiliate）。独资则是指跨国公司拥有国外子公司 100％的股权，具有绝对控制权。除了法律上规定外国投资者必须与当地合作伙伴合资外，究竟对外直接投资中采取哪种方式，取决于跨国公司根据自身特点，在两种股权模式中优势与劣势之间的权衡。

　　合资方式具有以下优势。

　　①当地合作伙伴熟悉东道国的法律、政治、经济、文化等经营环境。

　　②当地合作伙伴能够更好地实施对于公司高层，以及中层乃至基层的管理。

　　③当地合作伙伴拥有与外界更好的沟通渠道，能够使合资公司更容易赢得市场份额，进入当地资本市场。

　　④当地合作伙伴或许拥有更适合于地方环境的技术，并且可能获得推广共

享的好处。

合资方式具有以下劣势。

①选择当地合作伙伴本身就隐藏着风险。合作伙伴选择不当，甚至可能导致投资失败，例如选择与不稳定政权有密切联系的合作伙伴，在政权更迭时会带来更高的政治风险。

②投资所占比例的确定。有时双方出资不是现金，而是实物，在这种情况下如何准确计算双方在总股权中各占多大份额就成为一个协商解决的问题。

③双方对每个投资期末的股利政策可能出现分歧，导致跨国公司母公司股利收益的不可预测性。

④跨国公司某些利用市场不完全性的管理措施可能受到阻碍，例如转移价格、全球化生产组织协调、内部融资等，当地合作伙伴由可能认为这些方式的实施损害了其利益。

⑤合资公司通常需要在当地公布财务报告，可能为竞争对手提供资料，而很多独资公司则不需要。

除了合资与独资的股权模式外，如果将战略联合（Strategic Alliances）也看成是直接对外投资的话，则又构成了一种新的股权模式。所谓跨国公司对外直接投资中的战略联合，指两个公司之间相互交换股权，形成对某种资源共享型的股权联系联合体。例如，在高科技行业研发费用较高，单一公司承受会形成一定负担，因此存在着很多战略联合。

2. 新建和收购

新建指投资的过程包括选址、建设厂房、购买安装设备，一直到雇用工人进行生产。收购则是指跨国公司在东道国购买现有公司的产权。跨国收购与新建相比，具有以下几方面的优势。

①跨国收购能够使跨国公司迅速进入市场，实现预定的投资计划。

②跨国收购不仅有可能使跨国公司低成本获得在目标市场中的品牌、供应、分销，甚至收购对象的技术的优势，还能够减少一个竞争对手。

③国际经济、政治、货币价值波动等原因，可能造成市场不完美性，使得目标公司（Target）价值被低估，因此收购过程本身就是一个获利过程。

然而，也有很多情况下跨国公司收购目标公司会付出过高的价格。而且，收购后的整合有时是很困难的，甚至会造成收购失败。跨国收购既具有吸引力，又富有挑战性。

7.2 跨国公司资本预算

7.2.1 净现值准则

资本预算就是对投资项目进行评价。跨国公司国外直接投资资本预算使用与国内项目资本预算相同的评价指标,分为非折现型和折现型指标,包括会计利润率、回收期、净现值、内部收益率和现值指数等。这些指标在项目评价中各有不同的特点,适用于不同的情况。无论如何,净现值在所有评价指标中是最科学的,反映了项目给公司价值带来的增加值。净现值、内部收益率和现值指数三种指标都涉及现金流估计,计算方式有一定的共性。计算出项目的净现值后,内部收益率和现值指数很容易计算出来。因此,本节以净现值指标为例,说明国际直接投资的资本预算过程。

项目净现值的计算公式如下:

$$NPV = \sum_{n=1}^{N} \frac{CF_n}{(1+K)^n} - CF_0 \tag{7-1}$$

式中:CF_n 为项目第 n 年产生的净现金流;CF_0 为初始投资;K 为项目现金流风险所对应的折现率或者称为全权益项目的资本成本;N 为项目寿命期。

第 n 年的预期税后现金流可以按照如下公式计算:

$$CF_n = EBIT_n(1-t) + Dep_n - \Delta WCR_n - Capex_n \tag{7-2}$$

式中:$EBIT_n$ 为第 n 年的息税前利润;t 为项目(子公司)边际税率;Dep_n 为第 n 年的折旧;ΔWCR_n 为第 n 年的营运资本投资额(增加额);$Capex_n$ 为第 n 年的资本性支出,也就是除了初始投资以外的后续性投入。

在项目到期时,还需考虑项目的终结现金流,即固定资产处置的税后收入及营运资本需求的回收。

通过式(7-1)计算出项目净现值后,如果 $NPV > 0$,就可以选择接受项目;如果 $NPV \leqslant 0$,应该拒绝项目。

7.2.2 调整净现值准则

在式(7-1)和式(7-2)中,项目投资被看成是全权益项目投资,没有考虑融资与投资价值之间的相互关系。实际上,由于负债利息能够在一定条件下为公司提供税蔽收入,所以融资方式对于项目价值存在影响。

根据 MM(米勒—莫迪利亚尼)定理,如果公司资产构成不变,只要资本结构发生变化,则有负债公司的市场价值(V_l)与无负债公司的市场价值(V_u)之间存在如下关系：

$$V_l = V_u + tD \tag{7-3a}$$

式中：D 为公司负债数额（面值）。

假设公司的息税前利润 $EBIT$ 保持不变，即为永续恒定现金流，那么公司每年的再投资等于折旧额。当公司无负债时，现金流入等于 $EBIT(1-t)$，公司的价值等于该现金流的折现。公司负债后，现金流入为：

$$EBIT(1-t) + tDi \tag{7-3b}$$

式中：$Di = I$ 为利息支出；i 是负债的利率。

式（7-3b）中的第一项等同于无负债公司的现金流。假设负债无风险，那么第二项为无风险现金流。根据现值可加性原则，则式（7-3b）现金流的价值可以表述为：

$$\frac{EBIT(1-t)}{K_u} + \frac{tDi}{i} = V_u + tD$$

即为式（7-3a）。式中：K_u 为公司的资本全部为权益时的资本成本，称为全权益资本成本。

例如，当公司资本为全权益时，公司价值 100 元。如果保持公司资产不变，资产盈利能力也不变，只改变公司资本结构，将一部分 50 元权益换成 50 元负债。此时，公司价值不仅仅是 50 元权益和 50 元负债之和，还要加上税蔽价值。如果税蔽为 5 元，那么负债带给公司的价值不仅仅是其本身的市场价值，而是其本身价值加上税蔽，即 50＋5＝55 元。

此处的负债是市场价值。投资者以债权形式对公司投资，其投资加值等于将来所获得现金流的累计折现。考虑优惠贷款问题，对于 50 元的负债，如果投资者为了资助公司，愿意接受等价于 40 元的将来现金流入，相当于债权人将自己的 10 元钱转给了公司，使公司价值提高了 10 元。

根据上述原理，仍然使用现值可加性原则，考虑税蔽以及优惠贷款对公司现金流的影响，可以把净现值等式（7-1）转换为调整的净现值（Adjusted Present Value，APV）模型：

$$APV = \sum_{n=1}^{N} \frac{CF_n}{(1+K_u)^n} + \sum_{n=1}^{N} \frac{tI_n}{(1+i_h)^n} + \sum_{n=1}^{N} \frac{S_n}{(1+i)^n} - CF_0 \tag{7-4}$$

式中：i_h 为母公司负债的税前成本，即母公司贷款的税前利息率；I_n 为为了承担该项目母公司支付的利息额，等于负债额乘以利息率；i 为项目专门贷款所对应的市场利息率，而不是优惠利息率；S_n 为第 n 年项目专门贷款（优惠贴息贷款）产生的由于利息补助所节约的税前现金流。所谓项目专门融资，指跨国公司由于投资于此项目才能获得的低息贷款，否则只能按照正常市场利息率获取贷款。

式(7-4)中的第三项的经济意义是指贴息贷款的面值与按照优惠贷款利息所计算的贴息贷款市场价值之差。面值就是贷款的数额。市场价值等于优惠贷款利息现金流以及本金按照该笔贷款的市场利息率折现。公司获得了等价于两者之间差值的价值。

公式中全权益资本成本可以根据第 6 章中提到的资本资产定价模型计算：
$$k_u = R_f + \beta_u(R_m - R_f)$$
式中：β_u 为全权益公司的系统风险。实践中，全权益公司很少见，因此全权益公司 β_u 很难估计。不过，只要能够估计市场上有负债公司的 β 系数，则可以通过下述公式计算出全权益公司的 β_u[①]：
$$\beta_u = \frac{\beta}{1 + (1-t)D/E} \tag{7-5}$$
式中：D/E 为公司负债与权益比率；t 为所得税率。

至于 β 系数的估计是基于国内市场还是国际市场，要根据跨国公司的风险分散状况和母公司股东情况而确定。如果跨国公司在全球范围内经营，能够较好地分散在单个国家市场内经营的某些风险，则 β 系数的估计可以考虑以国际市场为基础，或者当母公司股东自身有良好的国际风险分散能力时，也可以考虑以国际市场为基础；否则，应该以某一个国家市场为基础。例如，如果公司中的股东大部分为中国股东，那么就应该以中国市场为基础计算 β 系数。不论如何，以国内市场为基础估计 β 系数是一种稳健的做法。但同时由于提高了折现率，可能会导致放弃一些好的投资项目。

式(7-4)是处理负债税蔽的方式之一，另外一种方法是使用公司加权平均资本成本去折现全权益公司现金流来计算项目的净现值。

7.2.3　国际直接投资项目分析

国际直接投资项目分析与国内投资项目分析一样，通过净现值方法对项目进行决策，首先需要估计项目的现金流量与体现现金流风险的资本成本，然后计算出项目的净现值。但是，国际直接投资项目的分析要比国内投资项目分析复杂。由于国外投资项目可能会对母公司的其他业务产生影响以及受到外汇管制及税收等的影响，这样项目产生的现金流与母公司从项目上获得的现金流就会不一致，在分析时是以项目的角度还是以母公司的角度来考虑项目？其次，

---

① 公司资产 β 是权益 β 和负债 β 的加权平均，假设负债无风险，β 等于 0，由此可以推出该公式。

在国际直接投资中会涉及政治风险，如何在分析时考虑风险的影响？也就是说，与国内投资项目比较，国际直接投资项目分析需要考虑两个问题：以项目的角度还是以母公司的角度测量现金流？经济风险和政治风险是在现金流中反映还是调整折现率？

1. 母公司现金流和项目现金流

这里所谓的母公司现金流，指可以由母公司支配在投资者之间进行分配或者决定再投资的现金流。由于跨国公司母子公司之间经常存在借贷关系，母公司从子公司所获得的收入不仅表现为股息，有时也以利息的形式出现。因此，这里的子公司现金流有两种含义：一是指子公司的运营现金流；二是指子公司在经营过程中所产生的自由现金流。自由现金流等于公司运营现金流加上利息支出，减去再投资额。由于税制差异和外汇管制等原因，项目的现金流并非可以由母公司自由支配，项目对于母公司现金流的贡献与项目本身的现金流往往不一致。例如，当子公司东道国实行外汇管制，控制外汇流出时，子公司尽管可以获利，但却不能汇出利润，或者只能汇出一部分。又如，子公司向母公司汇出股息、利息等收入时，要向东道国政府缴纳预提税。母公司收到子公司汇来的股息、利息等收入（缴纳预提税后）时，还要涉及母公司本国的所得税问题。这样，从子公司和母公司两个不同的角度，投资项目带来的现金流入会有不同的结果。不论如何，跨国公司在国外进行直接投资，无疑还是为了增加母公司股东的价值。母公司股东的价值等于他们所能收到或者能够支配的现金流，即母公司运营现金流，以适当的折现率进行折现后所得到的价值。显然，是否给母公司股东带来价值，最终取决于母公司的现金流。

估计现金流时，还要考虑由于蚕食（Cannibal）、销售创造（Sales Creation）与转移价格（Transfer Pricing）等因素所带来的影响。

蚕食是指公司新产品的上市引起原有产品销售的下降，或者跨国公司体系中某一个子公司上市一种产品，会引起其他子公司同类型产品销售的下降。例如，如果公司现在准备在山东新建一处生产基地，则新建生产基地的产品必然会挤占其他原有生产基地产品的市场，因此产生蚕食现象。

销售创造是指公司新产品的上市引起原有产品销售的增加，新产品的投产为老产品创造了新的市场。例如，美国通用汽车公司在英国成立了子公司，在英国生产并销售汽车。由于在英国的子公司开拓了英国汽车市场，使得美国通用汽车公司所生产的汽车零部件对英国市场的出口额增加。

转移价格，是指在跨国公司内部母公司以及各子公司相互之间进行商品交易或其他交易时，出于各种目的由公司所规定的交易价格。转移价格与市场价格通常不一致。因此，如果存在转移价格，使用该价格计算某子公司的销售收入、销售成本时就会出现偏差。同样，当子公司使用母公司的专有技术时，要向母公司缴纳专有权使用费。由于这项费用通常也是由公司根据自身的各种需要所确定的，而不是由市场确定，因此也会出现类似于转移价格的问题。

2. 三步法

综合考虑各种因素，估计跨国公司国际直接投资项目现金流时，通常采用以下三个步骤，这种方法也称为现金流估计的三步法。

（1）计算新项目的直接现金流

计算时，将新项目看成是与公司整体无关的一个项目，独立地考虑其自身的现金流，即项目经营所产生的现金流。

（2）计算新项目对母公司的现金流贡献

项目对母公司现金流的贡献通常体现为四种形式：①股息，母公司作为子公司的股东通过利润分配所获得的收入；②利息，母公司通过向子公司贷款所获得的利息收入；③管理费，母公司为子公司提供管理服务所获得的收入；④特许权使用费，母公司向子公司提供某种专利、特许权等，由此所获得的收入。

如果子公司的利润汇出不受限制，则股息收入一项应为子公司的自由现金流。

（3）调整现金流

按照上述步骤，在获得了母公司现金流后，应综合考虑各种间接现金流以及潜在收益的影响，例如由于蚕食、销售创造、转移价格等因素对所得到的现金流进行调整。

在国外投资新建一个子公司对跨国公司整体影响是相当广泛的，除了对现金流进行调整外，有些因素很难在现金流中得到反映。例如，通过投资获得全球市场、生产等分散化效果。这些因素所产生的效果可以通过对资本预算进行定性调整来考虑，有时也可以使用实物期权方法对某些战略性影响的结果进行计算。

3. 经济风险和政治风险的处理方法

公司在获得对外直接投资所带来的好处的同时，还要承担由此所带来的经济风险和政治风险。顾名思义，经济风险指由于经济因素变化所带来的风险，如经济危机、通货膨胀、汇率波动等因素对公司经营的影响。政治风险指政权变更、政策变化、战争等因素对公司经营的影响。有时这两种风险很难区分，所以在很多情况下对这两种风险不作太准确的划分。例如，政权变化、经济政策都可能导致外汇管制，这样的外汇管制就很难说属于哪种风险。另外，跨国公司在国外进行直接投资所面临的风险并不仅限于经济风险和政治风险，还有其他各种风险。跨国公司应针对具体情况对风险进行具体的分析。

有时，国外直接投资所面临的风险影响相当大，甚至是毁灭性的影响，例如突然爆发的战争。因此，在跨国公司对外直接投资资本预算中必须考虑这些风险的影响。通常，在国外直接投资项目资本预算中考虑经济风险和政治风险的方式主要有三种：缩短回收期；提高要求的投资收益率即折现率；调整期望的现金流。

(1)缩短回收期

回收期是进行项目评价的一种指标，衡量项目在多长时间内能够收回投资。通常，回收期是非贴现型投资评价指标，在资本预算中不作为主要指标使用。尽管这种方法缺乏科学性，但回收期越短，项目受不确定性因素的影响就越小。从这个角度看，缩短回收期能够较好地消除一些风险的影响。缩短回收期方法的优点是简便；缺点是针对不同风险，回收期确定比较主观。

(2)提高折现率

所谓提高折现率，指通过对投资项目各种风险的评估，风险较高的项目使用较高的折现率。这种方法同缩短回收期方法一样，应用起来都非常简便，但这种方法也存在折现率确定主观的问题。更重要的是，这种方法不区分风险可能发生的时间、风险影响的具体结果，而将各种风险影响集中到一个折现率指标上，导致对近期现金流现值调整幅度过大。例如，投资者认为东道国有可能在将来的某个阶段实施外汇管制。但从目前情况看，在最近的时期内实施的可能性不大，两三年之后的情况不太肯定。一般情况下，当近期内的政治风险较高时，投资者会推迟投资，所以，较远时期的政治风险更大一些。考虑政治风险后提高折现率，实际上对第一年现金流折现的结果影响最大，对两三年之后现金流折现的影响就要小一些了，因此形成对事实的扭曲。

另外，对外直接投资项目也不一定必然提高折现率。根据第 6 章国际证券投资管理，投资者进行国际证券投资，可能要求的收益率更低。因此，提高折现率是一种较为保守的方法。

(3)调整期望现金流

所谓期望现金流，指投资者对将来某一年的现金流有各种不同的估计，对每一种估计给定一个概率之后，所求出的各种不同数值现金流的期望值就是该年度期望现金流。例如，投资者预计在正常情况下，公司每年产生运营现金流 300 万元，但考虑到可能出现的政治风险，不能肯定实现该现金流，根据各种材料预测，公司现金流为 300 万元的概率为 50%，而现金流降低为 160 万元的概率也为 50%，这样公司在该年度的期望现金流为 230 万元。如果投资者认为政治风险更大一些，可以进一步提高出现不利情况的概率，降低期望现金流。调整现金流而不改变折现率，所隐含的假设是系统风险不变，也就是假设公司资产国有化、外汇管制、通货膨胀、汇率变动等风险属于非系统风险。尽管期望现金流也很难准确估计，但这种方法较上述两种方法更科学。不过，现实中可能出现的情况多种多样。调整现金流方法要求考察各种情况对现金流的影响，无疑使得方法本身过于复杂。

调整折现率和调整期望现金流两种方法各有优缺点。事实上，有些政治风险很难说仅影响某一年的现金流，甚至有些情况下，两种方法都不适用。例如，有时风险影响项目终止现金流，影响的大小在很大程度上取决于公司是否对资产保险以及采取的融资方式等。如果融资中权益占多数，母公司损失就会多一些。对过去 35 年来跨国投资预算实践的考察表明，调整折现率和调整现金流两种方法基本上各占一半。① 但近年来，使用调整折现率的方法有上升的趋势，尤其是各种方法的结合使用成为一种新的趋势，这些方法包括调整折现率、调整现金流、实物期权和定性分析等。

4. 对汇率波动和通货膨胀的处理

在跨国投资预算中，对通货膨胀的处理与国内投资项目预算类似。首先要区别不同类型的现金流，例如折旧税蔽现金流、销售收入现金流和销售成本现金流等，前一个现金流不受通货膨胀影响，而后两种现金流很可能随着通货膨胀而线性增加。在项目分析中，对汇率波动和通货膨胀处理通常分为如下三个步骤：①根据通货膨胀情况正确地调整以外币计价的现金流量；②将以外币计价的现金流量转换为以本币计价的现金流量；③以要求的收益率为折现率，计算以本币计价的现金流量的净现值。

7.2.4　案例分析

某中国公司(以下简称为母公司)拟在印度尼西亚(以下简称为东道国)建立一个水泥生产基地(以下简称为子公司)，年生产能力 800 万吨，初始投资预计为 46.12 亿元人民币，折合 46 117 亿印度尼西亚卢比，其中厂房、设备等固定资产投资为 42 240 亿卢比，运营资本投入 3 876.9 亿卢比。按照 10 年期直线折旧，每年折旧额为 4 224 亿卢比。在全部投资中，母公司以股权形式出资50%，24 亿元人民币，折合 24 000 亿卢比。另外一半投资来自于 5 年期贷款，75%来自于母公司的贷款，为 18 亿元人民币；25%即 6 亿元人民币来自于东

---

① Tom Keck, Eric Levengood, and Al Longfield, Using Discounted Cash Flow Analysis in an International Setting: A Survey of Issues in Modeling the Cost of Capital, *Journal of Applied Corporate Finance*, Vol. 11, No. 3, 1998, pp. 82-99.

道国的优惠贷款，折合 6 000 亿卢比，优惠贷款利息率为 20%。

由于亚洲金融危机的影响，东道国的市场利率处于较高水平，无风险利率为 33%，市场贷款利率为 35%。当时中国国内的贷款利率为 10%，无风险利率为 3%。跨国公司母公司以及子公司的所得税率均为 30%。

当时的即期汇率为每 1 元人民币等于 1 000 卢比（以美元作为中介计算的套算汇率）。预计今后几年内中国和印度尼西亚的通货膨胀率分别为 3% 和 30%，并且两种货币汇率变化符合购买力平价关系，因此今后 5 年年末的即期汇率①如表 7-2 所示。

表 7-2　预期汇率变化情况

汇率 ＼ 年度	0	1	2	3	4	5
即期汇率（Rp/Yuan）	1 000	1 262	1 593	2 011	2 538	3 203

根据购买力平价关系，第 1 年年末的即期汇率应该为：

$$1\ 000 \times \frac{1+0.30}{1+0.03} = 1\ 262$$

其他年度的即期汇率依此类推。

由于利用了东道国已有的一些条件，项目于投资当年投产，融资利息不存在资本化问题。项目贷款按照 5 年期等额偿还，还款计划分别如表 7-3 和表 7-4 所示。

表 7-3　东道国货币贷款偿还计划表　　　　　　　　　　单位：亿卢比

汇率 ＼ 年度	1	2	3	4	5
偿还贷款利息	1 200.0	1 038.7	845.2	613.0	334.4
偿还贷款本金	806.3	967.6	1 161.1	1 393.3	1 671.9
每年还款额	2 006.3	2 006.3	2 006.3	2 006.3	2 006.3

将每年还款额按照 35% 的市场利率折现，现值为 4 548.86 亿卢比。跨国公司通过该项优惠贷款增加价值：

$$6\ 000 - 4\ 548.86 = 1\ 451.14（亿卢比）$$

---

① 这个汇率预测使用的是平价原理，也可以使用远期汇率。当然，如果决策者认为平价原理不成立，也可以使用其他方法预测。

该价值为现在价值，按照即期市场汇率折合成人民币 1.45 亿元。

表 7-4　人民币贷款偿还计划表

年　度　汇　率	1	2	3	4	5
单位：亿元					
偿还贷款利息	1.800 0	1.505 2	1.180 9	0.824 1	0.431 7
偿还贷款本金	2.948 3	3.243 1	3.567 4	3.924 2	4.316 6
每年还款额	4.748 3	4.748 3	4.748 3	4.748 3	4.748 3
按当前即期汇率					
单位：亿卢比					
偿还贷款利息	1 800.0	1 505.2	1 180.9	824.1	431.7
偿还贷款本金	2 948.3	3 243.1	3 567.4	3 924.2	4 316.6
每年还款额	4 748.3	4 748.3	4 748.3	4 748.3	4 748.3
按将来即期汇率	1 262	1 593	2 011	2 538	3 203
单位：亿卢比					
偿还贷款利息	2 271.6	2 397.8	2 374.8	2 091.6	1 382.7
偿还贷款本金	3 720.8	5 166.3	7 174.0	9 959.6	13 826.1
每年还款额	5 992.4	7 564.1	9 548.8	12 051.2	15 208.8
兑换损失，单位：亿卢比					
利息支付损失	471.6	892.6	1 193.9	1 267.5	951.0
本金支付损失	772.5	1 923.2	3 606.6	6 035.4	9 509.5
兑换损失汇总	1 244.1	2 815.8	4 800.5	7 302.9	10 460.5

注：①母公司向子公司的贷款以美元标值，还款时以美元偿还。考虑人民币币值采取
　　盯住美元的策略，可以预计人民币与美元之间的汇率几年内不会变化。不考虑交
　　易成本的影响，可以认为收到美元与收到人民币效果相同。
　　②由于还款所造成的兑换损失在东道国可以抵减税收。

　　项目在第 1 年投产后，产出相当于生产能力的 40%，第 2 年达到生产能
力的 60%，第 3 年以后达到生产能力的 80%。水泥的价格按照每吨 58 美元计
算，折合 480 元人民币，并且在预算期内价格保持不变。第 1 年的直接生产成
本每吨 110 000 卢比，以后每年按照 30% 的通货膨胀率增长。子公司自身第
1 年的管理费用和销售费用为 1 600 亿卢比，以后每年按照 30% 的通货膨胀率
增长。子公司每年要向母公司支付特许权使用费，为当年销售收入的 2%；支
付给母公司的管理费占当年销售收入的 8%。根据以上条件，子公司 5 年内的

预计损益情况如表 7-5 所示。

表 7-5　子公司预计损益表　　　　　　单位：亿卢比

项　目＼年　度	1	2	3	4	5
销售收入	19 384.3	36 702.7	61 777.9	77 967.4	98 396.2
直接销售成本	3 520.0	6 864.0	11 897.6	15 466.9	20 106.9
管理、销售费	1 600.0	2 080.0	2 704.0	3 515.2	4 569.8
折旧费用	4 224.0	4 224.0	4 224.0	4 224.0	4 224.0
上交特许权费	387.7	734.1	1 235.6	1 559.3	1 967.9
上交管理费	1 550.7	2 936.2	4 942.2	6 237.4	7 871.7
税息前盈余	8 101.9	19 864.4	36 774.5	46 964.6	59 655.9
人民币贷款利息	1 800.0	1 505.2	1 180.9	824.1	431.7
货币兑换损失	1 244.0	2 815.8	4 800.5	7 302.9	10 460.5
优惠贷款利息	1 200.0	1 038.7	845.2	613.0	334.4
税前盈余	3 857.8	14 504.7	29 947.9	38 224.6	48 429.3
所得税(30%)	1 157.3	4 351.4	8 984.4	11 467.4	14 528.8
净利润	2 700.5	10 153.3	20 963.5	26 757.2	33 900.5

　　项目预算期取 5 年，与 5 年贷款期相同，5 年后仍然继续经营。所以，子公司每年仍要投资，假设投资额等于折旧额，即保持公司规模不变。实际上，在通货膨胀的情况下，这个投资额不足以补偿固定资产的损耗。根据损益表可以估计今后 5 年内项目现金流。

　　按照三步法，第一步，估计项目自身的现金流，如表 7-6 所示。

表 7-6　子公司现金流　　　　　　单位：亿卢比

项　目＼年　度	1	2	3	4	5
税息前盈余	8 101.9	19 864.4	36 774.5	46 964.6	59 655.9
减：全权益公司税收	2 430.6	5 959.3	11 032.4	14 089.4	17 896.8
调整后净利润	5 671.3	13 905.1	25 742.1	32 875.2	41 759.1
减：运营资本现金流	3 463.7	5 015.0	3 237.9	4 085.8	—
自由现金流	2 207.6	8 890.1	22 504.2	28 789.4	41 759.1
自由现金流(亿元)	1.749 3	5.580 7	11.190 6	11.343 3	13.037 5
终止现金流(亿元)					30.000 0
总现金流入(亿元)	1.749 3	5.580 7	11.190 6	11.343 3	43.037 5

在表 7-6 中，运营资本约等于每年销售收入的 20％；每个期初的运营资本投资额等于下一个年度运营资本需要数额减去上一个年度需要数额。预算期结束时，公司继续经营，不收回运营资本。第 5 年年末的运营资本投资含在预算期末现金流中(考虑项目持续经营，此处未称为残值)。预算期末现金流确定原则如下：认为公司永续经营，经营现金流按照第 5 年的现金流计算；考虑将来的政治风险和经济风险，折现率在跨国公司现金流折现率的基础上适度提高。用上述折现方法计算出来的价值，扣除第 6 年年初继续经营所需要的再投资。用上述方法估计出的预算期末价值为 30 亿元。值得注意的是，很多跨国公司在考虑预算期末现金流时都比较保守，可能的原因在于较远期的不确定性大，难以判断，例如国有化的风险、外汇控制的风险、经济危机的风险等。

第二步，在上述基础上进一步估计项目对母公司现金流的贡献。

公司认为在 5 年之内受到外汇控制的可能性不大，所以将表 7-6 中的运营现金流看成是可获得的现金流，在此基础上进一步调整。因为不论是支付给母公司的股息还是利息或者本金的返还，都属于表 7-6 中现金流中的一部分，所以不再对股息和利息或者返还本金进行区别。调整的方法是在表 7-6 中现金流的基础上加特许权使用费、母公司管理费，减预提税。预提税率对股息、利息以及其他类型返还的收入均为 10％。本例中假设母公司不存在税收抵免额度，而且母子公司税率相同，那么母公司在国外所获得收入应纳税款就等于预提税。经过调整后的现金流如表 7-7 所示。

表 7-7　调整现金流　　　　　　　　　　　　单位：亿卢比

年度 项目	1	2	3	4	5
自由现金流	2 207.6	8 890.1	22 504.2	28 789.4	41 759.1
加：特许权使用费	387.7	734.1	1 235.6	1 559.3	1 967.9
母公司管理费	1 550.7	2 936.2	4 942.2	6 237.4	7 871.7
减：预提税	193.8	367.0	617.8	779.7	984.0
合　计	3 952.2	12 193.4	28 064.2	35 806.4	50 614.7
折合人民币(亿元)	3.131 7	7.654 3	13.955 4	14.108 1	15.802 3
加：预算期末现金流					30.000 0
总现金流入(亿元)	3.131 7	7.654 3	13.955 4	14.108 1	45.802 3

如果东道国控制外汇流出量，要求子公司每年只能按照净利润的一定比例汇出股息，那么表 7-6 中的现金流构成项目应该为股息，加上返还给母公司的

利息，加上返还的母公司贷款的本金，加上特许权使用费和管理费，减去预提税。另外，如果母公司所在国对国外收入所征税收超过预提税时，还要扣除预提税以外的其他税收。

第三步，项目投资对跨国公司的其他影响。

由于项目投产销售，使得母公司对印度尼西亚水泥出口减少，因此减少了由此所带来的收入。如果水泥出口的价格为 480 元人民币，项目实施前每年 200 万吨，出口水泥的边际利润为 25％，则出口减少每年带来的现金流损失为 2.4 亿元。这部分现金流的测算是一个较复杂的工作，究竟项目投资对于母公司出口的影响是积极的还是消极的，需要认真测算。使用测算后的现金流影响数值，直接对表 7-7 中总现金流进行调整即可。

母公司的目标资产负债率为 40％，根据市场数据估计的股票 β 系数等于 1.1，市场收益率为 15％。根据股票 β 系数转换公式以及资本资产定价模型，折现率估计如下。

对应的全权益公司股票 β 系数为：

$$\beta_u = \frac{1.1}{1+(1-0.3)\times 0.4/0.6} = 0.75$$

对应全权益公司股东的收益率也就是折现率为：

$$k_u = R_f + \beta_u(R_m - R_f)$$
$$= 3\% + 0.75 \times (0.15 - 0.03)$$
$$= 0.12$$

从母公司角度对现金流的折现如表 7-8 所示。

表 7-8　项目现金流价值　　　　　　　　　　单位：亿元

年度 项目	0	1	2	3	4	5
现金流入		3.131 7	7.654 3	13.955 4	14.108 1	45.802 3
折现因子		0.892 9	0.797 2	0.711 8	0.635 5	0.567 4
累计折现值	53.785 7					
减：初始投资	46.12					
净现值	7.665 7					

子公司负债税蔽数额以及税蔽价值如表 7-9 所示，使用的折现率为 10％。

表 7-9　税蔽价值

项　目 ＼ 年　度	0	1	2	3	4	5
利息数额(亿卢比)		3 471.6	3 436.5	3 220.0	2 704.6	1 717.1
税蔽(亿卢比)		1 041.5	1 031.0	966	811.4	515.1
折合人民币(亿元)		0.825 3	0.647 2	0.480 4	0.319 7	0.160 8
折现因子		0.909 1	0.826 4	0.751 3	0.683 0	0.620 9
累计现值(亿元)	1.964 2					

另外,不仅子公司存在税蔽价值,如果母公司因为进行该项投资增加了负债,也会产生税蔽,因此也存在税蔽价值。这笔价值也应该考虑到项目预算中。

考虑税蔽价值以及优惠贷款价值,对项目净现值进行调整,结果为11.079 9 亿元人民币。

考虑国外直接投资所面临的各种风险,在项目预算过程中还要进行净现值敏感性分析(Project Valuation Sensitivity Analysis),例如对国有化风险和外汇变动的敏感性分析等。根据对国有化发生概率的估计,或者外汇变动的分析,调整对应的现金流或者折现率,由此可以得出对应不同情况下的净现值。对将来的不确定性难以把握时,敏感性分析更加重要。

上述案例仅仅提供了一个示例,很多对外直接投资所面临的投资环境不同,各种问题的处理方式也会不同。所以,在实际资本预算中,还要针对各种不同的具体情况,使用不同处理方法。

7.2.5　政治风险测量与管理

1. 政治风险测量

对外直接投资中的政治风险主要指资产所有权所面临的不确定性,具体可以表现为政府没收合法的资产或者由此所产生的收入,或者通过各种手段,如政府实施某些规定,使投资者对其资产的使用受到限制。政治风险使得公司的自主经营受到了限制,因此影响公司的价值。

尽管跨国公司、政治家、经济学家普遍承认存在政治风险,但对政治风险的构成和衡量没有一致的观点,甚至有时对政治风险和经济风险都很难将二者截然分开。一种较为常用的方法是对政治风险和经济风险不作明确的划分,从国家的角度考察政治风险,也就是考察跨国公司在某一个国家进行投资可能面临的风险。现在有许多商业和学术的政治风险预测模型,通常这些模型提供政治风险指数以量化各个国家的政治风险水平。这些模型在确定指数的过程中，主要考虑以下因素。

（1）政治和政策法规的稳定性

政治稳定性包括政府的更替频率、国家的暴力水平（如每 100 000 人口的暴力死亡人数）、武装冲突次数、与其他国家之间的冲突等。这些指标反映了当前政治体制能持续多久，是否能够保障外国投资的利益。大多数公司相信更加稳定的政治体制提供了一个更加安全的投资环境，投资利益更容易得到保障。政策法规的稳定性指政策和法规是否可预测、是否公平、是否存在发生突然变化的可能性、经济改革是否制度化等。

（2）经济因素

在衡量政治风险中，也经常使用一些经济因素，例如通货膨胀、财政赤字或盈余、GDP 的增长率等。通过这些指标，力图评估一个国家经济形势的好坏，从而估计外国资产被国有化的可能性、外汇管制的可能性等。一般来说，一国有更好的经济前景，政治和社会动荡的可能性就较小。另外，国家的经济状况好转，控制汇率波动的能力也会提高。

（3）资本转移

资本转移指的是居民由于担心资本的安全而把资本转移到国外，因此在一定程度上反映了政治风险的高低。因为大多数的资本转移不能直接观察到，所以资本转移很难精确地测量。但是，用国际收支平衡表中的支出数据，尤其是"错误和遗漏"项的数据通常可以推断资本流出量。

资本转移的产生有多种原因，大多数是由于不合适的经济政策，包括政府的法规、管制和税收使得投资收益率很低。在通货膨胀率高的国家，投资者为了避免由此所造成的损失，也会将资金转移到国外。不论如何，资本转移最有可能的动机是政治风险。由于存在着潜在的政府没收的风险，在政治不稳定的地区进行投资安全性较差，发生政变时尤甚。估计到可能的风险，会导致资产大量向海外转移，以寻求保护。

（4）主观因素

所谓从主观的角度评估政治风险，指根据一些已经发生的事实或者其他信息推测一个国家对待外资的态度。

有很多机构提供关于国家风险评估的结果，表 7-9 就是其中之一。表 7-10 中的评估结果来源于一家私营风险评估机构的经营环境风险情报（Business Environment Risk Intelligence）。该机构定期公布其评估结果，详细情况可参考其网站。表 7-10 中给出了各个国家或者地区的综合得分，称为获利机会推荐（Profit Opportunity Recommendation，POR）综合指数。尽管在评估过程中使用了一些定量指标，但也使用了很多定性指标，所以很多类似指数包含有大量的主观评价。

表 7-10　获利机会推荐综合指数（2012-Ⅲ）

国　别	评　分	排　名	评　等	国　别	评　分	排　名	评　等
新加坡	78	1	1A	菲律宾	47	26	2B
瑞　士	76	2	1A	捷　克	46	27	2B
挪　威	73	3	1B	泰　国	44	28	3A
荷　兰	68	5	1B	土耳其	44	28	2B
				西班牙	44	28	3A
德　国	68	5	1B	印度尼西亚	43	31	3A
奥地利	66	7	1B	意大利	42	32	3A
加拿大	63	8	1C	印　度	42	32	3A
瑞　典	61	9	1C	南　非	42	32	3A
比利时	61	9	1C	越　南	42	32	3A
芬　兰	60	11	1C	哥伦比亚	41	36	3A
丹　麦	58	12	1C	秘　鲁	41	36	3A
美　国	58	12	1C	巴　西	41	36	3A
韩　国	57	14	1C	匈牙利	41	36	3A
中国大陆	57	14	1C	波　兰	40	40	3A
日　本	56	16	2A	阿根廷	39	41	3B
沙特阿拉伯	56	16	2A	葡萄牙	39	41	3B
马来西亚	56	16	1C	委内瑞拉	38	43	3B
爱尔兰	55	19	1C	伊　朗	36	44	3B
法　国	55	19	2A	墨西哥	35	45	3B
澳大利亚	55	19	2A	乌克兰	35	45	3B
智　利	54	22	2C	罗马尼亚	33	47	4A
英　国	53	23	2C	埃　及	32	48	4A
哈萨克	49	24	2B	巴基斯坦	29	49	4A
俄罗斯	48	25	2C	希　腊	27	50	4A
全球平均			49.9				

资料来源：http://cdnet. stpi. narl. org. tw/techroom/policy/2012/policy_12_001. htm.

对于不同的公司，同样使用像表 7-10 中的指数来反映在一个国家或者地区投资所面临的政治风险可能并不切合实际。指数反映的是各个公司可能面临的共同的风险。第二次世界大战后美国和英国跨国公司的实践表明，不同的公司即使在同一个国家或者地区投资仍会面临着不同的风险。一般情况下，不同公司所面临的政治风险高低，取决于其经营所在的行业、公司规模、股东结构、技术水平和纵向一体化程度等。例如，资产没收最有可能发生在精炼、公用事业、金融服务领域，而在制造领域发生的可能性就要小得多。很少有国家，甚至是发生了政变、革命的国家对外国投资不加区别地没收。一般来说，如果对当地经济的贡献大，纯粹的本地经营难以替代或者替代成本很高，此时跨国公司的政治风险程度就会较低。甚至，所发生的同样一个事件，对不同的公司会有不同的影响，如依靠进口的公司会由于贸易限制而受到损害，但面临进口产品竞争的公司可能就会因此而受益。再有，政治不稳定性并不一定必然会产生政治风险。例如，在拉丁美洲的政变相当频繁，但大多数跨国公司在那里的业务并没有受到影响。

因此，跨国公司在评价对外直接投资政治风险时，不能简单地依赖一般化的政治风险指数，还应该从微观角度，根据公司具体情况，具体考察公司自身所可能面临的政治风险。

2. 管理政治风险

管理政治风险的目的是减少或者消除跨国公司从国外投资项目中获取投资收益以及回收投资本金的障碍。主要包括如下几种方法。

（1）寻求具有特殊性的项目投资

所谓特殊性，指投资项目具有东道国在市场、技术、生产等各个方面在短期内很难模仿的特点，而且东道国对投资项目具有较高的需求。例如，当跨国公司母公司控制了项目产品进口或出口市场，这样的项目被当地政府没收的可能性要比普通公司小得多。又如，项目具有母公司唯一拥有的专门技术，这样的项目被没收的可能性也小。

（2）使用当地资源

当跨国公司的对外直接投资能够增加东道国就业，提高东道国经济发展水平时，对外投资项目受到不公正待遇的可能性也小。例如，公司可以购买当地的商品作为原材料，雇用当地工人，使用当地的服务等。当然，这样做降低了政治风险，但同时也可能提高了其他风险，如当地的产品和服务质量问题、商业信用问题导致不及时交货、当地的垄断性价格等。跨国公司应在两种风险之间进行权衡。

（3）选择低风险的筹资战略

在东道国进行外汇管制时，子公司向母公司支付股息最容易受到限制，因此在跨国公司投资中应尽量避免以权益形式进行投资，除非东道国对于外国投资有股权比例要求。另外，在股东或者债权人中，包括有影响力的国际机构投资者，跨国投资项目的国家风险也可以大大降低。一般情况下，东道国不太可能限制像世界银行或国际金融公司(International Finance Corporation，IFC)这样的投资者收回股息或者利息。

(4)资金转移战略

红利或利息并不是母公司从国外投资项目获得补偿的唯一途径，参考第 5 章，特许权费、管理费、转移价格、技术援助费是转移资金的其他方法，也可以用来转移资金，因为这些资金转移是对产品和服务价格的支付，所以它们往往列在被限制的转移款项的最后。跨国公司可以充分利用各种渠道规避外汇管制的风险。跨国公司管理者在规划投资时，可以根据可能面临的风险，设计各种资金转移渠道。而不能等到东道国对红利或利息支付进行控制时才转向实施新的资金转移政策，这样的转移很容易被东道国政府发现，导致东道国政府制定新的法规、采取新的措施进行更加严格的控制。

(5)购买保险

在许多发达国家，一些国家机构提供政治风险的保险。若投资于高风险国家，又很难评估风险或评估管理成本很高，跨国公司可以考虑购买保险。保险费还提供了关于风险高低的信息，也就是保险公司根据各种情况对政治风险评估的结果反映在保险费中。保险费高，意味着高风险；保险费低，意味着风险较低。甚至公司可以将保险费应用于资本预算中，考虑政治风险后，净现值的减少额就是保险费。但是，保险费的现值可能要比政治风险的实际"成本"低，因为大多数保险政策只是依据跨国投资项目的账面价值进行赔偿，它要低于母公司所受损失的实际价值。并且，由政府建立的机构提供保险的目的是鼓励公司投资于高风险国家，因此，保险费可能是某种程度的资助，它要比私人保险市场上相同程度风险所需的保险费低得多。

7.3　跨国并购

跨国并购(Cross-border Mergers and Acquisitions)也是国外直接投资的一种形式。在跨国公司进行对外直接投资中，既可以直接在国外建立一个新的生产企业，也可以通过跨国并购，购买一个现有的外国企业。并购包括合并与收购，合并一般在两家势均力敌的公司间进行。在跨国公司对外直接投资中谈到跨国并购，更多地指跨国收购。

7.3.1 跨国并购的动机

跨国并购是境外直接投资的一种重要方式,在国际直接投资中所占比例不断增长,按美元计算甚至超过国际直接投资现金流的50%。在21世纪之前,跨国并购主要发生在发达国家之间。例如,1998年一家英国石油公司以550亿美元购买一家美国石油公司Amoco,德国的Daimler-Benz用405亿美元收购美国第三大汽车公司Chrysler,德国主要的制药公司Hoechst用212亿美元收购法国的Rhone-Poulenc SA(生命科学公司)。随着新兴经济体经济的迅速发展,新兴经济体越来越多地融入到跨国并购版图中。

从被收购公司所在国家的角度,跨国收购并不是总受到欢迎。跨国收购业务是一项具有政治敏锐性的业务。大多数国家更愿意保留国内企业的控制权,所以可能不太支持出售国内企业。另外,新建投资能够增加一个国家的总体投资额,并创造新的就业机会,因此,许多国家更欢迎新建投资,而外国公司收购国内企业通常会受到抵制与反对。既然如此,为什么跨国公司还是热衷于跨国并购呢?

不论是新建投资,还是跨国并购,投资的目标都是跨国公司价值最大化,在进入国际市场的动机方面,两者有着一致性。另外,国内并购的有关理论也适用于跨国并购,如通过并购实现协同效应。不论如何,跨国并购还是有其自身的吸引力。首先,与新建投资相比,跨国并购最大的特点就是迅速。新建投资从审批到建设,再到投产,需要一个较长的时间过程,而跨国并购大大缩短了进入一个市场的时间。其次,跨国并购可以使跨国公司花费较少的代价获取在特定市场中的某些竞争优势,如技术、品牌、供应、分销渠道等,更加有效地快速形成国际生产网络以向全球客户提供更好的服务,提高利润水平,扩大市场份额和提高公司竞争能力。而且,跨国并购还为跨国公司减少了一个潜在的竞争者。最后,国际经济、政治以及汇率的变化可能会创造出不完全的市场,使得收购对象(Target)价值低估,因此跨国公司通过并购过程直接创造价值。例如,在亚洲金融危机的影响下,许多亚洲公司成为跨国收购的对象。

值得注意的是,跨国并购也有可能使得跨国公司支付的成本高于收购对象的实际价值。更使人头痛的是并购后整合以及跨国文化的融合。并购后整合常常伴随着裁减职员,这将导致东道国的干涉。并购的价格、融资方式等,也可能受到东道国的干涉。并购与很多财务决策一样,是一个权衡利弊的过程。

7.3.2　跨国并购的过程

1. 收购对象价值评估

进行跨国收购首先要确定收购对象。由于进行跨国收购的动机可能不同，所以确定收购对象的方式也会有所不同。不论如何确认收购对象，价值评估都是一项极其重要的工作。

价值评估主要应用的方法包括现金流折现法和比率法。现金流折现法与跨国资本预算类似。比率法中常用的有市盈率（P/E）、市账率（M/B）、EBITDA 乘数法和 Tobin Q 等。

市盈率为股票市场价格与每股盈利水平之比，反映了市场愿意为每单位盈利所支付的价格，同时也反映了市场对将来盈利的认可程度。尽管每个公司的市盈率都不一样，但基本上大多数公司，或者同一行业的大多数公司的市盈率趋近于某一个平均数值。使用市盈率法进行价值评估，就是选用收购对象所在市场的平均市盈率，或者主要竞争对手的市盈率，乘以收购对象的预测每股盈利水平。

市账率为当前股票市场价格与股票账面价值之比。市账率可用来评估公司股票的市场价格是高估还是低估了。对于经营状况相近的公司，如果收购对象的市账率低于大部分竞争对手的市账率，说明收购对象的价值很可能低估了。

EBITDA（Earning Before Interest, Tax, Depreciation, and Amortization）指息、税、折旧和摊销前利润，较好地反映了公司产生现金流的能力。用公司权益与负债的市场价值之和，除以 EBITDA，得到的比率称为 EBITDA 乘数。与市账率一样，使用 EBITDA 乘数可以评价公司价值高估和低估的状况。

Tobin Q 指公司权益与负债的市场价值，也就是公司资产的市场价值，与公司资产再置成本之比。所谓再置成本，指在当前市场状况下，购买同样的资产所需支付的价格。Tobin Q 可以作为收购的一个重要参照指标。当 Tobin Q 大于 1 时，进行收购不经济；而当 Tobin Q 小于 1 时，说明进行收购比投资新建支付成本低。

2. 审批与结算

跨国收购与国内收购一样，在收购对象确定之后开始实施收购。大部分收购是通过友好协商完成的，也有部分敌意收购，即不经或者未经收购对象管理层认可，购买方直接在股票市场上发出收购要约。

在协议收购中，当购买方与收购对象达成收购协议后，需要经过有关部门的审批。批准的过程有时是烦琐而冗长的。在这个过程中，股票价格可能会发生较大的变化，甚至使一个成功的收购变成失败的收购。

获得批准之后，就要进行收购结算。收购结算基本上有两种方式，即股票交换和现金结算。股票交换指购买方发行新股，代替收购对象的股票，交换的比例取决于当时双方股票的市场价格。现金结算指购买方直接向收购对象的股东按照协商的价格支付现金。如果结算形式为股票交换，则收购对象股东不存在交税的问题；而如果结算形式为现金结算，则相当于收购对象股东在市场上出售股票，所获得的收益要按照税法规定纳税。

3. 收购后的管理与整合

尽管前两个阶段进展非常顺利，收购后的管理与整合也可能决定收购的成功与失败。也许由于市场的不完美性，购买方支付较低的成本进行了收购，但如果收购后的管理与整合进展不顺利，则完全有可能侵蚀已经在不完美市场上获得的收益，甚至出现损失。

并购后整合是实现并购收益的关键步骤。并购经常是为了实现协同效应，既可以表现为扩大收益，也可以表现为降低成本。如果并购为了降低成本，很可能会涉及调整组织结构、裁员等活动，这些整合活动经常会受到当地工会的抵制。例如，宏碁(Acer)并购西门子手机部，是为了在西门子复制宏碁(Acer)的管理模式，从而提升西门子手机部的效率，然而由于文化和制度的差异，导致整合失败，并由此导致整个并购失败。

跨国并购是一项复杂的活动，在并购前的决策中，既应该对并购的收益来源，也就是并购的好处到底是什么测算清楚，也应该对是否能够实现以及如何实现进行事前规划。

【本章精要】

首先，本章阐述了国际直接投资的含义。国际直接投资指固定资产的投资，不包括证券投资。在当今全球企业间竞争日益加剧的情况下，获利的保障是拥有竞争性优势。保证公司在国外成功经营的竞争优势，通常包括规模和范围经济、管理技能、发达的技术、融资能力、差异化产品。OLI 和 LLL 分析框架，说明了公司进行直接对外投资前所应具有的优势组合，以及直接对外投资动因。然后，本章还分析了投资地点和投资方式的选择问题。

跨国公司国外直接投资资本预算使用与国内项目资本预算相同的评价指标，分为非折现型指标和折现型指标。无论如何，净现值在所有评价指标中是最科学的，反映了项目上马给公司价值带来的增加值。净现值、内部收益率和现值指数三种指标都涉及现金流估计，计算方式有一定的共性。计算出项目的净现值后，内部收益率和现值指数很容易计算出来。本章第二节还介绍了对国际直接投资项目如何展开分析，并辅以案例。此外，政治风险的影响因素与管理策略是跨国公司财务决策过程中不可忽视的一项重要内容。

跨国并购也是国外直接投资的一种形式,而跨国并购的主要目的是追求价值最大化。因此,并购与很多财务决策一样,是一个权衡利弊的过程。跨国收购过程主要涉及收购对象价值评估、审批与结算、收购后管理与整合等相关内容。

【推荐阅读】

[1]彭有轩. 国际直接投资理论与政策研究. 北京:中国财政经济出版社,2003.

[2]张纪康. 跨国公司与直接投资. 上海:复旦大学出版社,2004.

[3]冯鹏程. 中国企业对外直接投资研究. 北京:印刷工业出版社,2009.

[4]尤瑟夫·凯西斯. 资本之都:国际金融中心变迁史(1780—2009 年). 陈晗译. 北京:中国人民大学出版社,中国金融出版社,2011.

[5]何志毅,柯银斌. 中国企业跨国并购 10 大案例. 上海:上海交通大学出版社,2010.

[6]中央电视台"跨国并购"节目组. 跨国并购. 北京:电子工业出版社,2012.

【参考网站】

1. CCTV2 与哈佛商学院、沃顿商学院等学术机构合作的关于跨国并购案的系列短片,共七集:http://jingji. cntv. cn/special/kuaguo/shouye/;

2. 搜狐财经关于专门报道国际并购成功策略论坛的网页:http://business. sohu. com/s2008/bgcl;

3. 世界先锋并购联盟:http://www. mergers. net/index. php? id=homepage;

4. 世界经理人网站:http://www. ceconline. com。

【学习指引】

密歇根州立大学(Michigan State University)所建立的网站 http://globaledge. msu. edu/ibrd/ibrd. asp 中可以查阅到在各国进行投资的有关信息。VIBES(The Virtual International Business and Economic Sources)的网站上提供了大量有关国际经营环境信息的链接,具体可以参见 http://www. uncc. edu/lis/library/reference。其他可获得各国专门信息的网站包括:http://www. imd. ch/wcy(国际管理发展学院,International Institute for Management Development),http://www. stls. frb. org/fred(美国联邦储备银行数据

库，The Federal Reserve's Data Bank）。另外，还可以在 http://www. tax. kmpg. net 和 http://www. pwcglobal. com 两个网站中查到几十个国家的有关税收法规。关于国家风险评估，可参阅 http://www. beri. com。新加坡统计局也提供各国情况分析报告，http://www. singstat. gov. sg 。关于跨国并购情况可参阅联合国贸发会议网站（United Nations Conference on Trade and Development，UNCTAD），http://www. unctad. org。

【练习题】

一、名词解释

OLI 竞争优势、行为模式、跨国网络、蚕食、销售创造、转移价格、政治风险、资本转移

二、简答题

1. 什么是 OLI 分析框架和 LLL 分析框架？在跨国公司对外直接投资决策中有什么作用？

2. 在跨国公司投资地点决策中，应主要考虑哪些问题？

3. 在投资方式决策中，你认为起主要影响作用的因素有哪些？

4. 如何区别母公司现金流和项目现金流？两种现金流各由哪些部分构成？

5. 什么是跨国投资中的政治风险？如何评价政治风险？假想一个东道国，利用互联网搜索该国的政治风险评价情况。

6. 在跨国收购中，你如何估计收购目标公司的价值在市场上是低估还是高估了？

7. 1989 年，英国公司 Beecham Group 合并了美国公司 SmithKline Beckman，交易价值为 83 亿美元。你认为两家制药公司从合并中预期可以获得哪些经济优势？

8. 在跨国资本预算中，现金流的折现率如何选取？相对于国内资本预算，哪个折现率更高一些？为什么？

三、计算题

1. 假设通用汽车的全球利润构成是美国 85%，日本 3%，世界其余国家 12%，主要的日本竞争者的利润构成是日本 40%，美国 25%，世界其余国家 35%。假设通过提高生产率和以大量资本替代劳工，通用的汽车生产成本可以下降到日本汽车生产的成本水平。在这种情况下：

（1）哪一家公司更具全球竞争优势？

（2）如果你是通用公司 CEO，你对日本竞争者的挑战会做出什么竞争反应？

2. 根据一家公司股票市场价格以及发放股息的数据，计算出来的 β 系数

为 1.2，如果这一阶段公司的资产负债率为 30%，公司所得税税率为 30%，那么当公司负债率提高到 40% 时，有负债公司权益的 β 系数是多少？

3. 假设一家美国公司的海外子公司向母公司支付 20 万美元股息，子公司东道国的所得税税率为 25%，股息预提税率为 5%，美国母公司边际税率为 35%。美国税务局在征税时，使用子公司纳税前（所得税和预提税）的收入作为应纳税收入，按照 35% 的国内税率计算纳税额，扣除在国外已纳税额，即为应缴纳给美国税务局的税收。那么该美国公司应向美国税务局缴纳多少税收？

4. 某美国公司在法国拥有一家子公司，预计 3 年内每年可获得 80 万欧元的股息，第 4 年和第 5 年每年股息比上年增长 10%。当前市场汇率为每欧元等于 0.918 0 美元，母公司现金流折现率为 12%，那么：

(1) 如果预计欧元每年升值 4%，该现金流的净现值和内部收益率各是多少？

(2) 如果预计欧元每年贬值 4%，该现金流的净现值和内部收益率各是多少？

5. 在本章的资本预算案例中，如果东道国政府只允许跨国公司将息税后利润的 50% 作为当年股息收回，未收回的现金流在东道国再投资，预计再投资收益率为 35%，其他条件不变，那么该项投资的净现值是多少？

四、讨论与思考题

结合我国投资环境现状和本章 POR 排名表，讨论 POR 综合指数评估法的优劣。然后，查找近三年全球 POR 排名状况，思考近期各国投资环境的影响因素和变化规律。

第8章 跨国公司短期融资 与流动资产管理

【本章学习目标】

1. 熟悉跨国公司短期融资的方法和渠道；
2. 了解短期融资的一般方式；
3. 掌握流动资产管理的主要内容。

【引导案例】

海尔集团的全球化营运资金管理

海尔集团网站信息显示，2011年，海尔集团全球营业额1 509亿元，在全球17个国家拥有8万多名员工，海尔的用户遍布世界100多个国家和地区。

随着海尔集团的快速发展，营运资金管理所面临的挑战也日益严峻。海尔集团坚持以战略为导向，提倡基于渠道管理的营运资金管理，及时调整营运资金管理策略，以适应战略发展需求(见图8-1)。海尔集团营运资金管理的特色还在于，在"市场链"流程再造的基础上，突破了财务部门的边界，实现了业务管理和资金管理的有效整合。而且，海尔集团对营运资金管理提出了"零营运资本"的目标，即在满足企业对流动资产基本需求的前提下，尽量使营运资金趋于最小的管理模式。

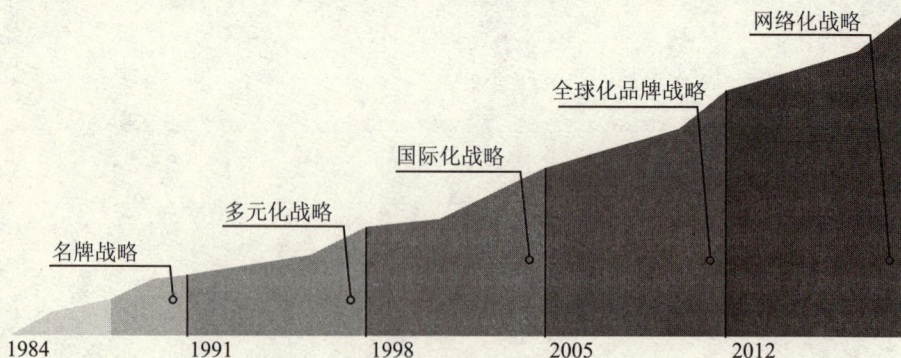

图 8-1 海尔战略演变

资料来源：http://www.haier.net/cn/about_haier/strategy/，2013-03-01。

　　具体来看，海尔集团早在 2002 年就成立了财务公司，并积极构建和不断优化集团本外币现金池，后又采取了全球资金电子结算模式，实现了资金结算与管理的体系化、流程化和信息化；对应收账款实行了集中授信、统一管理，并为保证应收账款的及时回收，在与分销商等客户合作共赢的基础上，为客户提供营运资金解决方案，还积极开展了应收账款保理等业务；而对存货管理，则陆续实现销售直发模式、供应商管理库存模式、模块化管理，并逐步向全面应用 JIT 制转变，而且还不断优化供应商质量与数量的网络管理策略；此外，海尔集团还通过利用自身的财务公司与金融机构的良好合作关系，不断推动采购渠道贸易融资，借助信用证结算方式、付款保函、进口押汇等方式管理应付账款业务。

　　资料来源：王竹泉、孙莹、祝兵，《全球化企业营运资金管理模式探析——以海尔集团为例》，载《中国科技论坛》，2011(8)，有删改。

　　运营资本管理是公司财务管理中的一项重要内容。由于经营特点不同，跨国公司的运营资本管理与国内公司有着不同的特点。本章集中说明公司短期资产和负债的管理。第一节内容为国际贸易活动中融资的方法；第二节内容为跨国公司短期资金来源，进行短期融资决策所运用的标准；第三节内容为跨国公司流动资产管理，包括现金管理、应收账款管理和存货管理。

8.1　国际贸易中的融资

8.1.1　国际贸易的支付方式

　　跨国公司的市场是全球化的市场，在产品销售和原料采购中，经常面临选择进出口支付方法的问题。对于跨国公司，国际贸易支付方式的选择，既是进行风险管理的手段，也是短期融资、流动资产管理的工具。

　　国际贸易中的支付方式主要有五种，即预付(Cash in Advance)、信用证(Letter of Credit，L/C)、汇票(即期/远期，Sight Draft/Time Draft)、委托代销(Consignment)和清算账户(Open Account)。上述五种方式中的每一种，对于进口商和出口商均存在着一定的风险。上述从预付方式到清算账户的排列顺序，对收款方而言，是收款风险从小到大的排列。在国际贸易中，收款和付款是一对矛盾。通常，收款方的风险小一些，付款方的风险就会大一些。例如，以预付方式付款，收款方提前收到货款，实现了销售收入；而付款方并未在付款时获得产品或者服务，在付款和获得产品以及服务的时间间隔中，可能会面临着各种经济不确定性的变化，如汇率变化、新产品问世等，这些不确定性都可能给付款方带来风险。

不论是收款方还是付款方，在收益一定的条件下，都希望自身所承担的风险越小越好。然而，收款方在降低风险的同时，也会给付款方带来风险及不便，这样很可能导致出口商客户减少，出口销售额下降。从盈利的角度看，跨国公司在出口业务中对于五种支付方式的选择，就是在降低收款风险和增加出口销售收入之间进行权衡选择。

各种支付方式的比较如表 8-1 所示。

表 8-1　支付方式的比较

方　式	付款时间	出口商风险	对出口商的优缺点
预　付	货物发运之前	无	可获得来源于客户的信用，但可能会限制潜在客户
即期汇票：付款交单	按汇票对购货方的提示，见票即付	很低	在客户付款前能一直拥有并实际控制货物，但如果客户拒收货物，将不能获得货款
信用证	取决于信用证种类，以及即期还是远期汇票	低	将商业信用转变成了银行信用，只要银行接收了有关单证，即可获得货款或者付款保证。如果信用证可撤回，则要增加一些合约变化的风险
远期汇票：承兑交单	根据汇票到期日	较低	由于向客户提供了商业信用，更易被接受，但也因为先向客户提交货物而多承担了一些风险
委托代销	购货方销售时	较高	更易被客户接受，但增加了信用风险和政治风险
清算账户	按清算协定	高	比委托代销更简便，风险也更高

1. 预付

在预付方式下，只有在购货方向出口商汇付货款后，出口商才发出货物。货款通常是采用国际电汇方式汇入出口商的银行账户或采用银行汇票方式。这种方式为供货方提供了最大程度的保护，与交易相关的风险基本上全部由购货方承担。它通常由供货方用于首次购货的客户，这些客户的资信程度不被知晓，或其所在国家正处于金融困难之中。然而，大多数购货方并不愿预付某一个订单的货款而承受全部风险。

2. 信用证

信用证是银行代表进口商(购货方)签发的，承诺当装运交单(Shipping Documents)单据与合同条款一致时向出口商(受益人)付款的一种单据。事实上，银行是以自身的信用代替买方的信用，提高了进口商付款的信用程度。在信用证方式下，不论买方是否有能力或是否愿意支付，签发银行有义务准许卖方提款。当然，只有卖方在发运了所订购货物并完整地提交与信用证要求相一致的文件，进口商代理银行才会签发信用证，进口商才需支付货款，出口商才能获得货款。这种付款方式较好地控制了进出口双方在交易过程中所承担的风险。由于这种方法向买卖双方都提供了一定好处，因而它是买卖之间达成的一种折中。信用证是一种典型的国际贸易支付方式。

使用信用证的一般程序如下。

①签订贸易协议。例如，中国纺织品进出口公司和一家美国公司签订了一笔纺织品出口协议，价值30万美元。

②进口商向其代理银行申请开立信用证。美国公司向其代理银行，例如花旗银行(Citibank)申请开立信用证。

③将开立的信用证寄交给出口商的代理银行。花旗银行将开立的信用证寄交给出口商代理银行，例如中国银行。

有时，如果出口商不了解开证银行的信用情况，可以要求信用证再经过其他银行确认，称为担保信用证(Confirmed L/C)。当开证银行确实不能兑付信用证时，由确认银行代为支付。不需确认的信用证，称为无担保信用证(Unconfirmed L/C)。

④出口商银行通知出口商已收到信用证。中国银行收到信用证后通知中国纺织品进出口公司，已经收到信用证。

⑤出口商发送货物。中国纺织品进出口公司收到通知，开始按照合同条款发送货物。

⑥出口商开立汇票，并同时向代理银行提供必要的单证。中国纺织品进出口公司在发送货物的同时，开立以花旗银行(开立信用证的银行)为付款人的汇票。

有时，在汇票抵达开立信用证银行之前，不需经过协商，所开立的信用证可以被撤回，称为可撤回信用证(Revocable L/C)。不可撤回信用证(Irrevocable L/C)在撤回前必须经过有关各方的同意。信用证上，通常印有可撤回(Revocable)或者不可撤回(Irrevocable)的字样。

⑦出口商银行将汇票以及单证转交进口商银行。中国纺织品进出口公司将开立汇票以及信用证所要求的有关单证。这种需要附有单证的信用证称为跟单

信用证(Documentary L/C)，所需要附属的单证会在信用证上注明，通常包括提单(Bill of Lading，B/L)、商业发票(Commercial Invoice)和保险(Insurance)，有时还要求领事发票(Consular Invoice)等。不需要附属单证的信用证称为非跟单信用证(Nondocumentary L/C)，或者光票信用证(Clean L/C)，在进出口贸易中很少应用。

⑧进口商银行向出口商银行支付款项。当花旗银行按照信用证的要求对各种单证检查无误后，按照汇票要求承兑汇票(Acceptance)或者立即将款项汇到中国银行。

根据受益人是否可以变化，信用证可以分为可转让信用证(Transferable L/C)和不可转让信用证(Nontransferable L/C)。持有可转让信用证的受益人可以向银行请求将信用证金额转付给第三方，或者更多的受益者。可转让信用证只能转让一次。

⑨出口商收款。中国纺织品进出口公司收到承兑汇票或者出口商品价款。

⑩进口商银行通知进口商付款赎单。花旗银行通知美国公司交付进口商品价款，提取有关货物的单证。

3. 汇票

汇票通常指由出口商(收款方)向进口商(付款方)或者进口商代理人(代理银行)签发的，要求进口商在指定日期支付指定数额款项(面额)的书面指令。使用汇票进行交易，通常也需要银行的参与，由出口商的代理行将汇票转交给进口商，并向进口商收取款项，然后转付给出口商。在付款的过程中，代理银行持有交易商品的有关单证，只有当进口商付款或者承兑汇票之后，才会将有关单证转交给进口商。在上述交易中，出口商称为开证方(Drawer)，进口商称为付款方(Drawee)，代理银行称为收款人或者受益人(Payee)。

汇票分为即期汇票和远期汇票。即期汇票指见票即付汇票，付款方见到开证方所开立的汇票，应无条件支付给受益人指定的款项，或者拒付。远期汇票指在将来某个指定日期支付指定款项的汇票。付款方承兑后的汇票称为承兑汇票(Acceptance)，承兑人为银行的为银行承兑(Banker's Acceptance)，承兑人为工商企业的为商业承兑(Trade Acceptance)。银行承兑后的汇票类似于其他银行短期金融工具，可以在市场上转让。承兑汇票对于付款人及收款人都是重要的短期融资工具。

与信用证相类似，汇票也分为光票(Clean)和跟单汇票(Documentary Draft)。光票不需附有任何单证，而跟单汇票则需附有与货物有关的某些指定单证。光票也很少用在国际贸易中。即期跟单汇票称为付款交单(Documents against Payment，D/P)，远期承兑跟单汇票称为承兑交单(Documents on Acceptance，D/A)。

4. 委托代销

在代销合约下，出口商向进口商发运货物，同时仍然保留着对商品的实际所有权。进口商接纳商品，但是在未向第三者出售前不需付款。这种付款方式完全建立在出口商对进口商信任的基础上，出口商相信进口商在商品销售后会向其付款。如果商品出售后，进口商未能按照约定付款，出口商也仅具有有限追索权。对于出口商，这是一种高风险的付款方式。因此，除母子公司或者子公司之间，或者长期贸易伙伴之间的贸易活动外，委托代销方式很少被采用。

5. 清算账户

与预付相对应的是清算账户交易。在这种交易中，出口商发运商品，将商品的所有权转移给进口商，期望购货方根据清算协定达成的条款支付货款。与委托代销类似，这种方法适用于母子公司之间或者子公司之间，或者其他买卖双方相互有长期合作关系、彼此相互信任的情况下，出口商完全依赖于购买方的财务能力和声誉。清算账户不是每一笔交易支付一次，而是每隔一段时间支付一次，而且对相同客户的应收应付可以相互抵消。因此，清算账户不仅具有灵活性，而且也降低了支付中所带来的银行费用。虽然看起来风险较高，但是由于其便利性，以及国际信息化程度不断加深，对客户的了解更加容易，清算账户交易仍在扩大。值得注意的是，如果东道国实施外汇管制，最容易受到影响的就是委托代销和清算账户。

8.1.2　贸易融资方法

在国际贸易融资中，交易双方的代理银行扮演着重要的角色。国际贸易融资中一些较为普遍运用的方法有汇票承兑（Acceptance）、汇票贴现（Discounting）、应收账款保理（Factoring）、福费廷（Forfaiting）。

1. 汇票承兑

在进出口贸易付款中经常使用汇票。在出口商向进口商开出要求付款的汇票后，如果进口商代理银行同意付款，可以进行汇票承兑。银行对汇票进行承兑后，称为银行承兑（Bank Acceptance），相当于以银行的信用代替了商业信用。不论发生什么，承兑银行见到到期的承兑汇票后，都应无条件付款。银行承兑汇票后，创造了一种货币市场工具。承兑汇票可以像其他货币市场工具一样，可以在市场上买卖。持有汇票的人在汇票到期日，有权从承兑银行获得汇票面值。

出口商接受远期汇票，相当于通过银行担保，出口商向进口商间接提供了一笔贷款，贷款期限等于远期汇票的期限。汇票的期限通常包括 30 天、90 天和 180 天等几种，大部分为 90 天，甚至期限也可以灵活确定。如果出口商需要资金，可以在货币市场上出售银行承兑后的汇票。当然，出售承兑汇票时，出口商所得到的款项，等于汇票面额减去从出售日到到期日的利息。银行承兑汇票与很多短期银行信用工具相类似，例如银行大额存单，其利率也接近于像大额存单这样的信用工具，所不同的是承兑要交纳一定的承兑费。

2. 汇票贴现

在进出口贸易中，很多情况下使用远期汇票的付款方式。如果远期汇票得到银行的承兑，出口商可以通过出售银行承兑汇票进行融资；如果远期汇票没有得到银行承兑，出口商仍然可以利用远期汇票进行融资，即汇票贴现。

汇票贴现是指出口商将汇票交给愿意接受的银行或者其他金融机构，得到汇票面额与利息和其他成本之差额。汇票贴现有追索性贴现，也有非追索性贴现。所谓追索性贴现，指贴现汇票后，如果汇票到期不能兑现，贴现银行有权向出口商索赔。非追索性贴现，指贴现汇票后，如果汇票到期不能兑现，贴现银行无权向出口商索赔，也就相当于汇票卖断给贴现银行。

3. 应收账款保理

应收账款保理指出口商出售货物获得应收账款而不是现金后，将应收账款转让给应收账款保理商（Factor）。保理商一般为商业银行或其他金融机构的分支机构。应收账款保理商持有应收账款，而出口商获得现金收入。出口商所获得的现金收入等于应收账款面额与贴现利息和应收账款保理费之差。应收账款让售通常是无追索性的，即出口商将应收账款出售给保理商后，不再承担任何进口商不能到期付款的风险，而是由保理商承担这种风险。

保理商为了避免代理风险，接受应收账款保理业务时，一般是接受一个公司的全部应收账款，而不是一部分，以免出口商有选择地出售应收账款，将风险大的应收账款出售给保理商，风险小的不出售，加大保理商的风险。

除了贴现息之外，应收账款保理商所收取的保理费大约相当于应收账款面额的 $1.75\%\sim2\%$，根据应收账款平均数额、年度总额和应收账款的信用程度等不同而不同。因此，以应收账款保理方式进行短期融资的成本可能并不低。例如，应收账款保理费率为 1.8%，贴现率为每年 30%，出口商出售的应收账款信用期为 90 天，那么 100 万美元的应收账款出售给保理商，出口商收到现金：

$$100\times(1-1.8\%-30\%\times3/12)=90.7(万美元)$$

相当于 90 天贷款成本为：

$$(100-90.7)\div90.7=10.25\%$$

折合成年贷款成本：

$$10.25\%\times360\div90=41\%$$

尽管应收账款保理的成本较高，仍然得到了广泛的应用，尤其对不常出口的公司或者应收账款分散不便管理的公司。其原因主要在于保理商集中管理应收账款在整体上降低了应收账款的风险，并将所获得的好处在受让双方分享。保理商集中管理应收账款：对应收账款进行专业化管理，拥有较为详尽的客户信息，强化应收账款的收账工作；保理商拥有分散化的应收账款，分散了部分风险。

4. 福费廷

福费廷是一种类似于保理的无追索性应收账款让售业务。所不同的是，福费廷常用于中期资本性商品买卖所形成的应收账款。买方在购买资本性商品时，通常需要一段时间、一定数额的融资，有时长达 3～7 年。在购买商品时，进口商开出以出口商为受益人的本票(Promissory Notes)，出口商即可以将本票出售给福费廷商(Forfaitor)。与保理商一样，福费廷商一般也是商业银行或其他金融机构的分支机构。由于福费廷业务涉及的应收账款数额较大、时期较长，福费廷代理商不像保理商那样容易分散风险，因此在福费廷业务中通常要求进口商银行提供付款担保或者以开立的信用证作为质押。也正是福费廷业务的这种担保或者质押特性，使其获得了快速发展，尤其在欧洲。福费廷所涉及的金额通常超过 50 万美元，贴现率一般等于标值货币市场利率加上 1.25％。当数额过大时，通常由几家银行形成一个辛迪加(Syndicate)，共同承担一项福费廷业务。

8.1.3　进出口银行

除了上述融资渠道以及一般性银行融资渠道外，公司经营出口业务还可以从进出口银行申请融资。进出口银行是国家为了鼓励对外贸易，尤其是出口贸易，为公司提供各种融资服务的国家政策性银行，例如美国进出口银行、日本进出口银行等。中国进出口银行成立于 1994 年，是直属国务院领导的、政府全资拥有的国家银行，总部设在北京。截至目前，在国内设有 21 家营业性分支机构，在境外设有东南非代表处、巴黎代表处和圣彼得堡代表处。中国进出口银行的主要职责是为扩大我国机电产品、成套设备和高新技术产品进出口，推动有比较优势的企业开展对外承包工程和境外投资，促进对外关系发展和国际经贸合作，提供金融服务。

中国进出口银行的主要业务范围包括：

①办理出口信贷和进口信贷；

②办理对外承包工程和境外投资贷款；

③办理中国政府对外优惠贷款；

④提供对外担保；

⑤转贷外国政府和金融机构提供的贷款；

⑥办理本行贷款项下的国际、国内结算业务和企业存款业务；

⑦在境内外资本市场、货币市场筹集资金(不含发行股票)；

⑧办理国际银行间的贷款，组织或参加国际、国内银团贷款；

⑨从事人民币同业拆借和债券回购；

⑩从事自营外汇资金交易和经批准的代客外汇资金交易；

⑪办理与本行业务相关的资信调查、咨询、评估和见证业务；

⑫经批准或受委托的其他业务。

目前，中国进出口银行作为我国机电产品、高新技术产品和境外承包工程项目以及各类境外投资项目的政策性融资主渠道、外国政府贷款主要转贷行和中国政府对外优惠贷款的唯一承贷行，已经成为我国外经贸支持体系的重要力量和金融体系的重要组成部分，为促进我国开放型经济的发展发挥着重要的作用。

8.2 一般短期融资

8.2.1 短期融资方式

跨国公司的母公司及其子公司通常运用多种方法获得短期资金，以满足其流动性的要求。经常使用的各种方式包括：①贸易融资；②内部贷款；③一般性的银行贷款；④商业票据(Commercial Paper)，包括欧洲商业票据(Euro-Commercial Paper)。跨国公司的短期融资与非跨国公司没有什么本质的区别，只是跨国公司的融资方式更加灵活，所建立的银行联系更加广泛。另外，跨国公司一般规模较大，更容易利用像商业票据这样的直接融资工具进行融资，以节约融资成本。

所谓商业票据，通常指由大公司所出具的短期无担保本票(Promissory Note)，按照折价方式出售给机构投资者或者其他公司。由于无担保，所以商业票据的发行者主要为一些信用状况好的大公司。商业票据的期限通常为20天到三个月，根据各国惯例，期限不尽相同。甚至有些商业票据不是按照折扣方式发行，而是按照面额发行，期末还本付息。

当发行量较大时，商业票据与银行贷款相比，能够节约大量成本，通常为1%甚至更高。发行商业票据的成本一般包括担保额度(Backup Line of Credit)

费、发行(Issuing)费、评级(Rating)费。由于商业票据期限短，发行公司出现资金周转困难的可能性较长期融资大。为避免发生不能按期偿还的情况，公司发行商业票据的同时，请求银行对所发行的商业票据予以担保。当公司发生资金周转困难时，由银行提供足够的资金偿还到期的商业票据。由此，发行公司要交纳一笔担保额度费，约为 0.375％～0.75％。与发行股票和债券相类似，商业票据也是通过商业银行发行，当然到期偿还也通过商业银行来进行。另外，尽管不是规定所要求，大多数公司为了使得商业票据更容易为投资者所接受，经常请评级公司为所要发行的商业票据评级。

在欧洲货币市场上广为使用的一种融资工具为欧洲商业票据。这里的欧洲是一个前缀，指在一个国家的金融市场上发行以非本国货币标值的金融工具。当然，欧洲的另外一层含义，指在欧洲市场所发行的以其他国家货币标值的金融工具，尤其是以美元标值的金融工具。欧洲商业票据的主要发行者为国际上知名的跨国公司，投资者主要包括银行和工商企业，有着良好的流通市场。

像其他欧洲市场金融工具一样，管制少是欧洲商业票据的一大优点。另外，欧洲商业票据还可以使用一揽子货币进行融资，即在同一次发行中，票据以多种货币进行出售。由此不仅能满足跨国公司多种货币融资需求，与互换相结合，还为跨国公司提供了便利的套利工具。

8.2.2 短期融资决策

1. 短期融资决策关键影响因素

(1)公司的风险规避程度

在第 4 章外汇风险管理中曾经提过，融资也可以作为风险管理的工具。例如，中国公司拥有一笔日元应收账款，如果日元贬值，那么应收账款的人民币价值就会下降，导致外汇风险。如果借入一笔与日元应收账款期限、金额相同的日元短期资金，那么可以抵消汇率变化所带来的风险。但是，降低融资成本与外汇风险管理目标有时是一致的，有时是矛盾的。确立不同的融资目标，会导致不同的融资决策结果。选择哪种货币、哪种具体方式，在很大程度上取决于公司的风险规避程度。如果公司风险规避程度高，那么融资决策会以降低风险为目标，同时可能会牺牲低融资成本的好处。如果公司愿意承担高风险，则融资决策将考虑降低融资成本，同时可能会提高公司的外汇风险。

(2)外汇远期合约

外汇远期合约是跨国公司的一种重要风险管理工具。如果公司准备借入的货币存在远期合约，那么当公司借入该种货币以后，同时再购入同样数额的该种货币远期，以规避外汇风险。

【例 8-1】中国跨国公司在美国的子公司借入三个月期 98.52 万欧元，年利率为 6%，到期偿还 100 万欧元。当前即期汇率为每欧元 1.164 2 美元，3 个月期的远期汇率为每欧元 1.170 6 美元。那么现在借入欧元，不论 3 个月后欧元与美元之间汇率如何变化，该子公司只需偿还本金 117.06 美元。借入欧元折合成美元的贷款利率为：

$$(117.06-98.52\times1.164\ 2)\div(98.52\times1.164\ 2)\times4\times100\%=8.24\%$$

如果美元市场贷款利率高于 8.24%，则欧元贷款更有利；反之，则美元贷款更有利；如果美元市场的贷款利率正好也是 8.24%，则两种贷款无差别。这种决策过程实际上就是寻求套利机会的过程，当两个市场处于利息率平价时，套利机会消失。所以，当利息率平价成立时，选择哪种货币贷款成本都一样。一种货币的高利息率正好被其远期贴水所抵消掉了。本例中欧元的远期升水为：

$$\frac{f_1-e_0}{e_0}\times100\%=\frac{1.170\ 6-1.164\ 2}{1.164\ 2}\times4\times100\%=2.20\%$$

在利息率平价成立的情况下，弥补了两个市场利息率之差（本例中利息率差与外汇升水存在微小差别，原因在于此处的利息率平价为近似公式，详见第 2 章）。事实上，由于两个国家的各种风险不一样，利息率平价很难实现。因此，公司在决策中要注意考察市场不均衡的真正原因是什么，违背利息率平价的原因是否在于其中一个国家存在外汇管制等额外的风险。

但如果不存在远期市场，情况就不一样了。在这种情况下，如果不考虑外币借款所引致的外汇风险，要比较两种货币贷款利息率，就需要估计将来的汇率走势。根据估计的汇率走势，结合国际费雪效应即可以判断两种货币贷款成本之差。如果美元 3 个月贷款利息率为 8.2%，欧元 3 个月贷款利息率为 6%，并且公司根据各种信息判断 3 个月内美元相对于欧元将贬值 2.2%（年均化贬值率），则两种货币贷款利息率之差完全是预期汇率变动所引起的，两种货币 3 个月贷款成本无差异。

（3）税收

税收是影响跨国公司短期贷款决策的另一个因素。尽管在两种货币之间存在着利息率平价，但如果对于两种贷款征税方式不一致，也会导致两种货币贷款的成本差异。例如，英国税务局对于公司在贷款中产生的汇兑收益征税，但是对于汇兑损失却不允许抵扣，因此使得英国公司不愿意借入硬货币。又如在澳大利亚，税务局对于外汇远期交易所产生的收益征税，产生的损失也允许抵扣，而且征税的税率低于抵扣的税率。这样，即使利息率平价成立，税后利息率还是存在差别，因此，公司在决策中考虑的应该是税后利息率而不是税前利息率。

（4）政治风险

政治风险是决定跨国公司融资决策的一项极其重要的因素。即使使用外币贷款融资成本低，但如果存在政治风险，跨国公司还是更倾向于使用子公司东道国本币贷款。一旦发生不利情况，跨国公司能够最大限度地降低损失。当然，政治风险很难量化，在多种情况下是一种定性的判断。

2. 融资成本决策

上面提到如果能够预测汇率的变化，即可以判断两种货币之间融资成本的高低。最容易使用的预测方法是趋势预测法，也就是公司可以使用过去汇率变化的趋势来预测未来。公司可以根据对融资期间内汇率变化所做出的预测，来估计外币贷款的利息率。

【例 8-2】一家瑞士公司在美国的子公司需要一年期的资金，并且已知美元贷款的一年期利率为 8%，而瑞士法郎贷款的年利率为 6%。假如该子公司预测到瑞士法郎将从现在的汇率 0.45 美元上升到 0.459 美元，或者美元汇率从 2.222 2 瑞士法郎下降为 2.178 6 瑞士法郎，在一年内贬值 1.96%。从母公司整体的角度考察子公司融资成本，根据国际费雪效应，使用美元贷款，在所预测的汇率变化率的背景下，转换成瑞士法郎的成本为：

$$r_l \times \left(1 + \frac{e_1 - e_0}{e_0}\right) + \frac{e_1 - e_0}{e_0} \tag{8-1}$$
$$= 8\% \times (1 - 1.96\%) - 1.96\%$$
$$= 5.88\%$$

而直接获取瑞士法郎贷款的成本为 6%，高于美元贷款等价的瑞士法郎成本，因此使用美元贷款更合适。然而，由于一年后的汇率是预测值，并不确知，而且准确预测汇率总是令人头痛的事，所以并不能保证外币融资将一定是经济的。解决这个问题的一种方式是盈亏平衡分析（Breakeven Analysis）。

通常两种货币的利息率是已知的。所谓盈亏平衡分析，指在两种利息率不变的情况下，找出什么样的汇率变化使得两种货币贷款融资成本一致。根据式（8-1），以 c 代替汇率变化率，即：

$$r_h = r_l(1 + c) + c \tag{8-2}$$

式中：r_l 为子公司东道国货币贷款利息率；r_h 为母公司货币贷款利息率；c 为汇率变化率 $\frac{e_1 - e_0}{e_0}$。注意这里汇率变化率中的汇率，指的是以母公司货币表示的其他货币的价值。

在两个利息率已知的情况下，要使两种贷款融资成本相同，需要使得汇率变化率：

$$c^* = \frac{r_h - r_l}{1 + r_l} \tag{8-3}$$

式中：c^* 为盈亏平衡情况下的均衡汇率变化率。相对于均衡汇率变化率，实际情况可能有以下三种：

①如果实际汇率变化率大于均衡汇率变化率，$c > c^*$，则借入母公司货币融资成本更低；

②如果实际汇率变化率等于均衡汇率变化率，$c = c^*$，则两种贷款成本无差异；

③如果实际汇率变化率小于均衡汇率变化率，$c < c^*$，则借入东道国货币融资成本更低。

【例 8-3】仍以例 8-2 中的数据为例，已知两种货币的贷款利息率分别为 8％ 和 6％，则均衡汇率变化率为：

$$
\begin{aligned}
c^* &= \frac{r_h - r_l}{1 + r_l} \\
&= \frac{6\% - 8\%}{1 + 8\%} \\
&= -1.85\%
\end{aligned}
$$

也就是当美元相对于瑞士法郎在 1 年之内贬值 1.85％ 的话，两种贷款融资成本相同；贬值达不到 1.85％，则借入母公司货币即瑞士法郎更合适；贬值超过 1.85％，则借入东道国货币即美元更合适。如果预测美元贬值达不到 1.85％ 的概率高于 50％，那么借入瑞士法郎的期望成本低于借美元的期望成本。

盈亏平衡分析法为跨国公司融资决策提供了便利。管理者不需要对汇率的变动做出准确的判断，而只需要对其变化趋势的有大致的估计即可。在例 8-3 的决策中，管理者只需要知道将来汇率变化率高于或者低于 1.85％ 的可能性即可做出决策，而不需要预测汇率变化率到底是多少的准确判断。

在实践中，公司处于一个纳税的环境中，要缴纳所得税。考虑所得税之后，由于负债利息的抵税作用，公司负债融资成本会发生变化。另外，对于子公司来讲，使用相对于东道国的外币融资所发生的汇兑损益，在大多数情况下也需要纳税，或者抵税。考虑税收以后，融资决策的盈亏平衡分析是否需要做出调整呢？

仍从母公司整体的角度考虑资本成本。跨国公司以子公司东道国货币贷款，考虑利息抵税作用后，等价的母公司货币融资成本为：

东道国货币融资等价成本 $= r_l \times (1 + c) \times (1 - t_l) + c \tag{8-4}$

式中：t_l 为子公司在东道国的边际税率。假设美国子公司的边际税率为 30%，仍然使用例 8-2 中的数据，那么该美国子公司美元贷款等价的瑞士法郎融资成本为：

$$r_l \times (1+c) \times (1-t_l) + c$$
$$= 8\% \times (1-1.96\%)(1-30\%) - 1.96\%$$
$$= 3.53\%$$

而美国子公司使用瑞士法郎贷款，相当于使用外币贷款，当汇率变化时存在汇兑损益。假设短期融资为一次性还本付息，那么汇兑损益就等于以外币表示的东道国货币的汇率变化率乘以借款额。因此，考虑汇兑损益的税收效应后，美国子公司使用瑞士法郎贷款的融资成本为：

$$母公司货币融资成本 = r_h \times (1-t_l) + ct_l \qquad (8-5)$$

代入本例数值，瑞士法郎贷款成本为：

$$6\% \times (1-30\%) - 1.96\% \times 30\% = 3.61\%$$

美元贷款成本仍然低于瑞士法郎贷款成本。

实际上，使用盈亏平衡分析方法，使式(8-4)与式(8-5)相等，求解均衡汇率变化率。从解得的结果看，税收效应并不影响均衡汇率变化率数值，也就是税收对于盈亏平衡分析的结果没有影响。

8.3　流动资产管理

8.3.1　国际现金管理

所谓国际现金管理，在这里指跨国公司现金管理。跨国公司与一般公司现金管理的主要区别在于所面临的环境不同。跨国公司面临的是一个更不完全的金融市场，机会和风险均大于任何一个国家的金融市场。面对复杂环境，跨国公司进行现金管理的一个重要工具是集中化管理。

1. 现金集中管理

现金集中管理就是将跨国公司母公司以及各个子公司的所有现金统一管理、统一分配，以实现公司现金资源处于高速和高效运转中，实现现金资源最有效的使用。公司现金资源高速运转，不是盲目运转，而是在现金的使用上达到最优效率，这样不仅能够提高现金投资收益率，还能够降低跨国公司整体的现金持有量。具体来说，现金的集中化管理能够为跨国公司带来以下好处。

(1)最大限度地降低跨国公司现金余额

现金在公司中是不盈利或者盈利水平非常低的资产，现金余额越低，公司

187

总资产盈利能力越强。公司需要现金的动机有三种，即交易动机、投机动机和安全动机。对于每个子公司来讲，处于后两个动机对现金的需求是不确定的，当跨国公司将各个子公司现金汇总到一起使用时，大大降低了出于后两个动机对于现金的需求。

(2)交易规模优势

当跨国公司集中化管理现金时，不论是外汇交易，还是贷款需求，或者其他交易，都能形成一定的规模，降低交易成本。

(3)信息优势

跨国公司进行现金集中化管理，要求建立集中化的信息系统，掌握有关市场以及子公司运营的信息，更有利于跨国公司从整体上发现问题，寻找机会，有效利用现金。

(4)规避风险

集中化的现金管理减少了每一个子公司暴露于各种政治风险和外汇风险之下的现金数额，同时有利于跨国公司整体进行外汇风险管理，因此能够降低风险。

(5)加强管理

现金集中化管理也是跨国公司加强对子公司监督管理的一个手段，能够及时了解子公司的经营管理情况，保证子公司经营为跨国公司整体价值最大化服务。

另外，现金化集中管理还能够通过第 5 章中提到的跨国公司内部支付网络降低现金流动数额，减少不必要的外汇兑换，由此降低交易成本。

与一般公司一样，在现金管理中要首先做现金预算，跨国公司现金管理也一样，只是跨国公司集中管理下的现金预算不是以子公司为基础，而是以跨国公司整体为基础。跨国公司根据现金预算，决定现金周转。

2. 现金周转管理

随着国际互联网的迅猛发展，极大地便利了跨国现金结算，现金结转的速度已经相当快。国际互联网已经使得财务经理几乎能够在交易发生的同时(Real Time)计算使用现金余额(Cash Position)。最常使用的国际网络结算为"环球同业银行金融电讯协会"(Society for Worldwide Interbank Financial Telecommunications，SWIFT)。

SWIFT 是一个国际银行间非营利性的国际合作组织，成立于 1973 年，总部设在比利时的布鲁塞尔，同时在荷兰阿姆斯特丹和美国纽约分别设立交换中心(Swifting Center)，并为各参加国开设集线中心（National Concentration)。1994 年在我国香港地区开设了除美国和荷兰之外的第三个服务支持中心。该网络连接着北美、西欧、远东的 200 多个国家和地区的 8 000 多家金融机构。SWIFT 网络在成员银行之间快速传递标准化的信息，使其成员银行能够通过计算机自动处理各种交易资料。

跨国公司要利用 SWIFT 网络结算现金，需要在成员银行开立账户。目前，SWIFT 在我国香港地区、北京和上海设有办事处，基本上我国从事国际结算业务的大银行，例如中国银行、中国农业银行、中国工商银行、中国建设银行、交通银行、招商银行、光大银行以及上海和深圳证券交易所等都是 SWIFT 的成员。

除了网络方式外，比较传统的电汇(Cable Remittances)也是较为快速进行现金结算的方式。在跨国公司同第三方结算中，如果以支票(Check)或者汇票方式结算，锁箱(Lock Box)和区域收款中心也是常用的方法。锁箱是以公司为收件人的一个信箱，由当地银行定期打开信箱，将汇款自动存到公司在银行的账户上。区域收款中心通常为跨国公司的一个子公司或者一个分支机构，负责在指定区域内的现金结算。

3. 短期投资组合管理

现金与短期投资是公司中流动性最高的资产，短期投资也可以看成是准现金。跨国公司现金管理的主要任务之一是决定公司在现金和短期投资的水平和币种上的配置。同一般国内公司经营一样，跨国公司现金与准现金水平与公司经营的季节性相关。在产生现金流的季节进行短期投资，在需要现金流投入的季节增加现金储备。这样的操作取决于：①公司根据短期现金预算以及过去经验预测未来现金需求；②考虑通货膨胀以及将来现金流入币种变化所估计的未来一段时期内现金余额的最低水平。超过需要维持的最低现金水平以及现金需求的部分，就可以进行短期投资了。

在第 5 章跨国公司内部财务体系中曾经提到，跨国公司可以利用财务体系最大限度地利用国际市场的不完全性获利。理论上，跨国公司可以将多余的现金投资于获利最高的短期投资工具。但事实上，由于货币之间兑换存在交易成本，在短期内交易成本很可能超过不同币种投资的收益之差。例如，年收益率差别 2% 是一个很明显的收益差。尽管看起来很大，但实际上，对于 30 天投资来说投资收益率之差将缩小为 0.167%，90 天投资收益率之差为 0.5%。这么小的收益率之差能够很轻易地被外汇交易成本抵消掉，所以，尽管不同币种投资之间收益率有差别，但在很多情况下对于短期投资而言并不适合追逐这些收益上的微小差别。因此，短期投资还是受将来现金流入与流出所制约的多币种投资。例如，中国跨国公司现在有 50 万美元和 100 万欧元现金，预计 3 个月后分别将有美元和欧元的现金需求。这样，尽管美元和欧元投资收益率之间可能存在差别，但考虑交易成本，很可能分别投资于美元和欧元是最佳的投资决策。

特别值得注意的是，这里指的投资收益率之差不是名义上的差别，而是风险调整之后的差别，包括通货膨胀调整。或者说是超出各种平价条件之外的收益率之差。当各种平价条件成立时，不存在套利机会，各种货币投资收益率实际上是一致的。

多币种短期投资，需要尽可能寻求各种投资机会。各个国家的短期投资工具非常丰富，但是根据政府管理、市场结构、税收法律等要求，各国实际情况又有很大不同。在有些国家，外国公司投资受到很多限制。经常使用的短期投资工具包括短期国库券、银行活期存款、定期存款、银行大额存单、银行承兑汇票、商业票据等。有些长期投资工具也可以在短期投资中使用，如长期债券、股票等。但是，在短期内投资于长期投资工具存在着较大的风险性，如投资于长期债券，一旦利率发生较小的变化，长期债券的价格就会发生较大的变化，导致投资产生较大的资本损益。所以，进行短期投资更适宜使用短期投资工具。

8.3.2 应收账款管理

应收账款是公司拓展市场的一种工具，公司通过向客户提供商业信用，可以扩大销售额，试图在竞争中获得有利的市场地位。应收账款是一种投资，投资既有风险也有收益。评价应收账款政策也应从收益和风险两个角度进行。在向国外客户提供商业信用的过程中，要特别注意外汇风险和信用风险。

1. 外汇风险

以外币标价对外销售商品，并以应收账款的形式收款。当外币贬值时，跨国公司从销售中所获得的等值本币收入将会下降。这就是应收账款所带来的外汇风险。尤其是在货币持续贬值的国家，客户有较大的推迟付款动机，以降低实际支付额，由此会给跨国公司带来更大的风险。

在第 2 章已经介绍了汇率波动的原因。汇率的波动受多种因素影响，对其准确预测相当困难，所以，从外汇风险的角度评价应收账款政策的合理性并不是一件容易的事。一种较为简单的方法是使用远期汇率。例如，如果欧元对人民币的即期汇率是 9.68，90 天远期汇率是 9.62，那么对于 3 个月期限的应收账款记入销售收入时，不是以当时即期汇率记入，而是以 9.62 的远期汇率记账。这样的记账方法使得销售收入下降了。

远期汇率反映的是可预期汇率的变化，很多非预期变化并未反映在远期汇率中。事实上，在公司制定销售价格时，已经将可预期汇率变化考虑在内。例如，当前中国在泰国市场上某种产品的销售价格为 100 泰铢（Baht），大约折合人民币 4 元。预计 3 个月后泰铢相对于人民币贬值 5%，那么以 3 个月应收账款进行销售的商品定价不会还是 100 泰铢，而应该是 105 泰铢。

非预期的汇率波动所带来的风险是难以估计的。对于这样的外汇风险的处理，需要将第 4 章中的外汇风险管理措施与应收账款政策相结合，包括风险规避措施、币种选择。

2. 信用风险

信用风险决定了应收账款能否按期全部收回。信用风险通常根据客户信用历史以及客户当前经营状况和今后一段时间的前景来判断。但是，跨国公司对一些不知名的小公司，常常缺乏必要的信息，所以很难正确估计其信用状况。一种较好的解决办法是借助于咨询公司。国际上影响力最大的企业征信公司为美国的邓白氏公司（Dun & Bradstreet，D&B）。该公司在很多国家设有分支机构，包括上海的分支机构，向客户提供企业信用等多种咨询服务。具体情况可以浏览其中英文网站。另外一种获取客户信用状况的途径是借助于我国在世界各国的驻外机构，包括使馆商务处。

在对外销售中，尤其当客户是不知名的小公司时，最好事先花费一些时间和精力了解客户信用状况。事先充分了解总比事后去讨债好得多。我国公司在对外交往中发生过很多不能按期收回欠款的事例。然而，不论如何，在拓展国际市场的过程中，信用风险是不可避免的。关键是要在所面临的信用风险与拓展信用所带来的好处之间进行权衡。

最后，应收账款管理不仅仅是一项公司财务部门的工作，更是一项公司整体性管理的工作。应收账款管理需要财务部门和销售部门的协调。市场部考虑销售，财务部是加速现金流，两个部门应联合考虑如何使公司价值最大化，而不是账面销售额最大化。应收账款管理要与人事奖励制度挂钩。如果奖励的标准是销售额，而不考虑回收情况，无疑会鼓励销售人员最大限度地拓展信用。应收账款管理还需要结合公司发展战略。如果公司目的在于开拓一个新的市场，此时短期的盈利和现金流可能并不特别重要。短期内亏损、长期内盈利是跨国公司开拓新兴市场的一种重要策略。

8.3.3　存货管理

企业在正常运转过程中都会有存货。企业的存货包括原材料、在制品、产成品。企业存货保证了原材料供应，保证了生产过程正常平稳进行，保证了产品对外销售的及时供应。但是，同应收账款一样，存货也是一种投资。存货过少可能影响企业正常生产、销售，但存货过多，会造成冗余，形成资金积压，影响企业效益。那么，多少存货才算合适呢？

存货问题不是跨国公司特有的问题，因此管理方法也没有什么特殊性。只是需要注意的是，跨国公司合理的存货水平常常高于国内公司水平，主要原因有：①跨国运输路线长，不确定性高，企业需要考虑高风险可能造成的供货短缺；②跨国供应常涉及进出关问题，各种手续需要较长时间；③公司为规避外汇风险，而提前购买原材料，例如如果存有较多的不可自由兑换的东道国货币，而且该种货币面临着较大的贬值风险，在这种情况下将货币变成存货是一种可行的选择。

因此，在跨国公司存货管理中要结合其特点，考虑各种特殊的影响因素，权衡各种利弊关系。最常用的权衡方法为成本比较法，即各种风险导致的缺货成本与高存货所导致的存储费用、占用资金成本进行比较。

【本章精要】

由于经营特点不同，跨国公司的运营资本管理与国内公司有着不同的特点。国际贸易中的支付方式主要有五种，即预付、信用证、汇票、委托代销和清算账户。上述五种方式中的每一种，对于进口商和出口商均存在着一定的风险。国际贸易融资中一些较为普遍运用的方法有汇票承兑、汇票贴现、应收账款保理、福费廷。除了上述融资渠道，以及一般性银行融资渠道外，公司经营出口业务还可以从进出口银行申请融资。

跨国公司的母公司及其子公司通常运用多种方法获得短期资金，以满足其流动性的要求。经常使用的各种方式包括：①贸易融资；②内部贷款；③一般性的银行贷款；④商业票据。影响短期融资决策关键影响因素包括：①公司的风险规避程度；②外汇远期合约；③税收；④政治风险。趋势预测法，可以用来判断两种货币之间融资成本的高低。

跨国公司与一般公司现金管理的主要区别在于所面临的环境不同。跨国公司面临的是一个更不完全的金融市场，机会和风险均大于任何一个国家的金融市场。面对复杂环境，跨国公司进行现金管理的一个重要工具是集中化管理，原因在于：①最大限度地降低跨国公司现金余额；②交易规模优势；③信息优势；④规避风险；⑤加强管理。国际互联网已经使得财务经理几乎能够在交易发生的同时计算使用现金余额，而最常使用的国际网络结算为 SWIFT。除了网络方式外，比较传统的电汇，或是以支票或者汇票方式结算时，锁箱和区域收款中心也是常用的方法。短期投资也可以看成是准现金。跨国公司可以选择在产生现金流的季节进行短期投资，在需要现金流投入的季节增加现金储备。经常使用的短期投资工具包括短期国库券、银行活期存款、定期存款、银行大额存单、银行承兑汇票、商业票据等。

应收账款是一种投资，投资既有风险也有收益。评价应收账款政策也应从收益和风险两个角度进行。在向国外客户提供商业信用的过程中，要特别注意外汇风险和信用风险。

跨国公司合理的存货水平常常高于国内公司水平，因此在跨国公司存货管理中要结合其特点，考虑各种特殊的影响因素，权衡各种利弊关系。最常用的权衡方法为成本比较法。

【推荐阅读】

[1]谢家平，魏航. 跨国公司全球供应链运营模式. 上海：上海财经大学出版社，2010.

[2]祝国平. 国际资本流动的机制和影响. 北京：经济科学出版社，2011.

[3]冯菊平等. 支付体系与国际金融中心. 上海：上海人民出版社，2009.

[4]卓乃坚. 国际贸易支付与结算及其单证实务. 上海：东华大学出版社，2005.

[5]赵薇. 国际结算：国际贸易融资支付方法（英文版）. 南京：东南大学出版社，2005.

[6]宋毅英. 国际贸易支付方式信用证. 北京：中国金融出版社，2007.

[7]Justus Jansen, International Cash Pooling: Cross-border Cash Management Systems and Intra-group Financing, Walter de Gruyter, 2011.

【参考网站】

1. 国际结算银行：http://www.bis.org;

2. 常用国际结算方式——eBay 中国：http://edu.ebay.cn/tips/201104185497.html;

3. 国际金融公司网站：http://www1.ifc.org/wps/wcm/connect/corp_ext_content/ifc_external_corporate_site/home。

【学习指引】

关于全球金融市场的最新消息可以查阅网站：http://www.bloomberg.

com；SWIFT 网站为：http：//www. swift. com；中国进出口银行网址为：http：//www. eximbank. gov. cn；美国进出口银行的网址为：http：//www. exim. gov；邓白氏公司企业征信信息的中文网址为：http：//www. dnbasia. com/cn/chinese，英文网址为：http：//www. dnb. com/us。

【练习题】

一、名词解释

现金集中管理、信用证、汇票贴现、应收账款保理、欧洲商业票据

二、简答题

1. 表 8-1 列出了各种付款方式对出口商的影响，你能够分析出对进口商的影响吗？比如，对于进口商而言，汇票方式和预付方式哪种风险要大一些？为什么？

2. 描述信用证使用的过程。

3. 如果你所在公司准备将应收账款出售给银行，试通过互联网找出一家经营此业务的银行，并说明银行接收应收账款的具体要求，并做出决策（从事国际业务的银行通常有保理业务）。

4. 通过查阅互联网，解释保理业务和福费廷业务的区别。

5. 公司的风险态度如何影响短期融资决策？举例说明。

6. 不考虑交易成本，在各种平价条件成立的情况下，使用各种货币融资有区别吗？也就是说能够通过选择货币种类降低融资成本吗？考虑了交易成本以后呢？

三、计算题

1. 假设 1 年期瑞士法郎的利率是 5%，1 年期美元的利率是 8%。瑞士法郎币值的变动是多少时会使美国公司借入瑞士法郎，并使其实际融资成本与借入的美元相同？

2. 欧元对人民币的即期汇率是 9.68，3 个月远期汇率是 9.72，欧元 3 个月贷款的年利率是 9%。假设当前远期汇率被用来预测未来的即期汇率，一家中国公司借入 3 个月期欧元融资，该笔融资与人民币融资的等值融资成本是多少？

四、讨论与思考题

1. 美国公司在 A 国和 B 国各拥有一个子公司。A 国的利率高，并预计其通货相对于美元将走强；B 国的利率低，并预计其通货相对于美元将走软。预

计 4 年后，两个国家对美国这两个子公司进行"冻结资金"限制的可能性都非常大。并且假设该美国公司在两个国家都只有有限的扩张机会，即投资机会受到限制。那么，哪个子公司在受到"冻结资金"限制后，对跨国公司出现更为不利的影响？

2. 假设存在利率平价，美国公司将可能考虑在高利率国家存款吗？为什么？

第9章　跨国公司长期融资

【本章学习目标】

1. 了解跨国融资面临的国际化市场特征、各种金融体制及其影响；
2. 熟悉外国股票和存托凭证两种股权融资形式的特征和区别；
3. 熟悉欧洲货币市场和相应的债权融资方式的特征；
4. 掌握互换与其他利率协议的原理和特征。

【引导案例】

舍弗勒和 Naturex 的融资事件

案例1　2012 年 2 月 23 日，舍弗勒股份公司成功在国际资本市场发行了价值为 20 亿欧元的公司债券，并在卢森堡的 MTF 欧元市场上市交易。舍弗勒授权法国巴黎银行、德意志银行、汇丰银行和摩根大通在全球范围内进行协调发债并管理登记事宜。德国商业银行、德国巴登—符腾堡州银行、苏格兰皇家银行和意大利裕信银行联合领导发债事务。

由于实际认购量超出预期 5 倍，公司发行规模从前期的 10 亿欧元翻了一番，即增加到 20 亿欧元。此次发行债券是舍弗勒股份公司 2012 年 1 月 27 日与其银团签署的总额 80 亿欧元新融资协议的核心内容。这笔债券成功发行，是公司新融资计划的第一大步，且融资速度大大超过预期。据悉，债券的纯收益将用于偿还现有贷款——这将显著改善公司现有债务的到期状况。

资料来源：《舍弗勒股份公司在欧洲和美国发行 20 亿欧元债券》，http://news.byf.com/html/20120228/137640.shtml，2012-02-28。

案例2　根据法国媒体报道：法国植物提取物供应商 Naturex 为了扩大北美市场份额，决定与托管银行美国纽约银行梅隆公司（BNY Mellon）联手，实行一级美国存托凭证（ADR）赞助计划。美国存托凭证是外国公司在美国市场上筹资的一种常见的重要金融工具，一律以美元计价。

从 2011 年 12 月 16 日起，Naturex 公司的美国存托凭证以 NTUXY 为符号在美国场外交易市场实现上市，而且为了便于交易，公司规定每 4 张存托凭证相当于 1 股普通股。目前，Naturex 公司已经实现了 30% 的美国市场收入目标值，并在美国建立了两个生产基地和一个销售办事处，正在走上跨国发展的健康道路。

资料来源：元培产业情报，http://www.yup.cn。

　　这两个案例都涉及跨国公司在国际市场融资，第一个是债券融资，第二个属于股权融资。这也是跨国公司在国际市场融资过程中常用的两种长期融资方式。

　　尽管跨国公司与国内公司相比面临着不同的融资环境，但其基本融资方式仍然是权益和负债。不过由于跨国公司面临着更多的机会，所以融资形式花样更多，融资决策更富有挑战性。本章除了涉及传统的权益和负债融资外，还将互换专门列入其中，作为本章的内容之一。实际上，不仅互换，期货、期权等衍生工具在跨国公司融资中都能发挥明显的作用。

9.1　跨国融资概述

9.1.1　金融市场国际化

　　经济学中的需求学派认为需求创造了市场，而供给学派认为供给创造了市场。历史上，以两个学派作为指导的宏观经济政策都曾经取得过显著的成就。因此，两个学派都在一定程度上揭示了经济现实的真相。作者在这里引入这个话题，无意将读者导向需求学派和供给学派的纷争中，而只是要指出需求和供给是市场的两个侧面，同时存在，共同形成了市场。

　　在本书开始曾经提到，所谓跨国公司是指投资、融资、市场等各个方面全方位国际化的公司。公司的跨国经营产生了跨国融资的需求。追求回报以及规避风险的要求，引致了证券投资者进行国际投资的需求，也就是创造了跨国资本供给。跨国投资和跨国融资的趋势形成了金融市场国际化的动力。

　　与此同时，通讯技术的发展与管制放松（Deregulation）为金融市场国际化提供了条件。电子技术的发展使得交易成本大幅度下降，各个市场之间联系更加密切，信息更加通畅。受利益驱动，套利者来往于各个市场之间，与此同时也加剧了金融市场之间的竞争。为了赢得客户，各大金融中心放弃了过时的、导致高成本的管制，金融市场出现了管制放松。例如，由于担心日本经济落后于美国和德国，日本政府放弃了大量的对银行、保险公司和经纪人公司等金融机构的限制，为外国金融机构进入日本市场创造了条件。

　　金融机构为吸引客户，不断推出新的金融工具。这一金融创新过程成了金融市场国际化的催化剂。各种不断创新的金融工具能够使得客户获得分割、转移和分散风险的好处（例如可结合远期、期货、期权与互换考虑这个问题），使得金融市场越来越细分化（每一个小的市场满足一小部分客户的需要），使客户获得量身定制的服务，使金融机构以及客户能够挖掘各种获利机会。随着资金不断流动，金融市场一体化越来越强。

在这一背景下，跨国公司财务经理必须清醒地认识到，随着金融市场的国际化，公司融资的国际化趋势越来越明显。国际化的金融市场中存在着大量的机会，使财务经理能够降低融资成本、规避风险。很多国际金融工具因为规避管制而诞生，规避管制降低了交易成本，因此，通常国际金融市场上融资的资本成本低于国内市场。同时，财务经理也必须有足够的国际市场知识和经验，否则在眼花缭乱的市场中可能会误入泥潭。

9.1.2 各种金融体制及其影响

尽管存在着并购的现象，但所谓的金融市场国际化，并不是形式上将各个金融市场合并到一起。国际金融市场不像股票交易所或者银行那样有一个具体的场所，而是一个体系，由各国国内金融市场所形成的一个体系。金融市场国际化，是以某些国内市场作为国际金融中心。最著名的传统金融中心分布在纽约、伦敦、东京、法兰克福、巴黎。

尽管管制放松，金融体系有明显的一体化趋势，但各国金融市场在特点上还是存在着显著的差异。最明显的两大金融体系是以美国和英国为代表的市场型金融体系(Market Oriented Financial System)和以欧洲大陆、日本为代表的银行主导体系(Bank Centered Financial System)，前者又称为盎格鲁—撒克逊(Anglo-Saxon，AS)模式，后者又称为 CEJ(Continental European and Japanese)模式。在 AS 体系中，机构投资者，如共同基金、养老金、保险基金、非营利捐赠基金等在市场上占据很重要的地位，在公司治理中起到主导作用；在 CEJ 体系中，银行是核心，在公司治理中起到非常重要的作用。

金融体系不同，导致公司财务结构出现很大差别。例如，在 AS 体系中，权益融资占很大部分。而在日本，银行借款成了公司的主要资本来源，公司的负债杠杆很高，但这并不意味着财务风险一定很高。在日本，公司与主银行(Main Bank)之间关系密切，主银行可以随时向公司提供负债资本，保持公司一定水平的现金流。

同上一部分提出需求学派和供给学派一样，在这里提出两种金融体系，目的也不是在于比较哪种体系更好、更有利于提供公司价值。在这个研究领域有着丰富的研究文献，有兴趣的读者可以专门去阅读此类研究文献。这里提出两种金融体系是要提醒跨国公司财务经理，组成国际金融市场的各大金融中心有着不同的特点，在跨国公司融资中要关注这些区别。

9.2 跨国权益融资

9.2.1 外国股票融资

外国股票融资是指在国外股票市场上发行股票获得国外的权益资本。例如，中国公司在美国纽约证券交易所发行股票，从而获得美元资本。只要能够满足各国市场上市要求，大部分股票交易所都允许外国公司发行股票。我国公司目前接触比较多的市场是纽约证券交易所、新加坡证券交易所。

1. 外国股票融资条件

每一个市场对于接受公司上市都有具体规定，可以查阅各个交易所的网站。例如，外国公司在纽约证券交易所（New York Stock Exchange）发行股票的部分条件如下。[①]

①整手（Round Lot，通常 100 股为一手）股票持有者人数不少于 5 000 人。

②上市流通股票不少于 250 万股。

③上市流通价值不少于 1 亿美元（折合成的美元价值）。

④最近 3 年税前利润之和不少于 1 亿美元，最近两个年度内每年税前利润不低于 2 500 万美元。

⑤下列两组条件满足任何一个：

a. 全球市场资本化价值不少于 5 亿美元，最近 12 个月营业收入不少于 1 亿美元，3 年内现金流总额不少于 1 亿美元，最近两年内每年现金流不低于 2 500 万美元；

b. 全球市场资本化价值不少于 7.5 亿美元，最近 1 年的营业收入不低于 7 500 美元。

互联网的出现以及发展对人类社会的各个方面都形成了巨大影响。投资者和融资者可以很容易地了解全球经济状况，了解各地金融市场情况。电子交易的出现大大降低了跨越国境进行投融资的成本，对资本跨越国境的流动起到了推动作用。在这样的背景下，各国股票交易所国际化趋势越来越明显。

为适应国际化的要求，股票交易所也加入了国际间并购的行列。例如，2000 年 9 月，阿姆斯特丹证券交易所（Amsterdam Stock Exchange）、布鲁塞尔证券交易所（Brussels Stock Exchange）和巴黎证券交易所（Paris Stock Ex-

---

① 外国公司与美国公司在纽约证券交易所发行股票的条件不同，外国公司的条件要严格一些。资料来源：http://www.nyse.com。

change)合并，成立了泛欧洲交易所（The Pan-European Exchange），称为Euronext。2002 年泛欧洲交易所继续合并里斯本证券交易所（Lisbon Stock Exchange），并收购了伦敦国际金融期货与期权交易所（London International Financial Futures and Options Exchange，LIFFE）。2007 年，Euronext 与纽约证券交易所（NYSE）合并，成立了 NYSE Euronext。

又如 2002 年，美国的 NASDAQ（National Association of Securities Dealers Automated Quotation）与美国和北欧的 20 多家交易所合并，成立了 NASDAQ OMX 集团。其中包括丹麦的哥本哈根证券交易所、芬兰的赫尔辛基证券交易所、瑞典的斯德哥尔摩证券交易所等。NASDAQ 在日本成立日本 NASDAQ，在我国香港地区与联合交易所合作挂牌交易 NASDAQ 上市股票。全球股票市场最终发展的结果，将会形成大型跨国公司的股票在全球市场 24 小时不间断的交易，极大地提高股票的流动性，降低股票交易成本。

2. 国外权益融资的内在动力

股票市场的国际化为公司在国外进行权益融资提供了便利。然而，公司进行国外权益融资的要求也正是股票市场的国际化发展推动力之一。公司进行国外权益融资的主要内在动力包括以下几点。

（1）规避融资风险

在国外进行权益融资，能够使得公司进入分散化的股权市场，规避当一个市场状况不好时融资可能出现的困难。

（2）扩大资本来源

对于有些跨国公司来讲，所需要的资本量对于某一个单独的股票市场来讲可能过大了，对公司股权融资形成一定的障碍。进入国际市场后，不仅可以筹集所需要的外币资本，而且市场容量加大，公司融资时不会对市场形成压力，能够维持较高的股票市场价格。

（3）扩大知名度

国际金融市场有着广泛的投资者基础，在国际市场上进行权益融资，能够获得投资者的关注，扩大公司在国际市场的知名度。在一个电视剧中间插播的广告也许并不引人注目，很多人喜欢用这段时间聊天喝茶。而作为一个投资者，要在市场上获利，必须关注公司的产品、经营等各种情况，并根据掌握的信息分析公司前景，因此会留下深刻的印象。

（4）规范管理

公司在多地上市，要服从多地规定，管理需要规范，信息需要透明。交易所的要求对于公司内部管理形成了外在的约束。有研究表明，在多个交易所交又上市，会改善公司信息透明度，因此提高公司价值。[①]

当然，进行国际权益融资，对于公司而言面临的并不总是鲜花。在国外股票市场上市，必须满足股票市场门槛的要求，要根据规定披露信息。要研究国外股票市场，要分析公司运营现金流与融资现金流的匹配情况等。如果运作不好，可能会给公司带来过高的代价。

9.2.2　存托凭证

存托凭证(Deposit Receipts)指在一国证券市场上发行并流通的代表外国发行公司有价证券的可转让凭证。存托凭证是公司股票或者债券在国外股票市场间接上市的一种途径。存托凭证一般包括四个方面的参与者：作为委托人的发行证券的公司[②]，作为受托人的存托银行(Depositary Bank)、保管机构(Custodian)，以及投资者。国外的存托银行接受委托人的发行委托后，接受发行人的股票并保存在保管机构(通常在委托人国内)，然后由存托银行在市场上发行代表证券所有权的受益凭证。存托凭证上注明投资者获得股息、投票权以及其他权利的方式。存托凭证与股票类似，发行后可以在交易所公开交易。

1. 存托凭证的种类

存托凭证首先出现于美国。在美国市场发行、交易的存托凭证也称为美国存托凭证(American Deposit Receipts，ADRs)，在全球市场发行、交易的存托凭证称为全球存托凭证(Global Deposit Receipts，GDRs)。在美国存托凭证出现后，各国相继推出了适合本国的存托凭证，例如新加坡存托凭证(Singapore Deposit Receipts，SDRs)、欧洲存托凭证(Euro Deposit Receipts，EDRs)等。我国已有上百家企业在美国发行了 ADRs，其中包括轮胎橡胶、氯碱化工、二纺机、中国华能国际、上动华能等。

尽管有各种 DRs 出现，ADRs 仍然是主要交易的存托凭证。目前在美国发行的 ADRs 有如下四种方式，即一级 ADRs、二级 ADRs、三级 ADRs 和144A 规则 ADRs。其中 144A 规则 ADRs 是以私募方式发行的存托凭证，要求的发行费用较低，对信息披露要求较宽，但市场流动性不如公开发行的另外几

[①]　Warren Bailey, G. Andrew Karolyi, and Carolina Salva, The Economic Consequences of Increased Disclosure: Evidence from International Cross-listing, *Journal of Financial Economics*, 2006(81), pp.175-213.

[②]　本书中所述的存托凭证为有担保存托凭证(Sponsored ADRs)，在这种存托凭证的创立过程中有发行公司的参与。另一种存托凭证没有发行公司的参与，称为无担保存托凭证(Unsponsored ADRs)，公司不能利用这种存托凭证融资。

种 ADRs。

一级 ADRs 是通过柜台交易的存托凭证，允许外国公司无须改变现行的报告制度就可以享受公开交易证券的好处。二级 ADRs 允许在交易所上市，三级 ADRs 则可以在美国交易所增资发行。ADRs 级别越高，在美国证券交易委员会（Securities and Exchange Commission，SEC）进行登记的要求也越高。

2. 存托凭证发行要求与比较

发行一级 ADRs 的要求比较简单，只需按照美国《1933 年证券法》填写 F-6 注册登记单，按照《1934 年证券交易法》填写 12g3-2（b）豁免申请书就可以，不需要全面注册，不需要按照美国公认会计准则（General Accepted Accounting Principles，GAAP）披露信息，不需要披露证券交易委员会要求的其他信息。如果需要，一级 ADRs 可以升级为二级 ADRs 和三级 ADRs。一级 ADRs 是存托凭证业务中发展最快的级别，很多跨国公司注册登记了一级 ADRs。

发行二级 ADRs 和三级 ADRs 则需要在美国证券交易委员会正式注册，按照美国公认会计准则披露信息，并按照证券交易委员会的其他要求披露有关信息。除此之外，公司有关条件还要满足交易所的公司上市要求。对三种级别存托凭证的比较如表 9-1 所示。

表 9-1　三级 ADRs 发行登记比较

	一级 ADRs	二级 ADRs	三级 ADRs
交　易	柜台交易	挂牌上市： 纽约证券交易所，美国证券交易所，NASDAQ	增资发行： 纽约证券交易所，美国证券交易所，NASDAQ
注册要求	按照《1933 年证券法》按照 F-6 表注册登记	按照《1933 年证券法》按照 F-6 表及《1934 年证券交易法》以 20-F 表注册登记	按照《1933 年证券法》以专供首次公开上市用的 F-1 表及按照《1934 年证券交易法》以 20-F 表注册登记；以后增资发行使用 F-2 表和 F-3 表
呈报报告	按照《1934 年证券法交易法》填写 12g3-2（b）豁免申请书	每年报 20-F 表格，披露信息部分符合美国公认会计准则	每年报 20-F 表格，披露信息完全符合美国公认会计准则
筹　资	不能	不能	可以
发行时间	短	较长	长

资料来源：https://www.adr.com/，2013-04-18。

9.3 欧洲货币贷款与债券

9.3.1 欧洲货币市场

1. 欧洲货币

欧洲货币(Eurocurrency)是一个专用名词,并非指欧洲某一个国家的货币或者欧元,而是指存放于货币发行国之外的银行的可自由兑换货币(Freely Convertible Currency,Unblocked Currency)。从事欧洲货币存贷业务的银行,称为欧洲货币银行(Eurobanks),或者简称为欧洲银行。最常见的欧洲货币为欧洲美元(Eurodollars),例如存放于伦敦的美元。当然,存放在美国银行欧洲分支机构的美元,也称为欧洲美元。在欧洲银行存贷的瑞士法郎,称为欧洲瑞士法郎,在欧洲银行存贷的日元称为欧洲日元,如此等等。

欧洲货币市场产生于跨国公司多种货币融资的需求。欧洲银行从投资者手中获得短期资金,然后将这些资金作为长期贷款发放。欧洲美元的一个重要来源是石油美元,即石油输出国组织(Organization of Petroleum Exporting Countries,OPEC)出口石油所获得的美元收入。欧洲货币市场是参与各方,包括投资者、融资者和银行趋利的结果。为了保证健康发展,各国政府对于金融市场都有很多管制。不论是对于投资者、融资者还是银行,欧洲货币市场提供了规避政府管制的一个途径。这些管制基本上包括:

①准备金要求,由于各国中央银行通常要求商业银行对于吸收的存款只能贷出扣除必要的准备金之后的余额,而不能全部贷出,降低了能够获得收益的资金数额;

②对商业银行交易所收取的特殊税费等,如美国商业银行必须缴纳联邦存款保险公司(Federal Deposit Insurance Corporation)保险费;

③对于存款或者贷款要求的利率上限,限制了银行的竞争能力;

④制约银行竞争的有关法律法规。

欧洲货币市场是规避管制的产物。只要存在着规避管制获利的动机,欧洲货币市场就有存在的理由。然而,随着各国金融市场管制逐渐减少,欧洲货币市场的作用已经不像刚刚开始出现时那样显著。欧洲货币市场与各国国内市场逐渐成为一体,形成单一化的国际货币市场。不论如何,与各国金融市场相比,目前欧洲货币市场上仍然存在着较高的存款利率和较低的贷款利率优势。

2. 欧洲货币贷款

欧洲货币贷款最典型的特征是浮动利率,通常浮动利率的基准为 LIBOR,

贷款银行根据不同的客户情况，在 LIBOR 基准上加上一定利差，或者称为边际(Margin)。贷款边际根据融资者的信用状况不同而不同，信用等级越高，边际越低。固定边际可能从 15 个基点(Basis Point)到 300 个基点，大多数合约介于 100~200 个基点(1 个基点等于 0.01%)。贷款期限从 3~10 年不等。

每一个贷款合约都有确定的利率重设期限(Reset Period)，即利率重新设定的时间长度，通常利率重设期限为 6 个月，每过 6 个月贷款利率需要按照新的 LIBOR 加上固定的边际重新设定一次。有时利率重设期限可以短至 3 个月或者 1 个月。6 个月重设期限的浮动利率表示为 LIBOR6，同样 3 个月重设期限的浮动利率表示为 LIBOR3，等等。例如，一笔欧洲货币贷款利率重设期限为 6 个月，边际为 75 个基点，贷款当时的 LIBOR 为 2.14%，那么该笔贷款在第一个半年之内的利息按照年率 2.89% 计算。如果第二个半年开始时的 LIBOR 为 2.36%，那么第二个重设期限的利息按照年率 3.11% 计算。

欧洲货币贷款规模通常较大。如果一笔贷款规模相对于一个银行过大时，贷款可以由多个银行所组成的辛迪加提供。辛迪加有启动贷款的银行管理。发放贷款时，辛迪加要收取融资者一次性费用，大约占贷款额的 0.25%~2%。

对于融资者未使用的贷款额度，银行通常收取 0.5% 的承诺费(Commitment Fee)。如果比计划提前归还贷款，融资者要向银行交付罚金(Penalty Fee)。

欧洲货币贷款的多币种条款(Multicurrency Clauses)为融资者提供了极大的便利。所谓多币种条款，指融资者在每一个利率重设期限开始之前，可以选择下一个重设期限贷款的货币种类。多币种条款为跨国公司提供了匹配不同币种现金流的工具，并且融资者可以根据自己的判断选择币种，实现降低风险或者降低贷款成本的目的。

9.3.2　欧洲债券与票据

1. 欧洲债券

欧洲债券(Eurobonds)中的欧洲一词与欧洲货币中的欧洲一样，也是一个前缀。欧洲债券指在债券标价货币之外的国家金融市场上出售的债券，当发行的市场多于一个国家时称为全球债券(Global Bonds)。例如，通用汽车公司在欧洲金融市场上出售美元债券融资。欧洲债券为不记名债券(Bearer Bond)，包括浮动利率债券(Floating-rate Bonds，FRNs)、固定利率债券(Fixed-rate Bonds)和权益联系债券(Equity Related Bonds)。欧洲债券的不记名特点使得持有者能够获得免税收入，因此降低了公司融资成本。浮动利率债券也是主要以 LIBOR 为基准。权益联系债券指附有可转换成股票条款的债券，也就是可转换债券。欧洲债券市场与各国债券市场的显著区别在于欧洲债券市场是一个自律市场，该自律市场由国际债券交易者协会（Association of International Bond Dealers）管理，而基本上不受各国有关债券规定的制约，因此，大大降低了债券发行中的交易成本，提高了发行速度。

欧洲债券通过承销商发行。一般承销商不是一个银行，而是多个银行。由于私募债券发行简单、速度快，所以私募债券得到了快速的发展。欧洲债券绝大多数以美元标值，即在美国境外发行的美元债券。如果欧洲债券的到期期限长于 7 年，通常要建立偿债基金（Sinking Fund）或者赎回基金（Purchase Fund）。所谓偿债基金，指要求发行者在债券发行一定时期后，每年购回一定数额的债券，以避免在到期日偿还债券过于集中导致公司现金流短缺，影响还债。赎回基金一般从债券发行后第一年就开始建立，但并不是立刻使用这笔资金购回债券，而只有当债券市场价格低于发行价格时，债券购回计划才开始启动。其目的在于维持债券的市场价格，保护投资者利益。

大部分欧洲债券附有可回购条款（Call Provisions）。可回购条款可以使发行者在债券到期日之前，当市场利率大幅度下降时回购债券，以新债换旧债，降低资本使用成本。另外，早期欧洲债券的发行者主要为国际上著名的大型跨国公司、政府机构、国际组织、国有企业，有着很高的信用保证，所以，早期的欧洲债券一般不做信用评级。但随着欧洲债券市场向其他发行者扩展，信用评级也成为市场上的一种要求。国际上的两大顶级信用评级机构——标准普尔（Standard & Poor's）和穆迪（Moody's）也是欧洲债券信用等级的主要评定者。信用等级评定的是债券违约风险，而不涵盖其他风险，如汇率风险。

固定利率欧洲债券一般每年支付一次票息。浮动利率票息的确定与欧洲货币市场贷款利息类似，也是分为若干个重设期限，每个重设期限的利率以本期的 LIBOR 为基准，加上一个利率边际。还有一种浮动利率债券，利率反向浮动，称为反向浮动利率债券（Inverse Floaters）。例如，如果合约规定利率为 6％-LIBOR3，那么债券利率确定方法为在每 3 个月的重设期间，用 6％减去重设日的 3 个月 LIBOR，如 2.13％，则债券在该重设期间内的利率为 3.87％。

欧洲债券的主要发展推动力在于其灵活性。国际金融市场经常存在着一些套利机会，即一种货币的融资成本低于另外一种货币（平价之外的利差），尽管低成本货币可能与跨国公司所需要的货币品种不一致，但是将欧洲债券与互换相结合，使得融资者能够像鱼儿畅游大海一样，在国际金融市场中自由地寻找各种机会。当一种货币市场萧条时，发行的便利性可以使得跨国公司很快转向另外一种货币融资；当浮动利率市场不好时，融资者可以转向固定利率市场；当一个市场中的投资者缺乏购买激情时，融资者可以转向另外一个市场。欧洲债券为跨国公司财务经理提供了施展才能的场所，当然也提出了极大的挑战。

2. 欧洲中期票据

欧洲中期票据(Euro-Medium Term Notes，MTN)是一种类似于欧洲债券的直接融资工具。尽管其到期期限具有极大的灵活性，可以短到以月为单位计算的期限，也可以长到 30 年，但大多数介于欧洲商业票据和欧洲债券之间，即 1～5 年。

欧洲中期票据不像欧洲债券那样采用承销方式发行，而是采用代理方式发行。代理商就像在柜台出售商品一样出售发行者的中期票据，因此欧洲中期票据是一种连续发行方式。票据的利率可以随时变化，期限可以随时变化，币种和每次发行额也具有极大的灵活性。正因为如此，欧洲中期票据能够更好地满足投资者的需求，例如管理投资组合的需求。投资者可能一次性需要 1 000 万美元 9 个月期限的资产、2 000 万美元 12 个月期限的资产、3 000 万美元 15 个月期限的资产组合，使用欧洲债券发行方式，很难满足投资者如此多期限、多种数额的需求。欧洲中期票据发行者则可以将准备发行的中期票据分成三种类型出售给投资者，最大限度地满足了投资者的需求。这种投资者驱动(Investor-driven)特性，大大扩展了欧洲中期票据的投资者行列，包括银行信托部门、储蓄银行、养老基金等。

事物总是具有两重性，欧洲中期票据根据投资者需求量身定做的特点促进了其快速发展，但也给发行者带来一定的风险。例如，发行者发行了一部分准备发行的票据之后，可能会发现其他准备发行的票据不能及时发行，当发行者需要资金时，带来临时性的资金短缺；或者一部分票据发行期限较短，到期还债后也会遇到资金问题，也就是发行者不能很好地匹配资金需求与融资。不论如何，这样的风险可以使用票据发行权(Notes Issuance Facilities，NIFs)等此类信用周转承诺(Revolving Credit Commitment)进行规避。

3. 票据发行权

票据发行权，又称为短期票据发行权(Short-term Note Issuance Facilities，SNIFs)，是从事欧洲货币业务的金融机构与融资者之间的一种欧洲票据发行协议，允许融资者在某一个时期内的任何时刻，发行额度范围规定内的任何数额的短期欧洲票据，所发行的票据由承诺的银行承销。票据发行权既有欧洲票据的特点，也具有银行信贷额度(Lines of Credit)的特点。因为银行赋予融资者票据发行权，因此要收取一定的费用，包括签订协议时的一次性费用，以及以后每年支付的费用。一次性费用一般为额度的 10 点左右，其他费用可能根据额度总额收取，也可能根据未使用的额度收取。根据票据发行权所发行的票据为浮动利率票据，利率根据发行时的市场状况而确定。

票据发行权为融资者提供了便利。同时，与对客户提供贷款相比，银行的财务状况也不至于受到很大影响。如果银行将客户所发行的票据全部销售出去的话，那么在增加利润的同时，银行的资产和负债情况基本不受票据发行权的影响。直接融资特性使得融资者使用票据发行权比使用银行信用贷款额度成本低。

典型的票据发行权的期限为 5～7 年，在这个期限内融资者有权发行一定数额以上的 1 个月、3 个月、6 个月、12 个月期限的短期票据。票据发行权通常由银行组成的辛迪加承销，最终投资者主要是机构投资者。所发行的短期票据主要是折扣型票据，即无票息票据。票据的利率基于发行时的 LIBOR 加上合约规定的利率边际而确定。辛迪加根据客户的信用状况、当时的市场状况以及票据发行权规模确定利率边际。不论发行者信用状况是否变化，该利率边际一直维持到票据发行权到期为止。而如果发行者的信用状况改善，在市场上进行融资的利率边际低于票据发行权合约所规定的利率边际，则发行者可以放弃执行该权利。从这一点看，票据发行权是赋予发行者的票据卖出期权（Put Option）。

9.3.3　其他国际债券

国际债券一般划分为外国债券或欧洲债券。外国债券（Foreign Bonds）指融资者在其他国家发行的以该国货币标值的债券。常见的如扬基债券（Yankee Bonds）、武士债券（Samurai Bonds）和龙债券（Dragon Bonds）。最近出现的人民币点心债券（Dim Sum Bonds）也属于国际债券中的一种。

1. 扬基债券

扬基债券是在美国市场上发行的外国债券，即美国以外的政府、金融机构、工商企业和国际组织在美国国内市场发行的、以美元标值的债券。"扬基"是美国人的俗称，扬基债券也因此得名。扬基债券的期限一般为 5～7 年，有的可以长达 20～25 年。平均每只扬基债券的发行规模在 7 500 万～1 亿美元，有些规模大的可达几亿美元。扬基债券的主要投资者为人寿保险公司、储蓄银行等。由于面向美国国内投资者发行，美国政府对扬基债券的审查控制比较严格，申请手续较为烦琐，发行者以信用状况好的外国政府和国际组织为主。

扬基债券存在的时间已经很长，但在 20 世纪 80 年代之前受到很严格的限制，发行规模不大。20 世纪 80 年代之后，为适应金融市场发展的需要，美国国会通过了证券交易修正法案，简化了扬基债券发行手续。由此，扬基债券获得了较快的发展。

2. 武士债券

武士债券是日本市场上发行的外国债券，是日本以外的政府、金融机构、工商企业和国际组织在日本市场上发行的以日元标值的债券。"武士"是日本古时一种很受尊重的职业，后来人们习惯将一些带有日本特性的事物同"武士"连用，武士债券因此得名。武士债券为信用债券，期限多为 3～10 年，发行后在东京证券交易所交易。

第一笔武士债券是亚洲开发银行（Asian Development Bank，ADB）在 1970 年 12 月发行的。早期的武士债券发行者主要是国际机构。20 世纪 70 年代中期，受世界石油价格暴涨的影响，日本国际收支恶化，武士债券的发行中断。随着 20 世纪 80 年代以后日本贸易顺差的增加，外汇充裕，政府放松了对外国债券发行的限制，武士债券发行量随之大幅度增加。

3. 龙债券

龙债券是以除日元以外的亚洲国家或者地区货币标值的外国债券的总称。龙债券是亚洲经济迅速发展的产物。龙债券的到期期限通常为 3～8 年，发行机构一般为信用等级高的政府以及相关机构。投资者包括政府机构、中央银行、基金以及个人。龙债券发行后在亚洲地区交易所（如新加坡证券交易所）挂牌上市交易。

4. 点心债券

点心债券是在中国香港发行的、以人民币计价的债券。Dim Sum 这个英文词来自于粤语"点心"，因其相对于整个人民币债券市场规模而得名。和中国境内的债务类金融工具不同，点心债券的发行基本上没什么管制，无论从发行者本身还是债券定价。当然，如果需要将资金注入境内使用，则需要得到中国境内相关的监管机构的允许。

2010 年 8 月，麦当劳公司（McDonald's Corporation）发行了第一笔外国公司点心债券。目前已有多家外国公司发行，如卡特彼勒、东亚银行等。不仅如此，为数不少的中国公司也加入到发行点心债券的行列，例如 2013 年 3 月中国五矿集团发行的点心债券。

9.3.4 项目融资

项目融资（Project Financing）也是跨国公司常用的一种融资形式。所谓项目融资，指由承办项目的跨国公司为筹集资金以及经营该项目而成立一家具有独立法人地位的项目公司，由该项目公司承担贷款，以项目公司的现金流量作为还款来源，项目公司的资产作为还款的保障。项目公司所经营的只是单一的项目，项目有固定的期限，项目到期后，项目公司解散，负债和权益投资者获得回报。这种融资方式常用于大型、长期且现金流较为稳定的基本建设项目融资，例如发电、公路、铁路、桥梁、机场等。

1. 项目融资分类

项目融资分为有追索(Recourse)和无追索(Nonrecourse)两种形式。对于有追索项目融资,贷款人要求除了以项目自身的现金流和资产作为还款保障外,还要求项目实体以外的第三方提供担保。如果贷款人不能按期获得贷款本息,有权向担保人追索。对于无追索项目融资,贷款的本息保证完全依赖于项目自身的效益,并以项目资产抵押。如果项目经营效益不好,贷款人的利益得不到保障,也无权向项目主办人提出追索。

对于承办人,无追索形式项目融资将项目风险剥离出去,降低了承办人承揽项目的风险。如果项目经营不好,不至于使承办人也陷入财务困境。另外,对于贷款人评价贷款风险更加单纯、简单,只需了解项目公司情况,而不需要了解承办人的各种复杂情况。大多数项目融资采用无追索形式。

当然,无追索项目融资降低了承办人的风险,也需要承办人为此支付一定的代价。在经济领域中没有免费的午餐,不论进行投资还是融资。由于贷款人可能承担更高的风险,所以要求更高的补偿,因此会提高项目融资成本。

项目公司由于其经营结构、组织结构以及财务结构简单、透明度高,所以在一定程度上降低了代理成本,由此可能在一定程度上提高项目价值。另外,在东道国承揽大型基础设施建设,尤其在发展中国家,还经常会得到一定的税收优惠。

2. 常用项目融资形式

当承揽的项目为政府项目时,BOT(Build-Operate-Transfer)是一种常用的项目融资形式。BOT 项目融资的特点是承办人组成项目公司,从项目所在国政府获取"特许权协议"(Concession Agreement)作为项目经营和融资的基础。通常,"特许权协议"包括如下内容。

①批准项目公司建设开发和经营项目,并给予使用土地、获取原材料等方面的便利条件。

②政府按照固定价格购买项目产品(如发电项目)或者政府担保项目可以获得最低收入。

③在特许权协议终止时,政府以固定的价格或者无偿收回整个项目。融资安排中一般要求政府提供一定的从属贷款或贷款担保作为融资的附加条件。

④项目公司在特许期限内拥有、运营和维护项目设施,并通过收取使用费或者服务费回收投资并获利。

BOT 的演化形式还有 BOO(Build-Own-Operate)、BOOT(Build-Own-Operate-Transfer)、BLT(Build-Lease-Transfer)等。与 BOT 类似的方式有设计—建设(Design-Build)、交钥匙(Turn-Key)等。使用设计—建设模式,要求

承办人负责项目设计和建设阶段；交钥匙工程则要求承办人不仅要设计、建设，还要负责项目设备购买安装，要求调试项目试运转。

9.4 互换与其他利率协议

9.4.1 互换的基本原理

互换(Swaps)是在一定时期内按照一定条件交换现金流的协议。按照是否涉及不同货币，互换分为利率互换(Interest Rate Swaps)和货币互换(Currency Swaps)。互换是一种典型的金融OTC(Over the Counter)产品，根据国际清算银行(Bank for International Settlements)统计，互换是合约金额最大的OTC金融衍生品。大量的互换专门为参与的双方设计，满足他们的特殊要求。当然，像其他金融衍生品一样，少数的标准化的互换合约也可以在交易所公开交易。①

1. 利率互换

利率互换指协议双方交换同一种货币相对于名义本金(Notional Principal)数额的两种不同利息现金流。交换的利息按照名义本金来计算，但是所交换的现金流中并不包括名义本金，只是一个计算的基础，因此，利率互换也称为票息互换(Coupon Swaps)。利率互换的期限从不足1年到超过15年不等，但大多数互换的期限介于2～15年。典型的票息互换，或者称为大众互换(Plain Vanilla Swaps)所涉及的利息现金流，一个是固定利率现金流，一个是浮动利率现金流。还有一种利率互换，是交换两个基于不同基准计算的浮动利息现金流，称为基点互换(Basis Swaps)。

【例9-1】A公司和B公司在市场上的标准普尔信用评级分别为AAA和BBB，贷款利率如表9-2所示。

表9-2 两个公司在市场上不同的贷款利息率　　　　单位：%

公司名称 \ 利息率	固定利息率	浮动利息率
A公司	9	LIBOR+0.5
B公司	10.5	LIBOR+1

---

① 部分互换交易可以参考芝加哥商品交易所网站，http://www.cme.com。

表 9-2 中的 LIBOR，即伦敦银行同业拆借利率，随时间不同而不断变化，为大多数浮动利率金融工具的参考。当然，银行同业拆借利率有很多种，如法兰克福银行同业拆借利率（FIBOR）、新加坡银行同业拆借利率（SIBOR）、中国的全国银行同业拆借利率（SHIBOR）等。根据表中信息，无论以固定利率贷款，还是以浮动利率贷款，A 公司都具有绝对优势。但仔细分析后发现，在固定利率贷款上 A 公司的优势更加明显。尽管 A 公司需要的是浮动利率贷款，而 B 公司需要的是固定利率贷款，但两个公司发现通过如下的安排，两个公司都能获得好处：A 公司以固定利率贷款，B 公司以浮动利率贷款，然后两个公司按照各自需要相互交换利息现金流，如图 9-1 所示。其中 LIBOR 每半年调整一次，贷款利息也是每半年支付一次，现金流每半年交换一次。

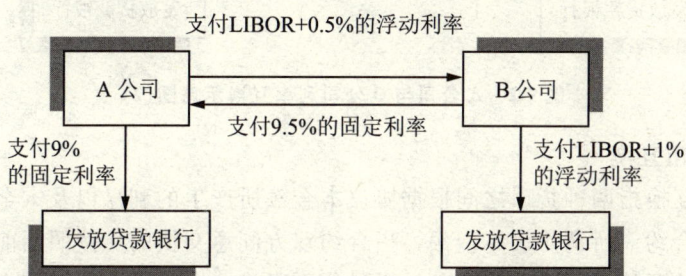

图 9-1　A 公司与 B 公司利率互换示意图（1）

假设贷款开始时，LIBOR 为年率 8％，并且两个公司贷款数额相同，均为100 万美元。那么 A 公司在半年后的现金流有三个：①支付给银行 4.5 万美元；②支付给 B 公司 4.25 万美元；③收到 B 公司 4.75 万美元。合计支付 4 万美元。而如果 A 公司直接使用浮动利率贷款，需要支付银行利息 4.25 万美元。A 公司节约了 0.25 万美元。同样，B 公司在半年后的现金流也有三个：①支付给银行 4.5 万美元；②支付给 A 公司 4.75 万美元；③收到 A 公司 4.25万美元。合计支付 5 万美元。而如果 B 公司直接使用固定利率贷款，需要支付银行利息 5.25 万美元。B 公司也节约了 0.25 万美元。两个公司在半年内共节约 0.5 万美元，一年节约 1 万美元。不考虑本金数额，每个公司在一年之内均少支付 0.5％的利息，合计少支付 1％的利息。

互换给参与的双方都带来了好处，但是寻求合适的合作伙伴并不是一件容易的事。因此，互换多数为有中介人参与的市场。中介人可能是交易所，如费城证券交易所、芝加哥商品交易所等。中介人也可能除交易所外的其他金融机构，如银行。通常中介人参加后，任何参与互换的客户不再是其他客户，而是中介人。在交易所进行互换交易，客户通常要向交易所交纳一笔用于保险的费用，以规避违约风险。

像银行这样的金融机构参与互换市场时，通常通过客户支付的利差获利，如图 9-2 所示。银行从 A 公司获得 LIBOR＋0.5％的利息收入，从 B 公司获得9.5％的利息收入，向 A 公司支付 9.3％的利息，向 B 公司支付 LIBOR＋0.5％的利息，从中获得 0.2％的利息收入。

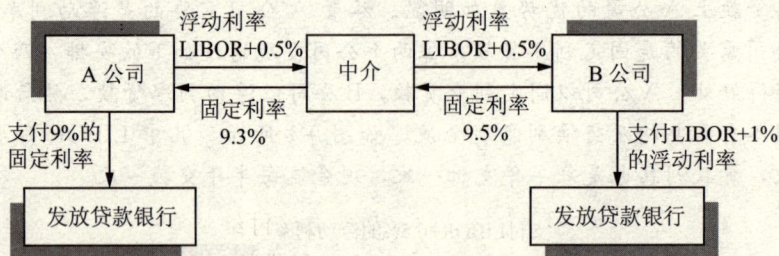

图 9-2　A 公司与 B 公司利率互换示意图(2)

2. 货币互换

货币互换指两种货币之间根据协议本金额所产生的利息以及本金现金流之间的交换合约。所谓协议本金额，指合约双方同意交换的，按照当前即期汇率计算等值的两种不同货币的金额。通过货币互换，合约双方能够在将来将一种货币标值的系列现金流兑换成以另一种货币标值的系列现金流。因此，货币互换类似于长期外汇远期合约。另外，与利率互换相区别，货币互换总是要涉及本金交换。

传统的货币互换，是两种货币之间按照固定利率计算的本金以及利息现金流的交换，如图 9-3 所示。

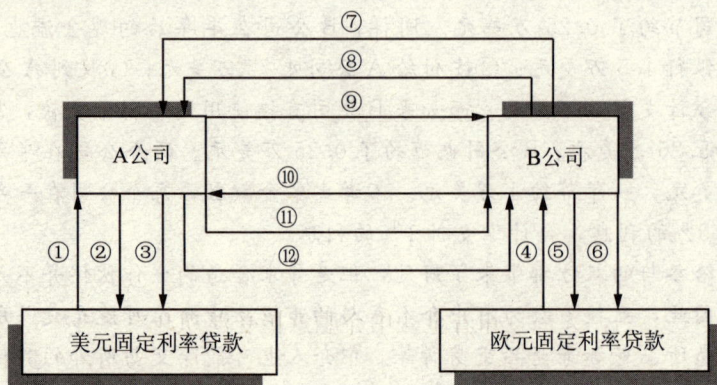

图 9-3　A 公司与 B 公司货币互换示意图

假定 A 公司从银行借入美元，B 公司从银行借入欧元，两个公司签订了 10 年期货币互换协议，本金数额为 100 万美元，按照当时的即期汇率折算相当于 85.47 万欧元。图 9-3 中各箭头所表示的现金流分别为：①当前 A 公司从银行借款 100 万美元；②在今后 10 年中每年支付美元贷款利息 6 万美元（利息率为 6％）；③第 10 年年末偿还贷款本金 100 万美元；④当前 B 公司从银行借款 85.47 万欧元；⑤在今后 10 年中每年支付欧元贷款利息 5.98 万欧元（利息率为 7％）；⑥第 10 年年末偿还贷款本金 85.47 万欧元；⑦至⑫为两个公司互换所产生的现金流；⑨表示当前 A 公司将借得的 100 万美元转交给 B 公司；⑩表示当前 B 公司将借得的 85.47 万欧元转交给 A 公司；⑧表示第 1～10 年 B 公司每年支付给 A 公司 6 万美元；⑪表示在第 1～10 年 A 公司每年支付给 B 公司 5.98 万欧元；⑦表示第 10 年年末 B 公司支付给 A 公司贷款本金 100 万美元；⑫表示第 10 年年末 A 公司支付给 B 公司贷款本金 85.47 万欧元。通过互换，A 公司将美元贷款转换成了欧元贷款，而 B 公司将欧元贷款转换成了美元贷款。

货币互换之所以必然涉及本金互换，原因在于接受低利率的一方期望以将来的本金升值补偿利息的损失。根据利息率平价原理，利息率高的货币将来趋向于贬值。在图 9-3 中，A 公司之所以愿意支付欧元高利率，而接受美元低利率，原因在于期望第 10 年年末美元升值，所收到的 100 万美元价值要高于 85.47 万欧元的价值。

随着市场的不断发展，货币互换也在发生着变化。目前，市场上大量的货币互换不再是传统的互换形式，而是利率互换与传统货币互换的结合，称为利率/货币互换（Interest Rate/Currency Swaps）。最常见的利率/货币互换是一种货币的固定利率利息和本金现金流与另一种货币的浮动利率利息和本金现金流相交换。另外，在互换的基础上，市场上还创立了互换期货（Swap Futures）。

9.4.2　互换与融资中的风险管理

互换市场是一个典型的做市商市场，一般来说，公司与金融机构签订互换合约，而与另一个互换交易方不直接交易。为了便于客户交易，承担做市商的金融中介通常会向外报价。

利率互换是最常见的互换合约，以此为例，报价形式如表 9-3 所示。

以 1 年期为例，买价意味着金融中介愿意接受浮动利率现金流，条件是支付利率为 0.31％固定利率的现金流；卖价意味着金融中介愿意支付浮动利率现金流，作为交换，接受利率为 0.34％的固定利率现金流；买卖价差为金融中介的收入。通常互换的现金流周期为 6 个月。

表 9-3 利率互换报价   单位：%

期限 (年)	欧元（€）		英镑（£）		瑞士法郎（CHF）		美元（$）		日元（¥）	
	买	卖	买	卖	买	卖	买	卖	买	卖
1	0.30	0.34	0.52	0.55	0.02	0.08	0.31	0.34	0.21	0.27
2	0.36	0.40	0.69	0.73	0.02	0.10	0.36	0.39	0.19	0.25
3	0.45	0.49	0.76	0.80	0.07	0.15	0.45	0.48	0.19	0.25
4	0.58	0.62	0.85	0.90	0.17	0.25	0.60	0.63	0.22	0.28
5	0.75	0.79	1.00	1.05	0.28	0.36	0.81	0.84	0.28	0.34
6	0.93	0.97	1.16	1.21	0.41	0.49	1.03	1.06	0.37	0.43
7	1.10	1.14	1.34	1.39	0.54	0.62	1.24	1.27	0.47	0.53
8	1.27	1.31	1.51	1.56	0.67	0.75	1.43	1.46	0.58	0.64
9	1.41	1.45	1.68	1.73	0.78	0.86	1.60	1.63	0.69	0.75
10	1.55	1.59	1.84	1.89	0.88	0.96	1.76	1.79	0.81	0.87
12	1.77	1.81	2.10	2.17	1.04	1.14	2.02	2.05	1.03	1.11
15	1.99	2.03	2.38	2.47	1.21	1.31	2.29	2.32	1.33	1.41
20	2.14	2.18	2.67	2.80	1.33	1.43	2.52	2.55	1.67	1.75
25	2.19	2.23	2.83	2.96	1.38	1.48	2.63	2.66	1.82	1.90
30	2.21	2.25	2.90	3.03	1.43	1.53	2.71	2.74	1.90	1.98

注：①资料来源：《金融时报》(*Financial Times*)，2012-12-31；
②美元报价为相对于 3 个月 LIBOR，其他币种为相对于 6 个月 LIBOR（欧元和瑞士法郎的 1 年期固定利率为相对于 3 个月 LIBOR）。

例如，当客户有一个 1 年期浮动利率贷款，半年后按照 LIBOR 支付一次票息，1 年后再按照当时的 LIBOR 支付一次票息。如果该客户希望规避利率波动风险，可以通过与中介机构签订互换协议，将此浮动现金流支出换成固定现金流支出。因为该客户需要浮动利率现金流，属于购买，使用中介机构的卖价，即 0.34%。互换通常有一个名义本金。以 100 百万美元名义本金为例。半年后，客户支付给中介机构按照固定利率 0.34% 和按名义本金计算的利息，即 0.34 百万美元，得到按照 LIBOR 和名义本金计算的浮动利息，并将这笔浮动利息支付给债权人。1 年后按照同样的程序办理。这样，客户就将浮动利率贷款转换成了固定利率贷款。

如果互换在市场上交易，交易价格不是指上述报价，而是指已经签订好的互换合约的价格。当客户签订互换合约后，可能会由于某种原因，不再需要已经签订的互换合约，此时，可以将互换合约卖出去。如果客户购买了利率互换，也就是接受浮动利率现金流，支付固定利率现金流，则互换的价值就是浮动利率现金流的折现价值减去固定利率现金流的折现价值，这个价值之差为互换的交易价格。由于互换通常为定制型金融产品，在大多数情况下互换合约签订后流动性较差。在签订互换时，这两个价值之差等于 0。但是，随着时间的延续，多数情况下会出现价值差不等于 0 的情况，这个不等于 0 的价值差就是互换的价值。

与其他金融工具一样，互换本身有风险，单纯持有互换会存在风险暴露，承担互换价值波动的风险，但其本身也是风险管理的工具。从上述互换例子中可以看到，公司利用互换可以在不完全的金融市场中套利。在例 9-1 中，互换双方的利益来源于市场不合理的利差。如果市场是完全的，这样的套利机会是不存在的。实际上，市场上经常存在着各种各样的套利机会。即使单纯从套利动机看，互换也总是有其存在的理由。然而，对于跨国公司互换的作用并不限于此，互换还是一种风险管理的工具。

例如，某公司预计将来市场利率会呈下降趋势，然而公司已经使用固定利率形式从银行获得了一笔长期贷款，这样即使利率真的下降了，公司对已经获得的贷款仍需要按照高利率支付利息。如果利用利率互换则可以解决这一问题。公司可以签订一个与长期贷款到期日相同（或者相近）的支付浮动/收取固定的利率互换，即公司互换的结果是定期收到按照固定利率计算的利息现金流，支付按照将来浮动利率计算的利息现金流。通过这种操作，公司将一笔固定利率贷款转化成了一笔浮动利率贷款，在将来市场利率下降时能够降低利息的支付。反过来，如果估计将来的利率会上升，那么可以利用互换将浮动利率贷款转化成固定利率贷款，将贷款利率锁定在当前较低的水平上。

如果估计将来的利率下降，公司愿意使用浮动利率贷款。问题是哪一家公司会愿意在利率下降趋势下使用当前较高的固定利率贷款呢？也就是成为互换的对方。实际上，这种利率风险管理的方法在很大程度上还是一种主观的管理，不同的人对将来有不同的预测。就像股票市场一样，在同一个时刻有人愿意卖，有人愿意买。不论如何，将浮动利率贷款转化为固定利率贷款还是规避了利率变化的风险。当公司在浮动利率市场贷款存在比较优势时，就可以利用互换，既享受比较优势，又能够规避浮动利率带来的利率风险。

关于货币互换的外汇风险管理功能看起来更明显一些。跨国公司在融资过程中有很多选择，在某些特定情况下跨国公司在某个市场上融资可能具有较大的优势，也就是能够获得低成本资本，然而，融资后需要支付的利息以及本金现金流很可能与跨国公司产生的主要现金流币种不一致。例如，公司的功能货币（Functional Currency），也就是公司在运营中所主要涉及的货币为美元，而公司在欧元利率较低的时期获得了一笔欧元融资。这样，公司产生的现金流主要为美元，而需要支付的一部分现金流为欧元。如果在每次支付时临时通过市场兑换，会使公司暴露于外汇风险之下，使用货币互换则能很好地解决这个问题。有时，在资本市场与远期外汇市场不发达的国家，互换也提供了一种很好的融资与风险规避工具。

9.4.3 其他利率协议

除了互换之外，公司还可以利用大量的其他类型的利率以及货币衍生工具进行风险管理、降低融资成本，其中包括利率远期（Interest Rate Forwards）、利率期货（Interest Futures）、远期利率协议（Forward Rate Agreement，FRA）。

1. 利率远期

利率远期，又称为远期的远期（Forward Forward），是现在确定将来贷款或者存款利率的合约，合约中包括将来的利息率、本金数额、起始日。

例如，公司预计在 6 个月后需要 100 万美元资金，公司可以在 6 个月后按照当时的市场利率贷款。但是，6 个月后利率很可能发生变化，如果利率提高，那么公司融资成本将上升。为了规避利率上升带来的风险，公司可以从银行购入利率远期，约定 6 个月后银行将向公司提供一笔固定利率，如 2.82% 的 3 个月期贷款。这样，不论市场利率如何变化，公司的融资成本是确定的。同其他风险管理工具一样，利率远期规避了利率上升带来的风险，也放弃了如果利率下降带来的好处。

即使市场上不存在利率远期，公司也可以通过货币市场创造等价的合约。仍以上述公司融资为例。公司不是从银行直接购入利率远期，而是现在借入一笔 9 个月期限的资金，贷出（投资，或者称为存款）一笔 6 个月期限的资金。假设 9 个月借款年利率为 6.95%，6 个月投资年收益率为 6.7%，均为一次性还本付息。现在投资 96.67 万美元，6 个月时得到 100 万美元。现在借入 96.67 万美元，9 个月后需要偿还 101.71 万美元。两个现金流合并，相当于 6 个月后得到 100 万美元，9 个月后偿还 101.71 万美元，相当于 6 个月后的固定利率贷款，年率为 6.84%。由此，公司创立了利率远期。当公司创造的利率远期和市场上的利率远期所涉及的将来利率不一致时，会出现套利机会，例如上述的 6.82% 和 6.84%。但是，也有可能利差是由于交易成本所造成。

2. 利率期货

利率期货是在交易所内交易的利率远期的一种标准化合约。交易量最大的是欧洲美元期货（Eurodollar Futures）和美国国债远期（US Treasury Bond Futures）。欧洲美元期货的主要交易场所为芝加哥商品交易所、伦敦国际金融期货交易所和新加坡国际货币交易所（Singapore International Monetary Exchange，SIMEX）。芝加哥期货交易所（Chicago Board of Trade，CBOT）则是目前美国国债的主要交易场所。

利率期货标的物为支付利息的金融工具，通常为国债或者欧洲美元，包括以短期、中期和长期国债为标的物的利率期货，最常见的利率期货为中长期债券期货，例如 2 年期、5 年期、10 年期和 20 年期国债。购买了利率期货，就相当于购买所约定的未来的固定收益证券。当然，出售利率期货相当于出售所约定的未来的固定收益证券。利率期货在到期日可以实物交割，但多数情况下使用现金交割。利率期货也采用盯市制度，每日的价格变化会记入保证金账户作为投资者的损益。

表 9-4 为芝加哥交易所的 5 年期美国国债期货报价。表中的第 1 列为到期月份，利率期货的到期月份主要有 3 月、6 月、9 月、12 月，最后一个交易日为到期月份的最后一个交易日前的第 7 个交易日①。利率期货的报价方式是指数形式，即价格的百分比。例如，2013 年 3 月 20 日交易的 6 月份到期的 5 年期国债期货结算价为 124′14.7（′后面数据表示 14.7/32），也就是结算价格为标的物面值的 124.459 4%，对于面值为 100 000 美元国债，结算价格为 124 459.4 美元。

表 9-4　芝加哥期货交易所利率期货报价（2013 年 4 月 23 日）

美国国债（CBT），面值 100 000 美元，报价单位：%，期限为 5 年

期货品种	开盘价	日高价	日低价	结算价	变化	交易量	持仓量
2013 年 6 月	124′14.7	124′14.7	124′14.7	124′14.7	0′02.0	0	1 839 561
2013 年 9 月	124′02.5	124′02.5	124′02.5	124′02.5	0′02.2	0	12 854
2013 年 12 月	124′02.5	124′02.5	124′02.5	124′02.5	0′02.2	0	
2014 年 3 月	124′02.5	124′02.5	124′02.5	124′02.5	0′02.2	0	
2014 年 6 月	124′02.5	124′02.5	124′02.5	124′02.5	0′02.2	0	

资料来源：《华尔街日报》（*The Wall Street Journal*），2013-04-23。

---

①　不同的交易所对于最后交易日有不同规定，例如在欧洲通常为到期月第 3 个星期三前的第 2 个交易日。

如果利率期货为多头，则意味着投资者未来可以使用 124 459.4 美元的价格购买一个面值为 100 000 美元、年票息率为 6%①（每半年支付一次票息）的 5 年期国债。与这个价格对等的债券收益率为求解下列算式中的 i：

$$124.459\ 4 = \sum_{t=1}^{10} \frac{3}{(1+i/2)^t} + \frac{100}{(1+i/2)^{10}}$$

$$i = 0.975\ 9\%$$

也就是购买了这个期货，相当于得到了一个收益率为 0.975 9% 的 5 年期国债。如果利率提高，期货价格会下降，投资者的多头会亏损，但是在未来现货市场上投资收益会提高，两者相抵，也就是利率期货会锁定未来的投资收益率。假设现在是 2013 年 4 月 23 日，如果公司预计 9 月份需要一笔贷款，但是担心到时利率会上升，因此提高公司资本成本。为了锁定贷款利率，现在可以出售一个到期月份为 9 月份、以 5 年期国债为标的物的利率期货，也就是持有利率期货空头。利率提高，利率期货价格会提高，空头获得收益。到时公司可以使用利率期货获益抵消利率提高的损失。当然，如果利率下降了，空头遭受损失。尽管公司可以从银行使用低利率贷款，但是低利率好处与期货损失相抵了。因此，签订了期货合约，公司规避了风险，同时也丧失了未来低成本的机会。表 9-4 第 6 列变化中，数值 2 表示变化为 2/32%，对于 100 000 的面值来说，相当于变化 62.5 美元。

常见的欧洲美元以 1 个月和 3 个月 LIBOR 浮动利率为标的物。表 9-5 为 3 个月的欧洲美元期货报价。该利率期货的标的物为从期货到期日开始的 3 个月 LIBOR 贷款，即相当于从到期日开始的以 LIBOR 为贷款利率的贷款。3 个

表 9-5　芝加哥商品交易所欧洲美元利率期货报价：3 个月欧洲美元

月　份	结　算	变　化	开盘价	日高价	日低价	交易量	持仓量
2013 年 3 月	99.770	Y				0	43 335
2013 年 5 月	99.750	Y				1 013	1 629
…	…	…	…	…	…	…	…
2018 年 6 月	98.200	Y				0	6
2018 年 9 月	98.105	Y				0	0
2018 年 12 月	98.040	Y				0	0
2019 年 3 月	97.975	Y				0	0

资料来源：《华尔街日报》（*The Wall Street Journal*），2013-03-27。

① 不同的期货品种可能有不同的名义票息率，具体需要根据交易所规定计算。

月 LIBOR 贷款是一笔名义上的贷款，都以现金结算，而不是交割 3 个月贷款，也就是只结算差价。欧洲美元期货在一年之内每个月到期的期货都有，在较远的年份有个别到期月份。欧洲美元期货最后一个交易日为到期月的第 3 个星期三前的第 2 个交易日。

欧洲美元的报价是一个指数，如表 9-5 所示。例如 2013 年 3 月到期的欧洲美元期货的报价为 99.770，表示 3 个月欧洲美元利率为 0.230＝100－99.770，即 0.23％。欧洲美元期货报价每变化 1 点，价值变化 25 美元＝1 000 000×0.000 1×90/360。其中 1 000 000 美元为名义面值，360 为每年计息天数（欧洲美元期货习惯上按照每年计息天数 360 天计算）。1 点为 0.000 1，为欧洲美元期货的最小报价单位。假设目前为 2013 年 4 月 23 日，如果公司估计 5 月份需要一笔浮动利率贷款，那么现在公司可以建立一个 5 月份到期的欧洲美元利率空头，也就是卖出利率期货。5 月份到期欧洲美元期货价格为 99.750，表示利率为 0.25％。相当于公司锁定了目前 0.25％ 的利率水平。如果利率上升，未来贷款利率会上升，但是期货价格空头会获利，抵消利率上升带来的损失。当然，签订了利率期货合约后，利率下降的好处也得不到，这就是风险管理的成本。

3. 远期利率协议

远期利率协议是一种现金交割、柜台交易的远期利率合约。利用这种合约，类似于使用利率远期或者利率期货，公司可以将将来的贷款利率规定在某一个水平上。利率远期协议有些像将来的互换，协议双方在将来交换利息现金流，区别在于利率远期协议，它不是真正交换，而是支付差额。

例如，某中国公司估计在 10 月份需要 100 万美元 3 个月期限贷款，为了锁定将来的贷款利率，公司可以与银行签订一项 4 个月以后执行（即 10 月份）的 3 个月期限的远期利率协议，名义本金额 100 万美元，约定执行利率为 1.99％。如果到了 10 月份，3 个月 LIBOR 高于约定利率，为 2.05％，那么银行需要支付给公司：

$$名义本金×\frac{(LIBOR-约定利率)×(合约天数/360)}{1+LIBOR×(合约天数/360)}$$

$$=1\ 000\ 000×\frac{(0.020\ 5-0.019\ 9)×(90/360)}{1+0.020\ 5×90/360}$$

$$=149.24（美元）$$

该金额是规定合约开始那一天支付的金额，即 4 个月后，而不是合约规定计算期限结束的那一天，所以是预支利息。

【本章精要】

跨国公司基本的融资方式是权益和负债，但由于跨国公司面临着更多的机会，所以融资形式花样更多，融资决策更富有挑战性。本章除了涉及传统的权益和负债融资外，还将互换专门列入其中，作为本章的内容之一。

跨国投资和跨国融资的趋势形成了金融市场国际化的内在动力。与此同时，通讯技术的发展与管制放松为金融市场国际化提供了条件。金融市场国际化，是以某些国内市场作为国际金融中心。最著名的传统金融中心包括纽约、伦敦、东京、法兰克福、巴黎等。尽管管制放松，金融体系有明显的一体化趋势，但各国金融市场在特点上还是存在着显著的差异。最明显的两大金融体系是以美国和英国为代表的市场型金融体系和以欧洲大陆、日本为代表的银行主导体系。金融体系不同，导致公司财务结构出现很大差别。

外国股票融资是指在国外股票市场上发行股票获得国外的权益资本。每一个市场对于接受公司上市都有具体规定，可以查阅各个交易所的网站。本章第二节，以纽约证券交易所为例分析了外国公司发行股票的条件，然后分析了外国股票融资的内在动力。存托凭证指在一国证券市场上发行并流通的代表外国发行公司有价证券的可转让凭证，是公司股票或者债券在国外股票市场间接上市的一种途径。尽管有各种 DRs 出现，ADRs 仍然是主要交易的存托凭证。目前在美国发行的 ADRs 有一级 ADRs、二级 ADRs、三级 ADRs 和 144A 规则 ADRs 四种方式。

欧洲货币是指存放于货币发行国之外的银行的可自由兑换货币。从事欧洲货币存贷业务的银行，称为欧洲货币银行。最常见的欧洲货币为欧洲美元。不论是对于投资者、融资者还是银行，欧洲货币市场提供了规避政府管制的一个途径。欧洲债券指在债券标价货币之外的国家金融市场上出售的债券。欧洲债券市场是一个自律市场。欧洲中期票据，是一种类似于欧洲债券的直接融资工具。欧洲中期票据不像欧洲债券那样采用承销方式发行，而是采用代理方式发行。国际债券一般划分为外国债券或欧洲债券。常见的外国债券有扬基债券、武士债券和龙债券等。项目融资也是跨国公司常用的一种融资形式。

互换是在一定时期内按照一定条件交换现金流的协议。按照是否涉及不同货币，互换分为利率互换和货币互换。互换可以作为风险管理的工具。除了互换之外，公司还可以利用大量的其他类型的利率以及货币衍生工具进行风险管理、降低融资成本，其中包括利率远期、利率期货、远期利率协议。

【推荐阅读】

[1]商务部跨国经营管理人才培训教材编写组. 中外跨国企业融资理念与方式比较. 北京：中国商务出版，2009.

[2]李翀. 金融市场学. 北京：北京师范大学出版社，2011.

[3]中央国债登记结算有限责任公司债券研究会. 国际债券市场考察报告. 北京：中国市场出版社，2006.

【参考网站】

1. 纽约证券交易所：http://www. nyse. com;

2. 伦敦证券交易所：http://www. londonstockexchange. com;

3. 东京证券交易所：http://www. tse. or. jp;

4. 泛欧洲证券交易所：http://www. euronext. com;

5. 中国香港联合交易所：http://www. hkex. com. hk;

6. 新加坡证券交易所：http://www. ses. com. sg;

7. NASDAQ 股票市场：http://www. nasdaq. com。

【学习指引】

美国纽约银行(The Bank of New York)关于存托凭证的有关信息可查阅如下网站：http://www. adrbny. com；关于互换报价可参阅伦敦国际金融交易中心网站：http://www. liffe. com；有关 LIBOR 报价，可参阅 http://www. bba. org. uk/public/libor；关于远期协议，可以参阅各大国际性商业银行网站；关于交易期货，可以参阅芝加哥交易所和芝加哥商品交易所以及其他有关交易所网站。

【练习题】

一、名词解释

存托凭证、一级 ADRs、欧洲货币、多币种条款、欧洲债券、偿债基金、票据发行权、利率互换、货币互换、利率远期、利率期货、远期利率协议

二、简答题

1. 为什么一家公司可能会选择发行以非本国货币标价的债券为本国的经营业务融资？可能涉及的相关风险有哪些？为什么有时即使本国利率高，公司能够获得低成本的外国资本，也不使用外国资本为本国项目融资？

2. 各家不同的交易所对公司上市可能有不同要求，通过互联网搜索在新

加坡创业板上市需要满足哪些条件。

3. 使用欧洲货币贷款与国内贷款相比有哪些优势？

4. 票据发行权是一种期权，你能用期权术语描述票据发行权吗？

5. 发行欧洲债券像发行国内债券一样，也要选择适当的时期，以尽可能降低融资成本。影响融资成本的一个重要因素是信用评级，信用等级越高，需要支付的利率越低。那么公司发行债券应该选择汇率波动较小的时期，以提高信用等级，这种考虑正确吗？为什么？

6. 互换在跨国公司融资中能够起到什么作用？

7. 一家美国跨国公司正在考虑发行 20 年期以瑞士法郎标价的长期债券。发债收入被兑换成欧元为该公司在德国的经营业务提供必要的资本。该跨国公司在瑞士没有业务，但是它更愿意发行瑞士法郎债券而不是欧元债券，因为瑞士法郎债券票面利率比欧元债券面利率低 2%。请解释这种策略的风险。你认为这里的风险比用该债券收入为美国经营业务融资的风险大还是小？为什么？

8. 有专家预测，即使欧元通货膨胀率不提高，在近几年之内利率也会提高。A 公司是一家美国公司，在欧洲没有业务，它最近发行了欧元债券为美国的经营业务融资。选择欧元债券的原因是因为票面利率很低。公司 CFO(Chief Financial Officer)表示，"我不关心预测结果，因为我们发行固定利率债券没有风险"，你同意该观点吗？

三、计算题

1. 某公司准备出售 60 天期限的欧洲商业票据，票面额为 100 万美元，市场折现率为每年 6%。那么公司出售该商业票据能够获得多少现金？

2. 某中国航空公司准备借入一笔 500 万美元为期 1 年的流动资金贷款，假设公司有两种选择：

(1)在伦敦按照年率 9% 直接借入 500 万欧洲美元；

(2)在中国香港按照年率 7% 借入 3 900 万港币，当时兑换率为每美元等于 7.8 港币。

当年终即期汇率为多少时这两种贷款对于公司无差别？

3. 花旗银行向波兰政府组织了一笔辛迪加欧洲美元贷款，贷款条款如下：

(1)本金 10 亿美元；

(2)期限 7 年；

(3)利率为 LIBOR+1.5%，重设期 6 个月；

(4)辛迪加费用 1.75%。

问：(1)波兰政府从这笔贷款中获得多少净现金流？(2)如果当时 LIBOR 为 6.35%，前 6 个月贷款的年有效利率是多少？

四、讨论与思考题

金融市场和金融体制会影响跨国企业融资的选择，请根据当前金融市场发展特征，结合我国现行金融体制，对跨国企业长期融资策略提出建议，并思考我国金融体制需要从哪些方面进行完善。

【案例分析】

金地集团及万科公司的跨国长期融资

案例 1 金地集团（600383.SH）初创于 1988 年，1993 年正式开始经营房地产。2001 年 4 月在上海证券交易所挂牌上市，成为解禁后首批上市的房地产企业。2012 年，金地集团布局中国香港资本市场，收购中国香港联交所上市公司星狮地产（535.HK），并于 2013 年更名为金地商置。

2012 年 7 月 19 日，金地集团宣布，旗下海外公司金地国际控股有限公司发行 3 年期无抵押优先级债券，由汇丰银行作为独家评级顾问、独家账簿管理人、独家牵头经办人，拟募集 10 亿元人民币。市场反应热烈，共接到了 47 亿元人民币的超额认购，获得了高达 111 家高端投资者的追捧，最终金地集团管理层决定本次发行 12 亿元人民币，发行票息 9.15％。其中不容忽视的一项原因是，此前的 7 月 16 日、17 日，两大评级机构穆迪和标准普尔分别宣布了对金地集团的信用评级为"Ba1"评级和"BB＋"评级，均为展望稳定级别，向市场传递了较好的信息。本次金地集团海外债券发行，既是公司拓展融资渠道和国际化战略的重要一步，也为公司整合全球资源开辟了一条新路径，并且创下我国 A 股地产公司海外发债首个成功案例。

资料来源：《赴港上市未成金地海外发债借道融资》，http://www.realestate.cei.gov.cn/files/20127/20120724113416.html，2012-07-24。

要求：结合本章内容，分析金地集团海外融资的特征和风险，并讨论海外发行债券应该注意哪些问题。

案例 2 万科企业股份有限公司成立于 1984 年，1988 年进入房地产行业，1991 年成为深圳证券交易所第二家上市公司。经过近 30 年的发展，已经发展成为我国内地最大的住宅开发企业。

2013 年 3 月 4 日，万科集团向市场公布拟通过境外子公司发行美元债券，交易已聘请汇丰银行为全球协调人，并由汇丰银行和德意志银行牵头完成整个交易的准备和执行工作，并于 3 月 5 日、6 日在中国香港、新加坡和伦敦路演。3 月 7 日上午开始认购，并于当天成功完成定价，美元债券发行规模为 8 亿美元、5 年期、年票息率 2.625％。3 月 7 日，万科集团对外宣布，成功完成债券募集。

本次债券发行为万科集团首次在境外发债，也是继金地集团之后，第二个不通过海外上市平台发债融资的房地产企业。

资料来源：《万科成功完成首次境外美元债券定价》，http://www. vanke. com/newstext. aspx？id＝1494&u＝NewsNav,2013-03-07。

讨论问题：

搜集相关资料，讨论和比较金地集团和万科集团海外发行债券融资的异同，并对我国大型企业海外融资提出相应的建议。

第 10 章 跨国公司资本成本
与资本结构

【本章学习目标】

1. 掌握跨国公司不同资本成本估算方法；
2. 掌握跨国公司整体资本结构和子公司资本结构的不同特征。

【引导案例】

跨国公司的融资调整

受金融危机的影响，欧美等发达国家经济发展受到重创。这些国家的投资者为了规避风险，正在将目光转向国外。随着我国经济的迅速腾飞，国内竞争日益加剧。由于体制、法律环境以及资本市场不健全等因素导致国内融资限制较多，一些跨国公司将目光转向海外资本市场，并且书写了一个个海外传奇，如盛大网络、网易公司等。

不过，海外融资看似光鲜的背后，也隐藏着不少风险。从近期跨国公司频频退市的现象来看，海外资本市场并非只是可供圈钱的场所。从国外上市情况分析，由于上市后的交易冷清，过高的挂牌费用和维持上市成本均可能成为拖累跨国公司发展的"稻草"。

海外投资者也不总是青睐海外公司。近些年由于海外投资者并不买账，或者出于其他原因，从海外市场退市的跨国公司越来越多。例如，诺基亚于2003 年、2004 年、2007 年和 2011 年分别在伦敦证券交易所、巴黎证券交易所、斯德哥尔摩证券交易所和法兰克福证券交易所退市；2004 年宝洁公司宣布从美国芝加哥证券交易所、荷兰阿姆斯特丹证券交易所、比利时布鲁塞尔证券交易所、德国法兰克福证券交易所以及瑞士证券交易所退市；2005 年 IBM、百事可乐、摩托罗拉相继退出东京证券交易所；2006 年戴姆勒克莱斯勒宣布从 12 家证券交易所退出；而我国仅在 2011 年到 2012 年 10 月 10 日期间便有45 家中资概念股从美国股市退市。

那么曾经一度热衷海外融资的跨国公司，为什么会选择退出呢？根本原因在于海外融资的成本较高。无论是宝洁，还是诺基亚，抑或是我国的阿里巴巴，都面临着维持上市成本过高和难以再融资困境。因此，通过退出，既能够整合企业的资本结构，又能将资金用于更能创造价值的地方，或许这也是跨国公司的明智选择吧！

当然,不仅是股权融资,其他海外融资方式的成本也并不低,如银行贷款、债券、信托、基金等也是跨国公司常用的融资工具。但与较高的股权融资成本相比,负债融资对跨国公司而言更加具有吸引力,尤其是对于那些房地产企业。举例而言,2012年由于国内房地产行业的资金面持续趋紧,负债率高且传统开发贷款、信托融资等方式受到限制,许多跨国企业为改善债务结构、增强流动性,便选择在境外发行债券,获得了大笔中长期资金支持。统计数据显示,2013年1至3月份,万科、绿城以及融创中国等9家内地房地产企业海外融资规模就超过40亿美元,是2012年房地产企业全年海外融资额的40%左右。融资成本普遍偏高,如恒盛地产发行了一笔5年期的1.5亿美元优先票据,融资成本最高,利率为13.25%;而首创置业和绿城中国的融资成本也超过8%。

对于跨国公司来说,即便不考虑海外融资的汇率风险,一旦债务到期无力偿还,海外发债行为的影响将更加猛烈。例如无锡尚德太阳能电力有限公司(无锡尚德,简称尚德)违约后,2013年3月20日江苏省无锡市中级法院裁定实施破产重整,其母公司尚德电力在纽交所股价大幅下跌。截至2013年4月10日,尚德公司已连续遭到美国纽约证交所两次退市警告,如若退市,那么尚德的海外股权价值很可能大幅缩水甚至一文不值。

这些案例告诉我们,无论是选择什么样的海外融资方式,跨国公司除了要考虑融资成本和法律法规环境等因素的影响外,还需要考虑后续管理以及相应的融资行为可能产生的风险。

资料来源:《三家在美上市中国公司宣布退市》,http://finance. huanqiu. com/data/2012-10/3199158. html,2012-10-18;《知名房企海外融资趋热》,http://www. cs. com. cn/ssgs/fcgs/201304/t20130424_3961265. html,2013-04-24;《房企1月海外猛发债 多数资金将用拿地推高地价》,http://house. people. com. cn/n/2013/0205/c164220-20433941. html,2013-02-05;《美国个股:尚德再接纽交所退市警告,对巴菲特入股传闻不予置评》,http://cn. reuters. com/article/vbc_us_ind_equities/idCNL3S0CX29T20130410,2013-04-10。

公司的经营目标是价值最大化,跨国公司也不例外。考虑公司价值是自由现金流的折现,折现率即公司加权平均资本成本,那么价值最大化等价于公司加权平均资本成本最小化。加权平均资本成本等于公司各种资本成分成本的加权平均。跨国公司资本成本和资本结构是跨国公司财务管理的重要内容。同其他各章一样,尽管公司一般性资本结构理论同样适用于跨国公司,但这里并不是要将资本结构理论整个搬过来,而只是讨论跨国公司在资本结构方面的特殊性。本章的内容包括跨国公司资本成本和资本结构两个部分。

10.1 跨国公司资本成本

提到公司资本成本，通常意味着两个方面，即公司加权平均资本成本和各种资本成分的成本。对于跨国公司，加权平均资本成本的计算公式并没有什么特殊性。因此，本节主要讨论资本成分成本，包括权益和负债。

10.1.1 跨国公司权益资本成本

1. 权益资本成本的估计方法

公司权益资本成本是权益投资者或者公司股票持有者进行股票投资所要求的收益率。像组成物质的基本粒子一样，权益资本成本是客观存在的，但是却难以准确地观察到，所以只好采用一些方法去估计。对于跨国公司国外投资项目的权益资本成本常用的估计方法有风险溢价估计法和资本资产定价模型估计法。

(1)风险溢价法

使用风险溢价法估计权益资本成本，就是以无风险回报加上风险溢价作为估计的权益资本成本。例如，国库券的收益率为 3%，如果估计股票投资的风险溢价为 5%，则权益资本成本等于 8%。

风险溢价的确定通常以经验数据作为依据来做出判断，或者通过专家法做出判断。对于国内的企业或者投资项目，由于存在较为充分的数据资料支撑，财务经理们对于国内的经济状况比较熟悉①，对于各种类型项目的风险和收益情况有一定了解，所以做出的风险溢价估计在可接受的范围之内。而对于国外子公司或者国外投资项目，则存在着很多棘手的问题。首先，财务经理对于国外的状况可能不是很熟悉，或者国外没有充分的数据支撑，给准确地估计风险溢价造成困难。即使不存在这个问题，还存在着风险溢价是在什么基础上的风险溢价，是使用国外无风险利率还是使用国内无风险利率作为基础？在实践中，对这样问题的一个简单处理方法是以国内的无风险利率，加上国内风险溢价，再加上主权溢价(Sovereign Risk Premium)，作为国外投资权益资本成本的估计，或者就是国内类似项目的权益成本加上主权溢价。

这里的主权溢价，指跨国公司所在国与子公司所在东道国相同时期、相同期限的政府债券收益之差。当然，这样计算的主权溢价包括通货膨胀和汇率变

---

① 这里的财务经理是一个广义的概念，指所有需要对公司成本做出判断的有关人士。

化的因素，在计算时应扣除这两种因素的影响，也就是计算平价之外收益之差。例如，本国的主权收益率为 3%，而子公司东道国的主权收益率为 5%，并且子公司东道国货币汇率变化率为 2%，也就是升值 2%，那么母公司投资者投资于子公司东道国主权债的投资收益约为 7%[①]，这样，调整后两个主权债之间的收益差为 4%。

投资者对于所承担的系统风险要求获得补偿，由此所获得的补偿称为风险溢价。使用主权溢价法所隐含的假设是认为主权溢价是由于国外投资引起了国内投资者承担系统风险的变化。但是，主权溢价还反映了各种其他风险溢价，如流动性风险溢价、违约风险溢价等，这些风险通常不包括在系统风险中，所以，在主权溢价法中的基本假设是不稳固的。尽管如此，主权溢价法还是提供了一种简便易行、可操作的方法。

(2)资本资产定价模型估计法

使用资本资产定价模型估计权益资本成本是非常普遍的一种方法。其基本公式为：

$$R_i = R_f + \beta_i(R_m - R_f) \tag{10-1}$$

尽管对资本资产定价模型有各种争议，但不可否认，该模型是 20 世纪在财务学领域最伟大的创新之一。模型极其简单地描述了风险与回报之间的关系。然而，就像第 6 章所述，模型的背景是国内市场，当应用于国际背景下时，各个参数如何选取就与国内市场大不相同了。尽管对于资本资产定价模型存在大量的实证研究，但由于数据资料、对市场一体化程度不同的认识等各种条件限制，对于国际背景下的实证研究并不多见。国际资本资产定价模型是否成立存在着大量疑问。尽管如此，该模型的结论还是可以接受的，而且简便易行。

市场选择对于确定各种指标是关键性的。权益资本成本是投资者要求的回报，当然投资者会以自己所在的市场作为参照系，衡量每一项投资的收益。问题是：对于跨国公司而言，投资者所在的市场是一个什么样的市场？国内市场显然是投资者所在的市场，但是由于跨国公司投资区域的广泛性，以及当前金融市场的国际化趋势不断加强，并且有时跨国公司股东是广泛分散化的，选择国内市场作为参照系又有些不足以令人信服。选择国际市场作为参照系，市场回报有可能高于国内市场回报，也有可能低于国内市场回报，但不管是高还是低，国际市场回报有一种平均化的趋势。关于系统风险，使用国际市场和国内

---

① 计算方法参见第 6 章。

市场，结果会大不相同。任何一个投资项目，相对于国际市场的系统风险比相对于国内市场的系统风险要小得多①，所以，使用国际市场和国内市场两种参照系得到的结果会相差很大。

尽管在理论和实证上没有更多的支持，还是能够找出一个能够使人接受的原则：根据跨国公司股东投资的范围确定市场参照系。如果跨国公司股东是分散化的，即在世界上很多国家和地区拥有股东(有很多跨国公司拥有国际分散化的股东)，那么投资者的投资范围很难用一个国家的范围来描述，在这种情况下使用国际市场更合适。另外，即使投资者不是充分分散化的，但是国内投资者能够很容易地投资于国际股票，而且实际上或多或少地普遍投资于国际股票，那么国际市场也比较适合。如果跨国公司股东集中于某一个市场，并且很少投资于国际股票，那么国内市场是更合适的选择。按照这种原则，那么市场也可以选择区域性市场，如亚洲市场、欧洲市场、北美市场等。

如果选择国际市场，那么国际市场回报通常使用一个指数回报来代替，例如摩根斯坦利股票指数 MSCI(Morgan Stanley Capital International World Index)，MSCI 也有区域性市场指数。图 10-1 为 1998—2013 年的国际市场指数变动情况。其中，MSCI World 为 24 个发达国家 6 000 多只股票构成的指

图 10-1　MSCI 国际市场每日指数(1998 年 2 月— 2013 年 2 月)

资料来源：http://www.msci.com/equity/index.html.

① 参见第 6 章论述。

数，MSCI Emerging 为新兴经济体股票指数，MSCI ACWI IMI（All Country World Index Investable Market Index）为全球股票价格指数。无风险回报相对应地选择国际市场的无风险投资利率，例如各国政府债券指数回报。[①]

系统风险 β 为项目相对于国际市场指数的系统风险，计算公式为：

$$\beta_i = \frac{\rho_{i,m}\sigma_i}{\sigma_m} \tag{10-2}$$

式中：$\rho_{i,m}$ 为项目回报与国际市场指数回报之间的相关系数；σ_i 为项目回报的标准差；σ_m 为国际市场指数回报的标准差。

如果选择国内市场，则市场回报为国内某一个综合指数回报，如上证 180 指数。在计算 β 系数的式（10-2）中，$\rho_{i,m}$ 为项目回报与国内市场指数回报之间的相关系数；σ_i 项目回报的标准差；σ_m 为国内市场指数回报的标准差。

不论以国际市场还是以国内市场作为参照系，由于国外项目与参照系的相关系数降低，系统风险会下降，计算出来的国外项目必要的回报也会低于国内项目。因此，如果使用与国内同类项目相同的折现率会使资本预算过于保守。

另外值得注意的一点是，对于跨国公司在国外投资的政治风险的处理有不同的观点：一种观点认为，政治风险属于特殊风险，不应该包括在折现率中，而应该使用现金流去调整；另外一种观点认为，跨国公司与国内公司不同，在计算跨国公司的权益成本时应该考虑政治风险这样的特殊风险，因为，在有些经济状况和政治状况不太稳定的国家，投资者感受到的风险过高，会要求更高的回报补偿。两种观点都有一定的道理，但本书倾向于第一种方法，即在权益资本成本中不考虑政治风险。[②]

2. 选择替代项目

利用资本资产定价模型估计权益资本成本，需要国外子公司或者国外项目的有关数据。如果是新建项目，根本就不存在历史数据；如果子公司所在国市场机制不很健全，可获得的市场数据较少，该模型也不适用。对于这种情况的处理，通常是选择一个替代项目，以该项目的数据来估计标的项目资本成本。

替代项目有三种选择方式，即东道国项目、东道国行业和母公司所在国项目。由于东道国类似项目所面临的经营环境与所要评估的项目相同，所以使用这种替代项目最为合理。但有时东道国的替代项目不好找，选择这种替代项目

---

① 很多投资公司提供各种指数服务，如 Lehman Brothers 的短期国债指数，JP Morgan 的国债指数，以及专业投资工具（Professional Investment Tools）的各国长期国债指数。当然，使用长期国债，其中包括了通货膨胀增益、流动性增益、利率风险增益。

② 相关的论述请参阅第 7 章。

不切实际，只好扩大视野，去寻找其他替代项目。一种可取的方法是以行业数据来替代。首先在母公司所在国寻找两个系统风险相类似的行业，然后在东道国市场上利用一个行业的数据替代另外一个行业的数据。例如，如果发现在国内饮食行业与公用事业的系统风险相类似，那么在东道国就可以用其中一个行业的数据来替代另外一个行业的数据。

似乎使用母公司所在国项目作为替代项目有些令人费解。但是，在上述两种替代项目不容易获得的情况下，这种方法也不失为一种选择。但在计算过程中要做出一些调整。

①计算子公司（项目）东道国相对于母公司所在国的 β 系数，计算公式如下：

$$\beta_{fm} = \frac{\rho_{fh} \times \sigma_f}{\sigma_h} \tag{10-3}$$

式中：β_{fm} 表示东道国市场相对于母公司所在国市场的系统风险；ρ_{fh} 表示东道国市场回报与母公司所在国市场回报之间的相关系数；σ_f 为东道国市场回报的标准差；σ_h 为母公司所在国市场回报的标准差。

例如，澳大利亚市场与美国市场的相关系数为 0.46，澳大利亚市场回报的标准差为 0.864 6，美国市场回报的标准差为 0.495 2，那么澳大利亚市场相对于美国市场的系统风险为：

$$\beta_{fm} = \frac{\rho_{fh} \times \sigma_f}{\sigma_h}$$
$$= \frac{0.46 \times 0.864\ 6}{0.495\ 2}$$
$$= 0.80$$

②计算母公司所在国的类似项目的国内系统风险 β_h。例如，在国外的投资项目为计算机软件，应计算出国内计算机软件项目相对于国内市场的系统风险，以微软（Microsoft）为例，系统风险为 1.0。

③使用式（10-4）估计国外项目相对于国内市场的系统风险。

$$\beta_f = \beta_{fm} \times \beta_h \tag{10-4}$$

因为澳大利亚市场相对于美国市场的系统风险为 0.80，微软的系统风险为 1.0，那么在澳大利亚的美国软件子公司的系统风险为：

$$0.80 \times 1.0 = 0.80$$

值得注意的是，使用上述方法隐含着以下两个不太令人信服的假设。

第一，在每个国家各个行业相对于其本国市场的系统风险相同。也就是软件制造业在美国的系统风险为 1.0，在澳大利亚国内市场的系统风险也是 1.0。

显然，由于各国的经济结构不同，会导致相同行业的系统风险不同。

第二，各个国家各行业之间的相关性与两个国家市场之间的相关性相同。也就是在澳大利亚的软件制造业与美国软件制造业的相关性，完全与两国国家市场之间的相关性相同。每个行业都可能有其特殊性，有些行业甚至依赖于国际市场的程度要强于依赖本国市场的程度，这样该假设的正确性就会大打折扣。例如，印度尼西亚的原木采伐业，其很大一部分市场在国外，该行业与国外市场之间的相关性可能比整个市场与国外市场的相关性要强。

10.1.2 跨国公司负债资本成本

负债成本计算较权益成本计算简单得多，其关键问题是考虑汇率变化对于负债成本的影响。对于单期（通常为 1 年）国外负债，不考虑税收情况下的资本成本为[①]：

$$r_h = r_l \times (1+c) + c \qquad (10\text{-}5)$$

其中各符号的含义同第 8 章式(8-2)。

考虑税收，国外负债的资本成本为：

$$r_h = r_l \times (1+c) \times (1-t_l) + c \qquad (10\text{-}6)$$

该式与式(8-4)相同。式中汇率变化导致的兑换损益没有考虑所得税效应，是因为子公司在东道国负债，以东道国货币借入，以东道国货币偿还，不存在外汇兑换问题。

如果为多期负债，每年的汇率变化率相同，负债成本结果仍然一样。假设年初借得国外负债 1 个单位，相当于国内货币 e_0，年末本息和为 $(1+r_l) \times e_1$，考虑税收效应，负债成本为：

$$\frac{[1+r_l(1-t_l)] \times e_1 - e_0}{e_0} = r_l \times (1+c) \times (1-t_l) + c$$

到了第一年年末、第二年年初，借入的本金相当于 e_1，第二年年末本息和为 $(1+r_l) \times e_2$，考虑税收效应，负债成本为：

$$\frac{[1+r_l(1-t_l)] \times e_2 - e_1}{e_1} = r_l \times (1+c) \times (1-t_l) + c$$

在推导过程中使用了条件式：

$$e_{t+1} = e_t \times (1+c)$$

式中：t 表示时间。

上述推导结果也可以通过对式(10-7)求解 r_h 获得：

---

① 推导过程可参考第 6 章和第 8 章相关内容。

$$-1+\sum_{i=1}^{n}\frac{r_l\times(1+c)^i\times(1-t_l)}{(1+r_h)^i}+\frac{(1+c)^n}{(1+r_h)^n}=0 \qquad (10\text{-}7)$$

当假设式(10-7)的税率等于 0 时，结果就是不考虑税收效应情况下的资本成本。

10.2 跨国公司资本结构

在计算跨国公司资本成本时需要以资本结构作为前提，即必须首先知道资本结构才能计算加权平均资本成本。跨国公司一般是母子公司体系，因此跨国公司资本结构有两个层次：一个是子公司资本结构；另一个是跨国公司作为整体的资本结构。

10.2.1 跨国公司子公司资本结构

1. 子公司资本结构无关性

通常，跨国公司财务管理可以分为紧密型(Consolidated)和非紧密型两种(Unconsolidated)模式。非紧密型财务管理条件下，各个子公司都是一个财务独立的实体，各子公司的资本结构与其他子公司无关，各子公司的经营状况与其他子公司也无关。紧密型模式指跨国公司中母公司与各个子公司以及子公司之间有密切的现金往来，母公司对于各个子公司的经营状况负责，一旦子公司经营状况不好，母公司会给予支持，使其不至于破产违约。一般情况下，除非受法律法规制约，跨国公司均采用紧密型财务管理模式。本书只讨论后一种情况。

对于独立公司而言，适当负债能够提供杠杆收益，降低公司资本成本。但是，随着负债水平的提高，公司的风险逐渐提高，由于担心公司破产，权益投资者和债权人都会提出更高的收益率要求，反而会导致公司资本成本提高。在紧密型跨国公司母子公司体系中，母公司对于子公司的债务提供担保，因此子公司债权人不需要担心债务偿还问题，也就是在母公司能够正常运营的情况下，子公司负债水平对于其违约风险没有影响。另外，由于母公司也可以灵活地以权益或者负债等不同的形式对子公司投资，而且，母公司与子公司之间的借贷关系还可以在形式上称为银行与公司之间的借贷关系(参见第 5 章内部贷款)，由此，子公司不存在独立的资本结构。例如，如果母公司投资于子公司100 万元，这 100 万元可以全部以权益形式投资于子公司，也可以全部以负债形式投资于子公司，也可以介于两者之间。同样一笔母公司投资，就可以使子公司资本结构发生各种变化。

2. 影响子公司资本结构的相关因素

尽管子公司不存在独立的资本结构，总还是存在着形式上的资本结构，总还是能够计算出子公司的负债权益比。这种形式上的资本结构受到多种因素影响。

(1)东道国规定

当跨国公司投资于某一个国外项目时，东道国常常有权益投资比例的要求，例如要求权益投资比例不低于30％，那么该子公司的负债权益比就不能高于7∶3。

(2)跨国公司整体资本成本最小化

跨国公司内部存在着现金流动，跨国公司在某地的现金余额可以投资于另一个地方。例如，子公司在本国借入100万元负债资本，并将该笔资本转移到位于另外一个国家的子公司进行投资。这种内部现金流动的驱动力是在跨国公司整体范围内使资本成本最低。跨国公司的内部资本流动机制以及国际金融市场的不完全性使得这种目标的实现成为现实。

(3)政治风险

一个子公司东道国的政治风险与子公司资本结构的选择密切相关。子公司某些特殊融资形式能够在很大程度上规避政治风险。例如，以权益形式进行融资，一旦东道国发生政治动荡，子公司资产、跨国公司股权利益很可能得不到保障。而如果以国际著名大银行贷款形式进行融资，任何一个政府都要小心对待、充分考虑其在国际银行中的信誉。又如，如果子公司以当地贷款替代权益投资或者国际性贷款，那么一旦发生政治风险，跨国公司可以减少损失。

(4)外汇风险

同政治风险一样，外汇风险管理也是确定子公司融资形式的重要影响因素。融资可以作为外汇风险管理的一项工具，如果跨国公司存在某种外汇风险暴露，那么使用融资工具可以调整外汇风险暴露的程度。例如，跨国公司子公司的大部分收入是东道国货币，那么借入适当的东道国货币就是外汇风险管理的一个明智选择。汇率的变化趋势也构成一种外汇风险。跨国公司持有软货币资产，容易造成折算损失和交易损失，而借入软货币负债则能减轻最后还债的压力。

(5)税收

税收对于子公司融资形式的影响主要体现为子公司的利息税蔽作用和母公司所在国的税收抵免。子公司东道国的税率越高，利息税蔽作用越明显，通过负债对公司价值的贡献越大。关于税收抵免，如果母公司所在国采取分国别不分项的税收抵免方法，当跨国公司在一个国家已经缴纳的、可在国内征税时抵扣的税收额度过高时，可以减少在这个国家的投资，具体方法是尽量提高不相关第三方负债，减少跨国公司从该国收回的收益；相反，如果跨国公司在一个国家可抵扣的税收额度不高时，那么就可以增加在这个子公司的投资，如增加权益投资，提高母公司对子公司的直接贷款等。

(6)代理问题

在资本结构理论中，负债被认为是减轻经理与股东之间代理问题的工具。提高负债水平，有利于对经理的监督，降低代理成本。如果跨国公司管理层认为子公司经理有滥用权力的嫌疑，可以提高子公司负债水平，对子公司经理形成适当的监控。

10.2.2　跨国公司整体资本结构

跨国公司整体资本结构决策与一般国内公司资本结构决策的依据是一致的，只是由于跨国公司经营以及组织结构的特性，会导致资本结构出现不同的特点。

1. 风险分散

尽管跨国公司不能认为是具有充分风险分散功能的投资组合，在有效管理下，仍能够认为具有良好的风险分散功能。跨国公司的子公司位于不同国家或者地区，处于不同的经济背景下，各自的经济周期不尽一致，各个子公司经营的影响因素不尽一致，对于集中化管理经营的跨国公司会削平现金流的波动性，加强了现金流的可预见性。由此，跨国公司组织结构形式会加大公司整体的负债容量，使得整体负债水平提高。

2. 一体化形式与负债水平

如果公司资产是专用资产，资产的通用能力和变现能力均较差，则公司资产自身的风险较大；如果公司资产是通用资产，资产的应用范围和变现能力均较强，则公司资产自身的风险较小。从平衡整个公司风险的角度看，拥有专用型资产的公司适合于权益融资；拥有通用型资产的公司适合于负债融资。

纵向一体化的公司，由于纵向规模扩大而获得经济利益。公司控制了从原料到产品的整个生产过程链。由于对生产过程链的控制，公司增加了生产过程所产生的边际价值。同时，公司减少了与外部的交易过程，降低了与签订合约相联系的成本；降低了为保证合约实施所支付的监控和协调成本，等等。从这个角度看，公司体系中的任何一个子公司对公司的价值均起到大于其本身价值的作用。因此，各个子公司资产的专用性加强，通用性减弱。

实施相关一体化的公司，通过对各种资源(尤其是除资本资源以外的资源)的整合，公司内部资源共享，能够实现多元化的协同作用，因此获得经济利益。协同作用可以通过显性和隐性相互协调关系来实现。显性协调关系通常表现为对原材料的共同开采和利用、技术和生产工艺过程的共同开发、共同的销售和分销渠道等。隐性协调关系通常表现为共同享有和使用专有技术，拥有共同的核心能力等。与实施纵向一体化的公司一样，实施相关一体化的公司，公司体系中的任何一个子公司对公司的价值均起到大于其本身价值的作用。因此，其结论也是各个子公司资产的专用性加强，通用性减弱。

实施无关一体化战略的公司，不能得到上述两种经济利益。传统经济学认为，这种类型的公司可以实现财务上的协同效应。当非完全相关的现金流组合成为一个整体现金流时，现金流的风险收益补偿特性得到改善，即相同风险情况下收益更高，相同收益情况下风险更小，这也就是前面所述的风险分散功能。与纵向一体化和相关一体化相比，子公司资产之间的其他协同作用要弱得多。因此，任何子公司的剥离与并入，除子公司资产本身的价值外，基本上不会带来其他的价值变化。因此，与上述两种一体化情况不同，这种类型公司的子公司资产通用性较强。

因此，跨国公司中各子公司如果业务上不相关，则负债容量大；如果相关，则负债容量小。

【本章精要】

对于跨国公司国外投资项目的权益资本成本常用的估计方法有风险溢价估计法和资本资产定价模型估计法。使用风险溢价法估计权益资本成本，就是以无风险回报加上风险溢价作为估计的权益资本成本；而使用资本资产定价模型估计权益资本成本是非常普遍的一种方法。负债成本计算较权益成本计算简单得多，其关键问题是考虑汇率变化对于负债成本的影响。

跨国公司一般是母子公司体系，因此跨国公司资本结构有两个层次：一个是子公司资本结构；另一个是跨国公司作为整体的资本结构。跨国公司财务管理分为紧密型和非紧密型模式。一般情况下，除非受法律法规制约，跨国公司均采用紧密型财务管理模式。在紧密型跨国公司母子公司体系中，母公司对于子公司的债务提供担保，因此子公司债权人不需要担心债务偿还问题。影响子公司资本结构的相关因素包括：①东道国规定；②跨国公司整体资本成本最小化；③政治风险；④外汇风险；⑤税收；⑥代理问题。跨国公司整体资本结构决策与一般国内公司资本结构决策的依据是一致的，只是由于跨国公司经营以及组织结构的特性，如风险分散、一体化形式与负债水平等，会导致资本结构出现不同的特点。

【推荐阅读】

[1][美]德里克. 跨国资本时代的后殖民批评. 王宁等译. 北京：北京大学出版社，2004.

[2]朱李鸣. 跨国融资理论与运作. 北京：中国商业出版社，2001.

[3][美]戴维·K. 艾特曼等. 跨国公司金融. 第 9 版. 北京：北京大学出版社，2005.

【参考网站】

关于国际股票指数可参阅 Morgan Stanley 公司的投资指数网站：http://www.msci.com/equity/index.html；关于债券包括国债指数可以参阅 Lehman Brothers 和 JP Morgan 公司的网站：http://www.lehman.com，http://www.jpmorgan.com。职业投资工具（Professional Investment Tools）网站上也可以查到国际长期国债投资指数：http://www.investors-routemap.co.uk/Guidebook_bond_stock_market_index.htm。标准普尔（Standard & Poor's）的网站上可以查到各主权评级以及由于不同的主权级别导致的利差：http://www.standardandpoors.com。在网站 http://www.bradynet.com 上可以查阅到大量在新兴市场上交易的布莱迪债券①（Brady Bonds）的情况。投资管理与研究协会（Association of Investment Management and Research，AIMR）的网站上也能查阅到大量的相关信息：http://www.aimrpubs.org。

【练习题】

一、名词解释

权益资本成本、风险溢价法、主权溢价

二、简答题

1. 确定跨国公司权益资本成本有哪几种方法？

2. 国际资本资产定价模型有什么缺陷？该模型成立的最大疑点是什么？

3. 对于同一个公司，使用国际资本资产定价模型计算的权益资本成本，与使用传统的国内资本资产定价模型计算出的资本成本与什么差别？为什么？

---

① 布莱迪债券的名称取自于美国前财政部长的姓氏。布莱迪债券的背景是 20 世纪 80 年代欠发达国家（Less Developed Country，LDC）的债务危机，是根据发达国家、国际货币基金组织（International Monetary Fund，IMF）和世界银行（World Bank）根据对欠发达国家债务减免计划，从违约贷款转变成的一种 10～30 年期的债券。

4. 比照图 10-1 中的时期，根据搜索的数据资料画出上证指数的波动曲线，并与同期国际股票指数比较，说明两者之间的相关性。

5. 为什么说跨国公司子公司的资本结构不独立？

6. 由于跨国公司子公司不存在独立的资本结构，可以想象其资本结构与一般独立公司相比，变化的可能性更大。如果使用一段时期的数据估计出了子公司权益的 β 系数，那么当资本结构发生变化后 β 系数是否发生变化？应如何处理？

7. 跨国公司子公司资本结构决策受什么因素影响？

8. 从互联网上检索法国、德国、加拿大等国家的主权债信用级别。

三、计算题

1. 某跨国公司当前能够在市场上按照 7% 的年利率发行以日元标值的欧洲债券，该公司在美国发行相同期限的美元债券的利率为 9%。已知当前的市场汇率为每美元等于 180 日元，问：未来一年内汇率如何变化才能使得两种负债方式对于该跨国公司负债融资成本相同（不考虑税收）？

2. 已知国际无风险收益率为 3%，母公司所在国无风险收益率为 3.5%，国际股票市场风险溢价为 5%，母公司所在国国内股票市场风险溢价为 7%。某跨国公司子公司的东道国国内 β 系数为 1.2，国际 β 系数为 0.9，子公司相对于母公司国内市场的 β 系数为 0.8。根据这些资料能否计算该子公司的权益资本成本？计算出的权益资本成本是多少？

四、讨论与思考题

分组讨论跨国公司资本结构影响因素与国内公司有什么差异。然后，找出今年两家同行业跨国上市公司的资本结构，计算并比较其权益资本成本和负债资本成本，分析具有哪些异同。

北京师范大学出版集团
BEIJING NORMAL UNIVERSITY PUBLISHING GROUP
北京师范大学出版社

高教分社
社科室

地址:北京新街口外大街 19 号　邮编:100875
电话:010—58802786,58802753　传真:010—58808079
网址:www. bnup. com. cn　　　电邮:skb@bnup. com. cn

高教分社社科室工作人员填写:

来源:电话/传真/信函/电邮/巡展/活动/会议/其他＿＿＿

获表日期:＿＿＿＿年＿＿＿＿月＿＿＿日　签收人＿＿＿

处理时间＿＿＿＿　用途:新建/更新　责任人＿＿＿

教师用免费教材样本申请表

　　请您在我社网站上所列的高校经管类教材中选择样书(每位教师每学期限选 1～2 种),以清晰的字迹真实、完整填写下列栏目,并由所在院(系)的主要负责人签字或盖章。符合上述要求的表格将作为我社向您提供免费教材样本的依据。本表复制有效,可传真或函寄,亦可发 e-mail。

姓名:＿＿＿＿＿＿＿　主要授课专业:＿＿＿＿＿＿＿＿

学历:□专科 □本科 □硕士 □博士 其他:＿＿＿＿＿＿＿　　　(海外经历可一并注明)

职称:□助教 □讲师 □高级讲师 □副教授 □教授 □硕士生导师 □博士生导师　其他:＿＿＿＿

职务:□教研室主任 □系副主任 □系主任 □副院长 □院长 □无职务 其他:＿＿＿＿＿

学校全称:＿＿＿＿＿＿＿＿＿＿＿＿＿＿＿＿＿＿＿＿＿＿　(若必要请注明所在校区)

学校地址:＿＿＿＿＿＿＿＿＿＿＿＿＿＿＿＿＿　邮编:＿＿＿＿＿＿

所在院、系、教研室:＿＿＿＿＿＿＿＿＿＿＿＿

电话区号:＿＿＿＿办公电话:＿＿＿＿宅电＿＿＿＿手机:＿＿＿＿e-mail:＿＿＿＿(必填项)

授课科目 1:＿＿＿＿学生人数＿＿＿＿所用教材是＿＿＿＿＿＿＿出版社出版的《＿＿＿＿＿》

教学层次:□中职中专 □高职高专 □本科 □硕士 □博士 其他:＿＿＿＿＿＿

授课科目 2:＿＿＿＿学生人数＿＿＿＿所用教材是＿＿＿＿＿＿＿出版社出版的《＿＿＿＿＿》

教学层次:□中职中专 □高职高专 □本科 □硕士 □博士 其他:＿＿＿＿＿＿

教材指定者:□本人　其他:＿＿＿＿＿＿＿＿＿

所需要的教材样本书名	作者	定价

您认为本书有何缺点,具体应如何修改(可另附纸,您的意见被采纳后我们将酌付酬谢):

您近期高校文科教材方面有何写作计划:

您最重要的科研与教学成果:＿＿＿＿＿＿＿＿＿＿＿＿＿＿＿＿＿

院(系)负责人签章:＿＿＿＿＿＿　联系电话:＿＿＿＿＿＿

感谢您对我社的信任,很荣幸接受您的意见和建议,祝您健康快乐!
欢迎您从我社网站 http://www. bnup. com. cn"相关下载"栏目下载教学课件!